T0162875

Veröffentlichungen der Kommission für geschichtliche
Landeskunde in Baden-Württemberg

Reihe B

Forschungen

200. Band

VERÖFFENTLICHUNGEN DER
KOMMISSION FÜR GESCHICHTLICHE LANDESKUNDE
IN BADEN-WÜRTTEMBERG

REIHE B

Forschungen

200. Band

Redaktion:
Martin Furtwängler

Hans Peter Müller

Carl Mayer (1819–1889) – ein württembergischer Gegner Bismarcks. 1848er, Exilant, demokratischer Parteiführer und Parlamentarier

2014

W. KOHLHAMMER VERLAG STUTTGART

Diese Publikation ist auf alterungsbeständigem, säurefreiem Papier gedruckt.

Kommissionsverlag: W. Kohlhammer, Stuttgart
Gesamtherstellung: Gulde-Druck GmbH & Co. KG, Tübingen
Printed in Germany
ISBN 978-3-17-026338-3

Inhalt

Quellen- und Literaturverzeichnis

A. Ungedruckte Quellen

Bundesarchiv Berlin, Nachlass Carl Mayer.
Deutsches Literaturarchiv Marbach, Nachlass Carl Mayer d. J.
Kreisarchiv Schwäbisch Hall, 1/1195.
Vadiana Kantonsbibliothek St. Gallen, Nachlass Näf.

B. Größere Publikationen Mayers

MAYER, Carl: An unsere Mitbürger auf dem Lande, in: WEISSER, Adolph (Hg.): Vereinsblätter, Stuttgart 1849.
MAYER, Carl: An meine Mitbürger auf dem Lande. Antwort auf die sechs Fragen des Gotthelf Aufrecht, in: WEISSER, Adolph (Hg.): Vereinsblätter, Stuttgart 1849.
Eine Festfahrt zu Heinrich Simon's Denkmal. Ein Brief von Karl Mayer aus Esslingen an einen Freund in Stuttgart, in: Deutsche Jahrbücher für Politik und Literatur 6 (1863), S. 296–321.
MAYER, Carl: Stuttgarter Klatsch, in: Die Wage, Wochenblatt für Politik und Literatur 2 (1874), S. 202–208, 216–224, 233–235.
MAYER, Karl: Die Weiber von Schorndorf. Ein Festspiel in fünf Akten. Zur zweihundertjährigen Jubelfeier der Befreiung der durch Melac bedrohten Stadt, Stuttgart 1888.

C. Quellen, Erinnerungen, Parteischriften, genealogische Schriften

100 Jahre Volkspartei 1864–1964. Festschrift zum Dreikönigstreffen 1964, Stuttgart 1964.
BAUSINGER, Hermann (Hg.): Ludwig Uhland, Ausgewählte Werke, München 1987.
BEBEL, August: Aus meinem Leben, Berlin 1980.
EGELHAAF, Gottlob: Lebens-Erinnerungen, bearbeitet von Adolf RAPP, Stuttgart 1960.
ELBEN, Otto: Lebenserinnerungen 1823–1899, hg. von Arnold ELBEN, Stuttgart 1931.
HARTMANN, Julius (Hg.): Uhlands Briefwechsel, III. und IV. Teil, Stuttgart/Berlin 1914, 1916.
Hartmannsbuch. Fortsetzung und Ergänzung der Familienbücher von 1878, 1885 und 1892, Cannstatt 1898.
Hartmannsbuch, hgg. von Julius HARTMANN mit Ernst DRÜCK und Reihold LECHLER, Cannstatt 1913.
HEUSS, Theodor: Vorspiele des Lebens, Jugenderinnerungen, Tübingen 1953.
HILDEBRANDT, Gunther (Hg.): Opposition in der Paulskirche. Reden, Briefe und Berichte kleinbürgerlich-demokratischer Parlamentarier 1848/49, Berlin 1981.
JANSEN, Christian (Bearbeiter): Nach der Revolution 1848/49: Verfolgung, Realpolitik, Nationsbildung. Politische Briefe deutscher Liberaler und Demokraten 1849–1861, Düsseldorf 2004.
LANG, Wilhelm: Die Deutsche Partei in Württemberg. Festschrift zur Feier des fünfundzwanzigjährigen Bestandes der Partei 1866–1891, Stuttgart 1891.
LANGEWIESCHE, Dieter (Hg.): Das Tagebuch Julius Hölders: zum Zerfall des politischen Liberalismus in Württemberg und im Deutschen Reich, Stuttgart 1977.
MITTNACHT, Hermann von: Rückblicke, Stuttgart/Berlin 1909.

MOHL, Moritz: Mahnruf zur Bewahrung Süddeutschlands vor den äußersten Gefahren: eine Denkschrift für die süddeutschen Volksvertreter, Stuttgart 1867.

PAYER, Friedrich: Autobiographische Aufzeichnungen und Dokumente, bearbeitet von Günther BRADLER, Göppingen 1974.

PFAU, LUDWIG: Historisch-philosophische Betrachtungen eines Reichswählers, Stuttgart ²1881.

PHILIPPI, Hans: Das Königreich Württemberg im Spiegel der preußischen Gesandtschaftsberichte 1871–1914, Stuttgart 1972.

Der Preßprozeß des „Staatsanzeigers für Württemberg" gegen Ludwig Pfau, Stuttgart 1884.

RUSTIGE, M.: Zwei ungedruckte Briefe aus bewegter Zeit, in: Der Schwabenspiegel (= Wochenschrift der Württemberger Zeitung), Nr. 28, 14.7.1931.

SALOMON, Felix, Die deutschen Parteiprogramme, H. 1: Von 1848-1871, Leipzig/Berlin, 1907.

SIMON, Ludwig: Aus dem Exil, 2 Bde., Gießen 1855.

Stammbaum der Familie Hartmann-Mayer (= Hartmannsbuch), Cannstatt 1892.

UHLAND, Ludwig, Werke, Bd. 2, München 1980.

Verhandlungen der Landesversammlung von Angehörigen der deutschen Fortschrittspartei in Württemberg zu Esslingen am 14. Dezember 1862, Stuttgart 1863.

Die Deutsche Volkspartei im Reichstage. Reden der demokratischen Abgeordneten in der ersten Session der V. Legislaturperiode des Deutschen Reichstags (17. November 1881 bis 30. Januar 1882), hg. vom Engeren Ausschuß, Frankfurt/M. 1882.

Wahl-Katechismus der Deutschen Volkspartei für die Reichstagswahl 1881, Frankfurt/M. 1881.

Der Wegweiser: ein Volkskalender für das Jahr 1891, Stuttgart 1891.

D. Gesetzblätter, Parlamentsprotokolle, Zeitungen und Zeitschriften, Chroniken

Amts- und Intelligenz-Blatt für das Oberamt Crailsheim, ab 1872 Fränkischer Grenzbote, 1848–1890.

Der Beobachter. Ein Volksblatt aus Schwaben, 1847–1890.

Die Grenzboten. Zeitschrift für Politik und Literatur (Leipzig), 1863–1872.

Haller Tagblatt, Amts-Blatt für den Oberamts-Bezirk Hall, 1848–1890, 1914.

Der Hohenloher Bote, Amts- und Anzeige-Blatt für den Oberamtsbezirk Oehringen und Umgegend, 1863–1870.

Der Kocherbote, Amtsblatt für den Oberamtsbezirk Gaildorf, 1870–1889.

Neckar- und Enzbote (Besigheim), 1868.

Regierungsblatt für das Königreich Württemberg, 1842–1845.

Stenographische Berichte über die Verhandlungen des Deutschen Reichstages 1881–1886, Berlin 1882–1887.

Der Vaterlandsfreund, Amts- und Intelligenzblatt für das Oberamt Gerabronn und Umgegend, 1881–1890.

Verhandlungen der Württembergischen Kammer der Abgeordneten, 1849, 1868–1870, 1876–1882, Stuttgart 1849, 1868–1870, 1876–1882.

Württembergische Jahrbücher für vaterländische Geschichte, Geographie, Statistik und Topographie, hg. vom Königlichen Statistisch-Topographisches Bureau, Stuttgart 1848.

E. Literatur

ADAM, Albert Eugen: Ein Jahrhundert Württembergischer Verfassung, Stuttgart 1919.

ALEXANDRE, Philippe: Les Democrates d'Allemagne du Sud et la France (1871–1890), in: ABRET, Helga/GRUNEWALD, Michel (Hgg.) : Visiones allemandes de la France (1871–1914), Bern u.a. 1995.

Allgemeine Deutsche Biographie, 56 Bde., hg. von Historischen Commission bei der Königlichen Akademie der Wissenschaften in München, Leipzig 1875–1912 (Nachdruck 1967–1971).

BACHTELER, Kurt: Die öffentliche Meinung in der italienischen Krise und die Anfänge des Nationalvereins in Württemberg 1859, Diss. Tübingen 1934.

BACK, Nikolaus: Dorf und Revolution. Die Ereignisse von 1848/49 im ländlichen Württemberg, Ostfildern 2010.

BOLDT, Werner: Die württembergischen Volksvereine von 1848 bis 1852, Stuttgart 1970.

BONJOUR, Edgar: Der Neuenburger Konflikt 1856/57, Basel/Stuttgart 1957.

BRADLER, Günther: Politische Unterhaltungen Friedrich Payers mit Theodor Heuss. Ein Fund aus dem Hauptstaatsarchiv Stuttgart, in: ZWLG 32 (1973), S. 161–192.

BRANDT, Hartwig: Parlamentarismus in Württemberg 1819–1870. Anatomie eines deutschen Landtags, Düsseldorf 1987.

DERS.: Karl Mayer, in: NDB 16 (1990), S. 531 f.

BURKHARDT, Felix: Carl Christian Ulrich Deffner und sein Sohn Carl Ludwig. Metallwarenfabrikanten. 1789–1864 und 1817–1877, in: Lebensbilder aus Schwaben und Franken 14 (1980), S. 166–191.

CAMERER, Johann Wilhelm: Geschichte der Burschenschaft Germania zu Tübingen 1816 bis 1906, Urach 1909.

EGELHAAF, Gottlob: Mayer, Karl (Friedrich), in: ADB 52 (1906), S. 275–279.

DERS.: Geschichte der neuesten Zeit vom Frankfurter Frieden bis zur Gegenwart, Stuttgart 1918.

ELM, Ludwig: Süd-Deutsche Volkspartei (SDVp) 1868–1910 (Deutsche Volkspartei), in: FRICKE, Dieter (Hg.): Lexikon zur Parteiengeschichte: die bürgerlichen und kleinbürgerlichen Parteien und Verbände in Deutschland (1789–1945), Bd. 4, Leipzig 1986, S. 171–179.

ENGELBERG, Ernst: Deutschland von 1849 bis 1871. Deutschland von 1871 bis 1897. in: BARTMUSS, Hans-Joachim u.a. (Hgg.): Deutsche Geschichte, Bd. 2: Deutsche Geschichte von 1789 bis 1917, Berlin 1975, S. 353–689.

FENSKE, Hans: Der liberale Südwesten. Freiheitliche und demokratische Traditionen in Baden und Württemberg 1790–1933, Stuttgart 1981.

FESSER, Gerd: Deutscher Nationalverein in: FRICKE, Dieter (Hg.): Lexikon zur Parteiengeschichte: die bürgerlichen und kleinbürgerlichen Parteien und Verbände in Deutschland (1789–1945), Bd. 2, Leipzig 1984, S. 201–215.

Freiheit oder Tod: die Reutlinger Pfingstversammlung und die Revolution von 1848/49. Katalog zur Ausstellung im Heimatmuseum Reutlingen, 20. September 1998 bis 24. Januar 1999, hg. vom Haus der Geschichte Baden-Württemberg, Stuttgart 1998.

GALL, Lothar: Bismarck. Der weiße Revolutionär, Berlin 1980.

GAWATZ, Andreas: Wahlkämpfe in Württemberg. Landtags- und Reichstagswahlen beim Übergang zum politischen Massenmarkt (1889–1912), Düsseldorf 2001.

GERTEIS, Klaus: Leopold Sonnemann. Ein Beitrag zur Geschichte des demokratischen Nationalstaatsgedankens in Deutschland, Frankfurt/M. 1970.

Geschichte der Frankfurter Zeitung 1856 bis 1906, hg. vom Verlag der Frankfurter Zeitung, Frankfurt/M. 1906.

GRUBE, Walter: Der Stuttgarter Landtag 1457–1957. Von den Landständen zum demokratischen Parlament, Stuttgart 1957.

X

HEGER, Klaus: Die Deutsche Demokratische Partei in Württemberg und ihre Organisation, Leipzig 1927.

HENNING, Friedrich: Liberalismus und Demokratie im Königreich Württemberg, in: ROTHMUND, Paul/WIEHN, Erhard R. (Hgg.), Die F.D.P./DVP in Baden-Württemberg und ihre Geschichte, Stuttgart 1979, S. 59–78.

DERS.: Die Haußmanns. Die Rolle einer schwäbischen Familie in der deutschen Politik des 19. und 20. Jahrhunderts, Gerlingen 1988.

HOLTHOF, Karl: Zur Geschichte der deutschen Volkspartei, in: Die Wage. Wochenblatt für Politik und Literatur 1877, S. 504–509, 519–523.

HUNT, James Clark: The People's Party in Württemberg and Southern Germany 1890–1914. The Possibilities of Democratic Politics, Stuttgart 1975.

JANSEN, Christian: Einheit, Macht und Freiheit. Die Paulskirchenlinke und die deutsche Politik in der nachrevolutionären Epoche 1849–1867, Düsseldorf 2000.

KASCHUBA, Wolfgang/LIPP, Carola: Revolutionskultur 1848. Einige (volkskundliche) Anmerkungen zu den Erfahrungsräumen und Aktionsformen antifeudaler Volksbewegung in Württemberg, in: ZWLG 39 (1980), S. 141–164.

KLEINE, Georg H.: Der württembergische Ministerpräsident Frhr. Hermann von Mittnacht (1825–1909), Stuttgart 1969.

LANGEWIESCHE, Dieter: Liberalismus und Demokratie in Württemberg zwischen Revolution und Reichsgründung, Düsseldorf 1974.

DERS.: Liberalismus in Deutschland, Frankfurt/M. 1988.

MAIER, Alwin: Reutlingen und die deutsche Revolution von 1848/49, Diss. (masch.) Tübingen 1925.

MAIER, Hans: Die Hochverratsprozesse gegen Gottlieb Rau und August Becher nach der Revolution von 1848 in Württemberg, Pfaffenweiler 1992.

MANN, Bernhard: Die Württemberger und die deutsche Nationalversammlung 1848/49, Düsseldorf 1975.

DERS.: Württemberg 1800–1866, in: SCHWARZMAIER, Hansmartin u.a. (Hgg.): Handbuch der baden-württembergischen Geschichte, Bd. 3, Stuttgart 1992, S. 235–331.

MARX, Karl/ENGELS, Friedrich: Werke, Bd. 14, Berlin 1961.

MEINECKE, Friedrich: Die deutsche Katastrophe. Betrachtungen und Erinnerungen, Wiesbaden 1946.

MENZINGER, Rosemarie: Verfassungsrevision und Demokratisierungsprozess im Königreich Württemberg. Ein Beitrag zur Entstehungsgeschichte des parlamentarischen Regierungssystems in Deutschland, Stuttgart 1969.

MOERSCH, Karl: Es gehet seltsam zu...in Württemberg: von außergewöhnlichen Ideen und Lebensläufen, Leinfelden-Echterdingen 1998.

MÜLLER, Hans Peter: August Oesterlen (1819–1893). Linksliberaler Politiker und Genossenschaftspionier im Königreich Württemberg, Stuttgart 1998.

DERS.: Das Königreich Württemberg und die Anfänge deutscher Kolonialpolitik (1879/80–1890), in: ZWLG 66 (2007), S. 421–456.

DERS.: Die württembergische Volkspartei zwischen Krise und Wiederaufstieg (1870/71–1890), in: ZWLG 69 (2010), S. 303–350.

NAUJOKS, Eberhard: Württemberg im diplomatischen Kräftespiel der Reichsgründungszeit (1866/70). Zur Problematik der deutschen Politik des Freiherrn von Varnbüler, in: ZWLG 30 (1971), S. 201–240.

DERS.: Der ‚Staatsanzeiger' und die württembergische Regierungspresse in der Krise der Reichsgründungszeit (1864–1871), in: ZWLG 50 (1991), S. 271–304.

DERS.: Württemberg 1864–1918, in: SCHWARZMAIER, Hansmartin u.a. (Hgg.): Handbuch der baden-württembergischen Geschichte, Bd. 3, Stuttgart 1992, S. 333–432.

Neue deutsche Biographie, hg. von der Historischen Kommission bei der Bayerischen Akademie der Wissenschaften, bisher 24 Bde., Berlin 1953 – 2010.

PAYER, Friedrich: Die Deutsche Volkspartei und die Bismarcksche Politik, in: Patria, Jahrbuch der Hilfe 1908, S. 1–20.

DERS.: Vor 50 Jahren. Aus der Entwicklungsgeschichte der Württembergischen Volkspartei, Stuttgart 1914.

RABERG, Frank (Bearbeiter): Biographisches Handbuch der württembergischen Landtagsabgeordneten, Stuttgart 2001.

RAPP, Adolf: Die Württemberger und die nationale Frage 1863–1871, Stuttgart 1910.

Rettet die Freiheit. Das Rumpfparlament 1849 in Stuttgart – eine Revolution geht zu Ende. Katalog zur Ausstellung in Stuttgart vom 11. Mai bis zum 1. August 1999, hg. vom Haus der Geschichte Baden-Württemberg, Stuttgart 1999.

Revolution im Südwesten. Stätten der Demokratiebewegung 1848/49 in Baden-Württemberg, hg. von der Arbeitsgemeinschaft hauptamtlicher Archivare im Städtetag Baden-Württemberg, Karlsruhe 1997.

RIEBER, Christof: Das Sozialistengesetz und die Sozialdemokratie in Württemberg 1878–1890, Stuttgart 1984.

RUNGE, Gerlinde: Die Volkspartei in Württemberg von 1864 bis 1871. Die Erben der 48er Revolution im Kampf gegen die preußisch-kleindeutsche Lösung der nationalen Frage, Stuttgart 1970.

SAUER, Paul: Revolution und Volksbewaffnung. Die württembergischen Bürgerwehren im 19. Jahrhundert, vor allem während der Revolution von 1848/49, Ulm 1976.

DERS.: Baden-Württemberg. Bundesland mit parlamentarischen Traditionen. Dokumentation, Stuttgart 1982.

SCHMID, Eugen: Friedrich Albert Hauber (1806–1883) in seiner Tätigkeit auf dem Gebiet der Politik, in: ZWLG 5 (1941), S. 141–153.

SCHMIDT-BUHL, Karl: Schwäbische Volksmänner, Vaihingen/Enz o. J.

SCHMIERER, Wolfgang: Von der Arbeiterbildung zur Arbeiterpolitik. Die Anfänge der Arbeiterbewegung in Württemberg 1862/63–1878, Hannover 1970.

SCHNABEL, Franz: Deutsche Geschichte im neunzehnten Jahrhundert, Bd. III: Monarchie und Volkssouveränität, Freiburg i. Br. 1964.

SCHNEIDER, Eugen: Württembergische Geschichte, Stuttgart 1896.

SCHÜBELIN, Walter: Das Zollparlament und die Politik von Baden, Bayern und Württemberg 1866–1870, Berlin 1935.

SEEBER, Gustav: Zwischen Bebel und Bismarck. Zur Geschichte des Linksliberalismus in Deutschland 1871–1893, Berlin 1965.

SIMON, Klaus: Die württembergischen Demokraten. Ihre Stellung und Arbeit im Parteienund Verfassungssystem in Württemberg und im Deutschen Reich 1890–1920, Stuttgart 1969.

STADELMANN, Rudolf: Soziale und politische Geschichte der Revolution von 1848, Darmstadt 1962.

TIESSEN, Heinrich: Industrielle Entwicklung, gesellschaftlicher Wandel und politische Bewegung in einer württembergischen Fabrikstadt des 19. Jahrhunderts: Esslingen 1848–1914, Esslingen 1982.

TRAUB, Manfred: Beiträge zur Württembergischen Geschichte in der „Reaktionszeit" (1849–1859), Tübingen 1937.

WEBER, Rolf: Kleinbürgerliche Demokraten in der deutschen Einheitsbewegung 1863–1866, Berlin 1962.

DERS.: Centralausschuß der Demokraten Deutschlands (Centralausschuß) 1848–1849, in: FRICKE, Dieter (Hg.): Lexikon zur Parteiengeschichte: die bürgerlichen und kleinbürgerlichen Parteien und Verbände in Deutschland (1789–1945), Bd. 1, Leipzig 1983, S. 391–402.

DERS.: Centralmärzverein (CMV), 1848–1849 in: FRICKE, Dieter (Hg.) Lexikon zur Parteiengeschichte: die bürgerlichen und kleinbürgerlichen Parteien und Verbände in Deutschland (1789–1945), Bd. 1, Leipzig 1983, S. 403–412.

DERS., Demokratische Volkspartei 1863–1866, in: FRICKE, Dieter (Hg.): Lexikon zur Parteiengeschichte: die bürgerlichen und kleinbürgerlichen Parteien und Verbände in Deutschland (1789–1945), Bd. 1, Leipzig 1983, S. 504–513.

WEHLER, Hans-Ulrich: Deutsche Gesellschaftsgeschichte, Bd. 3: Von der „Deutschen Doppelrevolution" bis zum Beginn des Ersten Weltkrieges 1849–1914, München 1995.

WEINMANN, Arthur: Die Reform der württembergischen Innenpolitik in den Jahren der Reichsgründung 1866–1870. Die Innenpolitik als Instrument der Selbstbehauptung des Landes, Göppingen 1971.

WOHLWILL, Adolf: Christian Friedrich Wurm, in: ADB 44 (1898), S. 326–332.

ZELLER, Bernhard: Karl Mayer, sein Freundes- und Familienkreis (Vortrag bei der Jahresversammlung der Deutschen Schillergesellschaft am 15. Mai 1954), Marbach 1954.

DERS.: Gottlob Heinrich Rapp und das kulturelle Leben in Stuttgart um 1800, in: ZWLG 31 (1972), S. 290–311.

DERS.: Der Freiheit eine Gasse. Schwäbische Dichter um 1840, in: MAURER, Hans-Martin (Hg.), Württemberg um 1840, Stuttgart 1994, S. 9–23.

Abkürzungen

ADB	Allgemeine Deutsche Biographie
Anm.	Anmerkung
Beob.	Der Beobachter. Ein Volksblatt aus Schwaben
Bd., Bde.	Band, Bände
CMV	Centralmärzverein
DLA	Deutsches Literaturarchiv
Diss.	Dissertation
DVP	Deutsche Volkspartei
Hg., Hgg. hg.	Herausgeber, herausgegeben
Jg.	Jahrgang
masch.	maschinenschriftlich
MEW	Marx, Engels, Werke
NDB	Neue Deutsche Biographie
o.J.	ohne Jahr
S.	Seite
sr.	senior
vgl.	vergleiche
VKdA	Verhandlungen der Württembergischen Kammer der Abgeordneten
WJb	Württembergische Jahrbücher für vaterländische Geschichte, Geographie, Statistik und Topographie
ZWLG	Zeitschrift für Württembergische Landesgeschichte

Abbildungsnachweis

Einbandillustration:	Württembergische Landesbibliothek, Graphische Sammlungen.
Abb. 1-3:	Württembergische Landesbibliothek, Graphische Sammlungen.
Abb. 4, 5:	Stadtarchiv Crailsheim.
Abb. 6:	Stadtarchiv Stuttgart, F 2728-99.
Abb. 7:	Karl Mayer, Die Weiber von Schorndorf. Ein Festspiel in fünf Akten, Stuttgart 1888.
Abb. 8:	100 Jahre Volkspartei 1864–1964. Festschrift zum Dreikönigstreffen 1964, Stuttgart 1964, S. 16.

Einleitung

Die politische Biographie Carl Mayers umfasst – rechnet man die Schweizer Exiljahre mit ein – einen Zeitraum von über vierzig Jahren. Sie beginnt am Vorabend des Revolutionsjahres 1848 und endet kurz vor seinem Tod 1889. Diese Jahrzehnte waren durch tiefe Einschnitte, vor allem durch die lange Exilzeit und dann die ersten Jahre nach der Reichsgründung geprägt, d.h. durch abrupt beendete politische Höhenflüge, Haftzeiten und infame Verleumdungen seiner politischen Gegner. Dennoch blieb der „Volksmann" und Vollblutpolitiker seinen Grundüberzeugungen unverändert treu.

In den einschlägigen Arbeiten zur württembergischen Landesgeschichte ist Mayer prominent vertreten. Otto Elben, ein politischer Gegner, konstatierte etwa, man müsse es ihm lassen, *einen zweiten Agitator, wie er es war, gibt es sobald nicht mehr*[1]. Umso mehr muss es erstaunen, dass keine Biographie Mayers existiert[2]. Dieter Langewiesche hat 1974[3] und 1977[4] selbst das Fehlen eines Aufsatzes moniert, Hartwig Brandt sprach 1987 vom „besonders desolaten Zustand" bezüglich seiner Biographie[5], und Christian Jansen konstatierte 2000 das Fortbestehen dieses Forschungsdesiderates[6].

Die hier vorgelegte politische Biographie greift natürlich auf die einschlägigen Arbeiten einschließlich eigener Forschungen zur württembergischen Landesgeschichte zurück. Die wichtigste Quelle zum Wollen und Wirken Mayers stellt das volksparteiliche Parteiorgan ‚Der Beobachter' dar. Dies gilt vor allem für die Revolutionsjahre sowie für die Zeit nach dem Exil. Hier stellt sich während der Tätigkeit Mayers als Redakteur des Blattes (1863–1870) allerdings das Problem, dass seine Artikel nicht namentlich gekennzeichnet waren. Zudem konnte das Blatt nicht über Jahrzehnte Seite für Seite überprüft werden, so dass der eine oder andere Auf-

---

[1] ELBEN, Otto: Lebenserinnerungen 1823–1899, hg. von Arnold Elben, Stuttgart 1931, S. 152.

[2] Die dürftige Ausbeute besteht nur aus Kurzbiographien: BRANDT, Hartwig: Karl Mayer, in: NDB 16 (1990), S. 531 f., C[arl] M[AYER], der Sohn, in: Hartmannsbuch. Fortsetzung und Ergänzung der Familienbücher von 1878, 1885 und 1892, Cannstatt 1898, S. 117 ff. wohl darauf basierend die handschriftliche „Lebensgeschichte" der Enkelin M. Rustige im Nachlass Näf (Kantonsbibliothek St. Gallen); SCHMIDT-BUHL, Karl: Schwäbische Volksmänner, Vaihingen/Enz o. J., S. 1 ff.; EGELHAAF, Gottlob: Mayer, Karl (Friedrich), in: ADB 52 (1906), S. 275 ff.

[3] LANGEWIESCHE, Dieter: Liberalismus und Demokratie in Württemberg zwischen Revolution und Reichsgründung, Düsseldorf 1974, S. 91, Anm. 38.

[4] DERS. (Hg.): Das Tagebuch Julius Hölders: zum Zerfall des politischen Liberalismus in Württemberg und im Deutschen Reich, Stuttgart 1977, S. 2, Anm. 2.

[5] BRANDT, Hartwig: Parlamentarismus in Württemberg 1819–1870. Anatomie eines deutschen Landtags, Düsseldorf 1987, S. 715, Anm. 392.

[6] JANSEN, Christian: Einheit, Macht und Freiheit. Die Paulskirchenlinke und die deutsche Politik in der nachrevolutionären Epoche 1849–1867, Düsseldorf 2000, S. 17 f., Anm. 7. – Auch in der 2005 erschienenen Aufsatzsammlung der Landeszentrale für politische Bildung Baden-Württemberg blieb Mayer ausgespart; vgl. WEBER, Reinhold/MAYER, Ines (Hgg.): Politische Köpfe aus Südwestdeutschland, Stuttgart 2005.

tritt oder einzelne Stellungnahmen ausgespart bleiben mussten. Andererseits konnten Wahlauftritte Mayers häufig aus Provinzblättern nachgezeichnet werden. Darüber hinaus sind auch seine übrigen publizistischen Arbeiten herangezogen worden.

Die Quellenüberlieferung bedarf noch einer weiteren Erläuterung: Neben Nachlass-Splittern an anderen Stellen existieren Teilnachlässe Mayers im Deutschen Literaturarchiv in Marbach, im Bundesarchiv in Berlin sowie bei der Vadiana Kantonsbibliothek St. Gallen (Nachlass Näf). Charakteristisch ist dabei für Marbach, dass hier der Schwerpunkt auf literarischem Gebiet liegt, während es sich bei dem Berliner Nachlass ganz überwiegend um Briefe an Mayer handelt. Beide Teilnachlässe erwiesen sich daher für die vorliegende Darstellung als nur bedingt aussagekräftig. Da zudem die wichtigsten Stücke der in Marbach, Berlin und St. Gallen und anderswo vorhandenen Quellen in der ausgezeichneten Quellenedition von Professor Jansen zugänglich gemacht wurden[7], konnte durch Heranziehung dieser Edition auf eine Einarbeitung der Teilnachlässe weitgehend – d. h. abgesehen von eigenen Recherche-Ergebnissen – verzichtet werden. Zusätzlich stellte mir Professor Jansen weitere nicht publizierte Exzerpte zur Verfügung. Dafür sei hier herzlich gedankt. Insgesamt stand so ein umfassendes Fundament zur Darstellung vor allem der Exiljahre zur Verfügung.

Insgesamt bietet das hier präsentierte Material ein umfassendes Bild vom Wirken und Wollen Mayers als Agitator, Publizist, Parteiführer und Parlamentarier. Dieses Bild gewinnt zusätzliche Konturen durch die Schilderung seiner Konflikte mit Parteifreunden. Es versteht sich, dass hier keine Gesamtgeschichte etwa der Revolution oder seiner Partei angestrebt wurde. Schließlich konnte auf Mayers bemerkenswertes literarisch-poetisches Schaffen nur in einem kurzen Exkurs eingegangen werden.

Der Kommission für geschichtliche Landeskunde in Baden-Württemberg gilt mein Dank für die Aufnahme in ihre Schriftenreihe B: Forschungen. Ihrem Mitarbeiter, Herrn Dr. Martin Furtwängler, bin ich für seine engagierte Betreuung sehr verbunden.

Mein Dank für vielfältige Unterstützung gilt ferner Herrn Dr. Neidiger, Stuttgart, dem Stadtarchiv Bietigheim-Bissingen und Herrn Dr. Christoph Weismann (†), Tübingen, für die Beschaffung von Quellen und schwer zugänglicher Literatur. Wertvolle Hinweise und anregende Kritik verdanke ich auch den Herren Schwarz aus Liederbach am Taunus und Spaniol aus Berlin.

Schwäbisch Hall, im August 2014   Hans Peter Müller

---

[7] JANSEN, Christian (Bearbeiter): Nach der Revolution 1848/49: Verfolgung, Realpolitik, Nationsbildung. Politische Briefe deutscher Liberaler und Demokraten 1849–1861, Düsseldorf 2004.

I. Elternhaus, Ausbildung, Berufswahl, erstes politisches Engagement

Sein beinahe lebenslanges leidenschaftliches Engagement in der Politik, aber auch seine literarischen Interessen wurden Carl Friedrich – den zweiten Vornamen benutzte er nie – Mayer als Vermächtnis des Vaters in die Wiege gelegt. Allerdings verliefen die Lebenswege von Vater und Sohn völlig unterschiedlich.

Der Vater Carl (Friedrich Hartmann), 1786 als Sohn eines hochgebildeten ritterschaftlichen Amtmannes in Bischofsheim im württembergischen Kraichgau geboren, kam schon als Neunjähriger zum Besuch des Gymnasiums nach Stuttgart und nahm 1803 in Tübingen das Studium der Rechte auf. Nach dessen Abschluss wirkte er zunächst als Advokat, um dann 1818 in den Staatsdienst einzutreten. Er unternahm ausgedehnte Reisen in Deutschland und Österreich und wurde 1824 Oberamtsrichter in Waiblingen. Erst spät – 1843 – erfolgte die Ernennung zum wirklichen Oberjustizrat mit gleichzeitiger Versetzung zum Gerichtshof für den Schwarzwaldkreis in Tübingen, wo er 1870 verstarb.

1818 heiratete Mayer sr. die (Gymnasial-)Professorentochter Friederike Drück, die sieben Kindern, darunter sechs Töchtern, das Leben schenkte. Der Erstgeborene und einzige Sohn war Carl, der am 9. September 1819 in Esslingen zur Welt kam. Die Mutter verstarb bereits 1844, so dass der tief trauernde Vater als alleiniger Erzieher vor allem seiner Töchterschar fungieren musste.

Der Vater wirkte auch als Dichter – er war Mitglied jener um Ludwig Uhland und Eduard Mörike gruppierten und fast legendären „schwäbischen Dichterschule". Etwa 300 seiner „Lieder" erschienen 1833, eine zweite Auflage von 1839 enthielt ungefähr 1.000 Gedichte, schließlich präsentierte eine letzte Ausgabe von 1864 sogar etwa 1.400 – insgesamt jedoch nur jeweils eine Auswahl seines Schaffens[1]. Bernhard Zeller, der einfühlsam sein Umfeld schildert, sieht in ihm jedoch „kein[en] große[n] Dichter"; auch Mayer hielt sich nicht für einen solchen[2].

Für den jungen Mayer war jener Freundeskreis der „in sich so eng verflochtenen schwäbischen Literaturszene"[3] besonders bedeutsam, indem er, wie im Falle Uhlands, auch politisches Engagement mit einschloss. Politisch bekannte sich auch Mayer sr. zur liberalen „Bewegungspartei" und vertrat im kurzlebigen Landtag von 1833 das Oberamt Weinsberg. Die im gleichen Jahr erfolgte Wiederwahl konn-

---

[1] ZELLER, Bernhard: Karl Mayer, sein Freundes- und Familienkreis (Vortrag bei der Jahresversammlung der Deutschen Schillergesellschaft am 15. Mai 1954), Marbach 1954, S. 14.
[2] Ebd., S. 4; vgl. zu Mayers Werdegang und Umfeld, ebd., passim.
[3] ZELLER, Bernhard: Der Freiheit eine Gasse. Schwäbische Dichter um 1840, in: MAURER, Hans-Martin (Hg.), Württemberg um 1840, Stuttgart 1994, S. 17.

te er nicht wahrnehmen, da ihm der Urlaub versagt wurde. Seine politische Orientierung war Grund für eine sozusagen gebremste berufliche Karriere[4].

Da der junge Mayer als Kind und Jugendlicher die Mutter nicht entbehren musste, wurde er fast zwangsläufig „etwas verwöhnt"[5]. Prägender waren jedoch die permanenten Kontakte zur schwäbischen Geisteswelt, die sich zunächst darin manifestierten, dass Uhland und Justinus Kerner[6] seine Taufpaten waren[7]. Sein überaus gastfreundliches Elternhaus führte ihn ein in eine elitäre, politisch liberale bildungsbürgerliche Welt, deren Denken und Handeln seinen Lebensweg beeinflusste. Zugleich war sein Verhältnis zum Elternhaus zeitlebens ein inniges, auch wenn politische Meinungsverschiedenheiten mit dem Vater seit den Revolutionsjahren nicht ausblieben. In einem Geburtstagsbrief bezeichnete der Sohn es als *seltenes und großes Glück* [...] *einen solchen Vater* zu besitzen, der in ihm den *Geist der Freiheit* geweckt habe. Gleichzeitig gedachte er der verstorbenen Mutter. Sie, die beim Scheitern des polnischen Aufstands 1830/31 weinte, habe ihre Kinder gelehrt, *die Leiden der Völker wie* [die] *eigenen zu empfinden*[8].

Der junge Carl begann seine Schulzeit in Waiblingen, 1831 kam er nach Heilbronn, wo er Ludwig Pfau[9] kennen lernte und eine dann lebenslange Freundschaft begründete. 1835 folgte der Wechsel an das Gymnasium in Stuttgart, das er 1837 als einer der Besten mit der Reifeprüfung abschloss. Besonders in Latein, Geschichte und Philosophie zeigte er herausragende Leistungen[10].

Als *herrliche Ergänzung* der Schulzeit diente dort die Turngesellschaft, in der Mayer mit seinen anschließenden Studiengenossen Julius Hölder[11] und August Oesterlen[12] zusammentraf. Der etwas jüngere Elben[13] nannte ihn einen *Geistesturner*, der weniger durch turnerische Leistungen als dadurch auffiel, dass er *den politischen Geist des Turnplatzes pflegte*. Ohnehin war die Turngesellschaft der Ort, wo sowohl *Vaterlandsliebe* als auch der *Sinn für das öffentliche Leben* gepflegt wurden[14].

---

[4] RABERG, Frank (Bearbeiter): Biographisches Handbuch der württembergischen Landtagsabgeordneten, Stuttgart 2001, S. 555 f.; ZELLER, Karl Mayer, passim.

[5] EGELHAAF, Mayer, S. 275.

[6] Vgl. zu Justinus Kerner (1786–1862) etwa HEUSS, Theodor: Vor der Bücherwand, Tübingen 1961, S. 127–130.

[7] EGELHAAF, Mayer, S. 275.

[8] Brief vom 20.3.1863, in: DLA Marbach 53686d.

[9] Vgl. zu Ludwig Pfau (1821–1894) etwa ULLMANN, Reinald: Ludwig Pfau. Monographie eines vergessenen Autors, Frankfurt/Main, 1987.

[10] EGELHAAF, Mayer, S. 275.

[11] Vgl. zu Julius Hölder (1819–1887) etwa die Kurzbiographie bei RABERG, Handbuch, S. 366 f.

[12] Vgl. MÜLLER, Hans Peter: August Oesterlen (1819-1893), Linksliberaler Politiker und Genossenschaftspionier im Königreich Württemberg, Stuttgart 1998.

[13] Vgl. zu Otto Elben (1823–1899) etwa die Kurzbiographie bei RABERG, Handbuch, S. 170–172 und seine Lebenserinnerungen.

[14] Zitate vgl. bei ELBEN, Lebenserinnerungen, S. 18 und S. 15.

Mayers Jurastudium in Tübingen gründete – wie sich dann zeigen sollte – weniger auf eigener Neigung. Er folgte dem väterlichen Wunsch und wohl auch der Familientradition. Seine Studienjahre (1837–1842), denen ein Kurs bei der Waiblinger Gerichtskanzlei voraus ging, waren von prägenden Erfahrungen begleitet, wohnte er doch im Hause Uhland. Dort „wie ein Sohn aufgenommen"[15], wurde er durch die aufrechte Haltung des Paten mit Sicherheit beeindruckt. Uhland hatte als führender Liberaler 1833 seine Professur in Tübingen niedergelegt, als ihm die Regierung den für die Teilnahme am Landtag erforderlichen Urlaub verweigerte. Die politischen Verhältnisse Württembergs dürften im Hause Uhland häufiges Thema gewesen sein. Der Patenonkel wurde für Mayer so zum lebenslangen politischen und menschlichen Vorbild, der ihm stets *Wohlwollen gewährt* habe, und er betrauerte 1862 den Verstorbenen mit warmen Worten. Er habe *Stolz* empfunden, an dessen Seite gestanden zu haben und empfand es im Exil als wohltuend, dass Uhland auch der *Verbannten* gedachte[16].

Mayer schloss sich in Tübingen der neu entstandenen Burschenschaft an, in der er mit Bekannten aus Stuttgart zusammentraf. Zu nennen sind hier spätere politische Weggefährten, die schließlich zu Kontrahenten werden sollten – August Oesterlen, Julius Hölder, Adolf Seeger[17] und Adolf Schoder[18], die alle 1848/49 politisch aktiv wurden.

Auch wenn die kleine Burschenschaft keine politischen Aktivitäten entfalten durfte – man sah sich offiziell auf die „Pflege und Förderung des patriotischen, opferbereiten, deutschen Geistes" beschränkt[19], so liegt es auf der Hand, dass politische Diskussionen im geschlossenen Kreis stattfanden, die später Früchte tragen sollten. Franz Schnabel hat darauf verwiesen, dass die Burschenschafter die zukünftigen liberalen Führer darstellten. Sie entstammten selbst dem Kreis des Emanzipation suchenden Bürgertums und waren „von dem geschichtlichen und menschlichen Rechte der [liberalen, der Verfasser] Bewegung überzeugt"[20].

1842 bestand Mayer, von seinem Freund Hölder vorbereitet, sein erstes juristisches Examen mit der Note „gut"[21] und ging als *Referendär zweiter Classe* zum Gerichtshof in Esslingen[22]. Im Folgejahr legte er die zweite Dienstprüfung ab und wurde Referendär erster Klasse in Ulm[23], 1844 folgte die Ernennung zum Gerichtsaktuar in Waiblingen[24]. Die vom Vater erhoffte Beamtenkarriere entsprach

[15] EGELHAAF, Mayer, S. 275.
[16] Brief an den Vater vom 16.11.1862, in: DLA Marbach 53686d.
[17] Vgl. zu Adolf Seeger (1815–1865) die Kurzbiographie bei RABERG, Handbuch, S. 856 f.
[18] Vgl. zu Adolf Schoder (1817–1852) etwa die Kurzbiographie ebd, S. 821–823.
[19] CAMERER, Johann Wilhelm: Geschichte der Burschenschaft Germania zu Tübingen 1816 bis 1906, Urach 1909, S. 13.
[20] SCHNABEL, Franz: Deutsche Geschichte im neunzehnten Jahrhundert, Bd. III: Monarchie und Volkssouveränität, Freiburg i. Br. 1964, S. 245.
[21] EGELHAAF, Mayer, S. 275.
[22] Regierungsblatt 1842, S. 357 f.
[23] Regierungsblatt 1843, S. 831 f.
[24] Regierungsblatt 1844, S. 380.

jedoch nicht seinen Vorstellungen. Er klagte über den Beruf, für den er weder Talent noch Neigung empfand[25]. Auch eine vom Vater als „Heilmittel" finanzierte Bildungsreise nach Norddeutschland konnte ihn nicht umstimmen[26]. So wurde ihm im Februar 1845 *auf sein Ansuchen* die Entlassung aus dem Staatsdienst gewährt[27], und er begann eine gänzlich neue Laufbahn.

Der Esslinger Fabrikant Karl Deffner († 1846), ein Freund des Vaters, bot Mayer den Eintritt in seine florierende Blechwarenfabrik mit der Option an, dort später Teilhaber zu werden. Mayer akzeptierte und begann sofort mit einer kaufmännischen Ausbildung, die er durch eine Auslandsreise ergänzte, die über das Rheinland nach Brüssel und Ostende führte. Die Verbindung zur Familie Deffner hatte mehrere Dimensionen. Deffner sr. war ein einflussreicher liberaler Landtagsabgeordneter. Auch sein gleichnamiger Sohn (1817–1877), mit dem Mayer lebenslang befreundet war, war politisch interessiert und seit 1856 Abgeordneter und Aktivist der Fortschrittspartei[28]. So war es naheliegend, dass sich Mayer in den Kreis der Altliberalen einreihte und dort „keine Versammlung" versäumte[29].

Seine enge Verbindung zur Familie Deffner gipfelte schließlich darin, dass sich Mayer 1845 mit Berta Deffner, der Tochter seines Chefs, verlobte. Als Berta im Folgejahr plötzlich verstarb und wenige Monate später deren Vater folgte, verfiel Mayer in Depression und Krankheit[30]. Der geliebten Braut widmete er „innig empfundene Gedichte"[31]. Eine weitere Geschäftsreise, die ihn u.a. nach Genf, Lyon und Paris führte, ließ ihn Abstand gewinnen und vermittelte zugleich neben kulturellen auch politische Einsichten, orientierten sich die süddeutschen Liberalen doch stark am Denken der Franzosen[32].

Mayers frühes politisches Engagement, sein Bekenntnis zur liberalen Opposition[33] datiert auf die Jahre unmittelbar vor 1848. In einem Brief aus jener Zeit berich-

---

[25] RUSTIGE, Lebensgeschichte, in: Vadiana Kantonsbibliothek St. Gallen, Nachlass Näf. Laut SCHMIDT-BUHL (Volksmänner, S. 2) passte ihm der „Schablonendienst der Staatsjuristerei und der tote Formelkram" trotz der „sicheren Carriere" nicht.

[26] RUSTIGE, Lebensgeschichte, in: Vadiana Kantonsbibliothek St. Gallen, Nachlass Näf.

[27] Regierungsblatt 1845, S. 48.

[28] Vgl. etwa BURKHARDT, Felix: Carl Christian Ulrich Deffner und sein Sohn Carl Ludwig. Metallwarenfabrikanten. 1789–1864 und 1817–1877, in: Lebensbilder aus Schwaben und Franken 14 (1980), S. 166 ff.

[29] RUSTIGE, Lebensgeschichte, in: Vadiana Kantonsbibliothek St. Gallen, Nachlass Näf.

[30] Ebd.

[31] EGELHAAF, Mayer, S. 276.

[32] Vgl. SCHNABEL, Deutsche Geschichte, S. 239 f.

[33] Stadelmann hat deren Charakter im Vormärz treffend skizziert: Dort „war bis 1848 noch [...] vereinigt, was in anderen [...] Ländern sich schon parteimäßig und weltanschaulich differenziert hatte. Demokratische und liberale Tendenzen, republikanische und ständische Motive, romantische und aufklärerische Vorstellungen [...] wogten durcheinander." STADELMANN, Rudolf: Soziale und politische Geschichte der Revolution von 1848, Darmstadt 1962, S. 31.

tet er, er *treibe* [...] *fast soviel Politik als ein Landstand*[34]. Sein wohl erster großer Auftritt erfolgte im Februar 1847 in Stuttgart. Hier formulierte er eine Art politischer Standortbestimmung und demonstrierte zugleich seine rhetorischen Fähigkeiten. Dass der 27-jährige den, wie er sagte, *ehrenvollen Auftrag* erhielt, die Festrede anlässlich der Verleihung einer sogenannte Bürgerkrone an den schon zuvor gefeierten Oppositionsführer Friedrich Römer[35], den späteren „Märzminister", zu halten[36], belegt, dass Mayer jr. bereits politische Statur besaß.

In Anwesenheit von Abordnungen verschiedener Oberämter, aber auch zahlreicher früherer und derzeitiger Abgeordneter, konstatierte der Jungpolitiker, die Versammelten seien *einer Ansicht und von derselben Gesinnung*. Dem Geehrten gelte der *Dank des Vaterlandes* für seine *Unerschrockenheit* bei der Verfechtung *unsere*[r] *Rechte*; als *Mann nach dem Herzen des Volkes* besitze er dessen volles Vertrauen.

Aus dem Volke, nicht aus *der Residenz* und nicht aus Römers Freundeskreis kämen die Initiative und die Mittel zur Ehrung – und diese gelte zugleich als *Anerkennung für die ganze Opposition*, die die Stimme *eines erwachten und mündigen Volkes* sei. Mit einem Uhland-Zitat beschrieb Mayer – man könnte sagen ahnungsvoll – die dornenreiche Aufgabe oppositioneller Politiker. Zugleich verwies es jedoch darauf, *dass der Dienst der Freiheit* auch *erhebende Freuden* gewähre. Er betonte ferner, aus der Beschränkung des politischen Lebens *auf den Ständesaal* sei *kein Heil zu erwarten*. In diesem Kontext formulierte er eine Verpflichtung für seine Generation: *Die Reihe ist an uns*. Für dieses zukünftige Wirken hegte er große Hoffnungen, entspringe doch die Ehrung nicht *wandelbare*[r] *Volksgunst*, sondern sei Ausdruck *eines erwachten und mündigen Volkes*[37]. Weitaus nüchterner galt Römers Trinkspruch *dem fortschreitenden Volke*[38].

---

[34] Zitiert nach Hartmannsbuch. Fortsetzung, S. 119.

[35] Vgl. zu Friedrich Römer (1794–1864), dem späteren „Märzminister" etwa die Kurzbiographie bei RABERG, Handbuch, S. 734 f.

[36] Abbildung der Krone: SAUER, Paul: Baden-Württemberg. Bundesland mit parlamentarischen Traditionen. Dokumentation, Stuttgart 1982, S. 69; Grube erweckt den Eindruck, die Verleihung sei durch Mayer sr. erfolgt; vgl. GRUBE, Walter: Der Stuttgarter Landtag 1457–1957. Von den Landständen zum demokratischen Parlament, Stuttgart 1957, S. 524.

[37] Beob. Nr. 53 vom 23.2.1847.

[38] Beob. Nr. 54 vom 24.2.1847.

II. Mayer und die Revolution von 1848/49

1. Große Hoffnungen – Frühjahr bis Sommer 1848

Als Ende Februar 1848 die Nachricht von der Revolution in Frankreich, wo die Republik ausgerufen worden war, Württemberg erreichte, schien sich hier eine nur anfänglich von Kriegsangst begleitete, dann jedoch von einem ungeheuren Enthusiasmus breiter Volksschichten getragene Zeitenwende anzubahnen. Eine von Uhland verfasste Adresse an den Ausschuss der Ständekammer vom 2. März (*Der Sturm, der in die Zeit gefahren ist, hat die politischen Zustände Deutschlands in ihrer ganzen unseligen Gestalt, Allen erkennbar bloßgelegt.*) forderte zur *Befriedigung* der *Volksehre* u.a. ein deutsches Parlament, zum Schutz der Grenzen die allgemeine Volksbewaffnung, Presse-, Vereins- und Versammlungsfreiheit, eine Reform der württembergischen Rechtspflege sowie der Landesverfassung[1].

Die württembergische Regierung zeigte sich sogleich reformbereit. Nach der sofortigen Aufhebung der Pressezensur wurden die zuvor praktisch politikfreien Provinzblätter rasch zu Organen politischer Berichterstattung und Meinungsäußerung. Mit der Berufung des „Märzministeriums" am 9. März unter Friedrich Römer, das am 11. März mit einer begeistert aufgenommenen Proklamation die Erfüllung der Volkswünsche zusagte[2], und rasch folgenden ersten Reformgesetzen (Volksbewaffnung und Versammlungsfreiheit), begann Ende März ein bisher nicht gekanntes politisches Leben im Königreich. Politische „Klubs" wurden gegründet; zugleich verkündete ein Bundesgesetz die Wahl einer verfassunggebenden Nationalvertretung.

Der sozusagen über Nacht erfolgte Wandel eröffnete den jungen Liberalen die Chance, die nunmehr offene politische Bühne zu betreten und im Verein mit den alten Führern *das Eisen zu schmieden, so lange es glüht*, wie es Uhland in seiner Adresse formuliert hatte. Auch Mayer sah im März 1848 den *Geist der Freiheit* [...] *wieder erwacht* und formulierte sein Credo: Schon vorher habe dieser Geist sein *ganzes Wesen belebt und beseelt* und er hoffe, dass er ihn bis zu seiner *letzten Stunde* nicht *verlassen werde*[3].

So trat er seit März mit an die Spitze der Esslinger Aktivitäten. Auf seine Initiative wurde auf einer Versammlung der Bürgergesellschaft[4] eine Petition an die Re-

---

[1] Zitiert nach BAUSINGER, Hermann (Hg.): Ludwig Uhland, Ausgewählte Werke, München 1987, S. 328.

[2] Württembergische Jahrbücher für vaterländische Geschichte, Geographie, Statistik und Topographie, hg. vom Königlichen Statistisch-Topographisches Bureau, Stuttgart 1848, S. 6–9.

[3] MAYER, Carl: An meine Mitbürger auf dem Lande. Antwort auf die sechs Fragen des Gotthelf Aufrecht, in: WEISSER, Adolph (Hg.): Vereinsblätter, Stuttgart 1849, S. 20, 25.

[4] Sie wurde 1831 gegründet und war vor allem dank Deffner sr. „freisinnig" orientiert. Laut Statuten befasste sie sich auch mit „vaterländischen Angelegenheiten" und bot Mayer so ein Betätigungsfeld. Bemerkenswert war ihre „erstaunliche Breite" in sozialer Hinsicht.

gierung gerichtet, die noch vor der Adresse Uhlands ebenfalls Pressefreiheit, Volksbewaffnung und ein Nationalparlament forderte. Nach der Etablierung des Märzministeriums richtete Mayer namens der Gesellschaft eine Dankadresse an den König. In der internen Diskussion widersetzte er sich erfolgreich einer Verurteilung von Bauernunruhen in Hohenlohe-Franken. Würde man dies tun, müssten auch die antifeudalen Motive der Bauern benannt werden[5].

In Esslingen, wo Unruhen in der Bürgerschaft bereits einen „kommunalen Machtwechsel" bewirkt hatten[6], entstand am 10. April der Vaterländische Verein als einer der ersten in Württemberg, als dessen Keimzelle die Bürgergesellschaft fungierte[7]. Mayer stand zunächst an der Spitze eines vorbereitenden Komitees[8] und wirkte anschließend als *Geschäftsführer*[9]. In der Presse firmierte er zumeist als Fabrikant.

In der zweiten Aprilhälfte wurde er – inzwischen allgemein bekannt – als Kandidat für die Wahlen zur Nationalversammlung vorgeschlagen. Er verzichtete jedoch zu Gunsten eines Älteren, des in Württemberg geborenen Hamburger Professors Christian Wurm, und begnügte sich damit, als dessen Ersatzmann anzutreten. Obwohl auch andere Bewerber zur Verfügung standen, fanden Wurm und Mayer die Zustimmung der Wähler[10].

Der Esslinger Verein hatte nicht nur die Wahlen zur Nationalversammlung organisiert, er war auch federführend bei der Landtagswahl Ende Mai[11]. Zudem leitete er eine Sammlung für die zu schaffende deutsche Kriegsflotte ein[12]. In diese Zeit vielfacher Aktivitäten fiel auch ein wichtiges privates Ereignis für den Jungpoliti-

---

Vgl. TIESSEN, Heinrich: Industrielle Entwicklung, gesellschaftlicher Wandel und politische Bewegung in einer württembergischen Fabrikstadt des 19. Jahrhunderts: Esslingen 1848–1914, Esslingen 1982, S. 90.

[5] Ebd., S. 83 f.; vgl. auch KASCHUBA, Wolfgang/LIPP, Carola: Revolutionskultur 1848. Einige (volkskundliche) Anmerkungen zu den Erfahrungsräumen und Aktionsformen antifeudaler Volksbewegung in Württemberg, in: ZWLG 39 (1980), S. 156 ff.

[6] TIESSEN, Industrielle Entwicklung, S. 84 ff.

[7] KASCHUBA/LIPP, Revolutionskultur, S. 157. Am 26. März hatte die stark besuchte Göppinger Volksversammlung zur landesweiten Bildung solcher Vereine nach dem Muster Badens aufgerufen. In Stuttgart war ein Vaterländischer Verein, begleitet von ideologischen Auseinandersetzungen, im Entstehen, der als Vorort die Aktivitäten der übrigen Vereine koordinieren sollte. Vgl. zum revolutionären Vereinswesen BOLDT, Volksvereine.

[8] Beob. Nr. 44 vom 15.4.1848.

[9] Beob. Nr. 77 vom 21.5.1848. An der Spitze des zunächst etwa 200 Mitglieder zählenden Vereins, der erst 1849 zum Volksverein umbenannt wurde (Beob. Nr. 85 vom 11.4.1849), standen ganz überwiegend Vertreter des Establishments (TIESSEN, Industrielle Entwicklung, S. 85 ff.), zu dem natürlich auch Mayer gehörte.

[10] Dazu Beob. Nr. 49 f., 53–55, 59, 21.4. – 3.5.1848. – Zu Christian Friedrich Wurm vgl. Adolf WOHLWILL, in: ADB 44 (1898), S. 326–332.

[11] TIESSEN, Industrielle Entwicklung, S. 91.

[12] Beob. Nr. 77 vom 21.5.1848.

ker Mayer: Er vermählte sich mit Emilie geb. Zenneck, der Tochter eines wohlhabenden Stuttgarter Kaufmanns[13].

Wie auch andere Vereine traten die Esslinger im Juni mit einer Solidaritätserklärung für die Nationalversammlung an die Öffentlichkeit. Ihr, die *die einzige Rettung* Deutschlands verkörpere, dürfe von keiner Seite *Widerstand* geleistet werden; ein solcher müsse als *vaterlandsgefährlich und volksverrätherisch* gelten. Einem Hilferuf aus Frankfurt werde man *willig* folgen[14]. Etwas später baten sie in einer Adresse an den König erfolglos um Amtsenthebung des Kriegsministers, handle doch dieser im *Widerspruch* zum *Volksgeiste*. Verschiedene Vorfälle belegten, dass er *noch am alten System* festhalte[15].

Die ideologischen Auseinandersetzungen im alle politischen Richtungen umfassenden Stuttgarter Hauptverein der vaterländischen Vereine, dem auch der Esslinger Vaterländische Verein angehörte, hatten dessen linke Minorität veranlasst, auszutreten und am 8. Juli den Stuttgarter Volksverein zu gründen. Angesichts dieser Spaltung und zuvor geäußerter Kritik am Hauptverein war die Fortsetzung seiner koordinierenden Funktion in Frage gestellt. Vor diesem Hintergrund schlug für Mayer die große Stunde, die schließlich seinen erstrebten Eintritt in die Landespolitik brachte. Für den Esslinger Verein proklamierte er die Notwendigkeit einer Versammlung der württembergischen Vereine, die deren Stellung zum Hauptverein und möglicherweise *die Schaffung eines andern Mittelpunkts* beraten und beschließen sollte. Dazu lud er auf den 24. Juli nach Esslingen ein. Dort hatte man während einer Generalversammlung bereits den eigenen Kurs festgelegt und die von Mayer und Pfaff[16] geforderte Trennung vom Hauptverein beschlossen[17] und diesem das Misstrauen ausgesprochen. Er habe *die Brandfackel der Zwietracht* unter die Vereine *geworfen*, in dem er jene ausschloss, die *der konstitutionellen Monarchie nicht unbedingt den Vorzug* einräumten[18]. Diese Zwietracht habe inzwischen dazu geführt, dass *viele Vereine* den Verkehr mit dem Hauptverein abgebrochen hätten, andere bereits den neuen Stuttgarter Volksverein als dessen Nachfolger betrachteten[19].

Die zahlreich besuchte Esslinger Versammlung, um deren Vorbereitung sich Mayer laut dem ‚Beobachter' *ein wirkliches Verdienst erworben* habe, beendete die bisherigen *Wirren* und das System eines Hauptvereins. Geschaffen wurde ein

---

[13] Uhland hatte Mayers Vater im Mai zu *dem neuen Glücke* des Sohnes gratuliert und bemerkt, von der *Erwählten nur das Günstigste zu hören*. HARTMANN, Julius (Hg.): Uhlands Briefwechsel, III, Stuttgart/Berlin 1914, Nr. 2235, S. 384f. Vgl. zur Braut und dem Schwiegervater auch JANSEN, Nach der Revolution, Nr. 93, S. 187, Anm. 2.

[14] Beob. Nr. 97 vom 11.6.1848.

[15] Beob. Nr. 100 vom 15.6.1848 (Beilage).

[16] Vgl. zu Karl Pfaff (1795–1866) BORST, Otto, in: Lebensbilder aus Schwaben und Franken 10 (1966), S. 304–345.

[17] Beob. Nr. 128 vom 14.7.1848.

[18] Beob. Nr. 129 vom 15.7.1848.

[19] Beob. Nr. 133 vom 20.7.1848 (Erklärung Mayers).

15-köpfiger Landesausschuss, der aus den Reihen aller Vereine des Landes viertel-
jährlich neu zu wählen war. Damit war deren Emanzipation gegenüber der Hauptstadt dokumentiert. Von Mayer stammte die Formulierung der *leitenden Grundsätze*, die auf Antrag Julius Haußmanns[20] ergänzt, die Frage Republik oder
konstitutionelle Monarchie offen ließ[21]. Nach Billigung des Vorschlags von Haußmann verließen die Delegierten des vormaligen Hauptvereins die Versammlung[22].

Bei der Wahl zum Landesausschuss erhielt Mayer die höchste Stimmenzahl. In
dieses Gremium wurden u.a. Haußmann, der ‚Beobachter'-Redakteur Adolph
Weisser[23] sowie Mayers Freunde Adolf Deffner, Hölder und August Oesterlen gewählt[24]. Die hier skizzierte Entwicklung stellte eine Zäsur in der württembergischen Parteiengeschichte dar – die Formierung und Trennung der Demokraten,
ihre Emanzipation von den vormärzlich geprägten (Alt-)Liberalen. Der Gegensatz
sollte über Jahrzehnte die Politik beherrschen, auch wenn es in den 1850er und
frühen 1860er Jahren zu einer vorübergehenden Zusammenarbeit kam. Mayer, „die
ganze Unfruchtbarkeit und Unzuverlässigkeit der liberalen Partei erkennend", war
seit der Trennung „begeisterter Demokrat"[25].

Sein neuer Status wurde noch aufgewertet, indem ihn seine Kollegen an die Spitze des siebenköpfigen engeren, d.h. geschäftsführenden Ausschusses wählten. Dieser erließ eine Erklärung, die das Wollen der Volkspartei – dieser Name wurde hier
wohl erstmals benutzt –formulierte. Als Gegner wurden jene benannt, die alte
Vorrechte verteidigten und die *Berechtigung des souveränen Volkswillens* leugne-
ten. Man erstrebte *gesetzmäßiges Handeln*, die *rastlose Heranbildung des Volkes* im
demokratischen Sinn und forderte *politische Toleranz*, die etwa darin bestand, dass
man Anhänger der Monarchie wie Republikaner als gleichermaßen gute Patrioten
betrachtete. Die *Verdächtigungen und Lügen der* […] *Reaktion* verachtend erstreb-

---

[20] Vgl. zu Julius Haußmann (1816–1881) etwa HENNING, Friedrich: Die Haußmanns. Die
Rolle einer schwäbischen Familie in der deutschen Politik des 19. und 20. Jahrhunderts,
Gerlingen 1988.

[21] Sie forderten eine wirkliche *Einheit des deutschen Vaterlandes*, das Prinzip *der Humanität und gleichen Berechtigung in allen gesellschaftlichen und bürgerlichen Verhältnissen
und die entschiedene Durchführung des democratischen Princips, welches sowohl in der
Form der Republik als in* […] *der konstitutionellen Monarchie* realisierbar sei für alle
Staatseinrichtungen. Zur Erreichung dieser Ziele wollte man sich *nur gesetzlicher Mittel*
bedienen. Beob. Nr. 138 vom 26.7.1848 ohne den letzten Satz. Leicht abgewandelt Beob.
Nr. 145 vom 3.8.1848 im Rahmen der Statuten. Vgl. auch MANN, Bernhard: Die Württemberger und die deutsche Nationalversammlung 1848/49, Düsseldorf 1975, S. 167.

[22] MANN (Württemberger, S. 167f.) betont, Mayer und sein Verein hätten geplant, die Frage
Monarchie oder Republik auszuklammern, um den Stuttgartern eine weitere Mitarbeit
zu ermöglichen.

[23] Adolph Weisser (1815–1863) flüchtete 1849 in die Schweiz.

[24] Beob. Nr. 138. Mayer war zunächst provisorischer Vorstand, dann folgte die Bestätigung
in diesem Amt: Beob. Nr. 150 vom 9.8.1848.

[25] SCHMIDT-BUHL, Volksmänner, S. 3. Vgl. zur Trennung etwa BRANDT, Parlamentarismus,
S. 615f. mit weiterer Literatur sowie ausführlich LANGEWIESCHE, Liberalismus und Demokratie, S. 151–220.

Abb. 1: Carl Mayer 1849 im Alter von 30 Jahren, porträtiert von F. Schlotterbek. Das Porträt
wurde von ihm mit dem Spruch versehen: *Wahrlich, ich will meine Fackel schwin-
gen, daß es die Augen beizt, ich will auch ihre Höhlen u. Nester weisen, die sie sich
gemacht haben, u. will mit meiner schwachen Kraft versuchen einen hellen, reinen
und gangbaren Weg dazu bahnen, wo bisher Finsterniß, Moder u. Verrath war.
C. Mayer.*

te man den *Sieg der ewigen Ideen der Freiheit und Gerechtigkeit* und damit die *Wiedergeburt der Nation*. Schließlich wurde festgestellt, die *betrübenden gewerblichen Zustände* seien *nicht Vorwehen der Freiheit, sondern Nachwehen der Knechtschaft*[26].

Zunächst spiegelten die Sitzungen des Landesausschusses sowohl Vertrauen in die württembergische Regierung als auch in die weitere Entwicklung. Als Grundsatz galt, das Märzministerium *wo immer möglich* [...] *zu unterstützen*. Römers mitunter kritisiertes Fehlen in Stuttgart sei seiner Anwesenheit in der Nationalversammlung unterzuordnen – *von dort erwarten wir unsere Zukunft*. Sein Gewicht in der Verfassungskommission und bei der Linken sei von größter Bedeutung[27]. Sorgen galten dagegen der Reaktion im Lande, etwa den pietistischen *Umtrieben* gegen die Trennung von Schule und Kirche[28].

2. Beginnende Ernüchterung

Der preußisch-dänische Waffenstillstand von Malmö (26. August 1848), der die Räumung Schleswig-Holsteins durch die dort agierenden Bundestruppen und die Ablösung der Kieler provisorischen Regierung zur Folge hatte, bewirkte eine nationale Entrüstung. Sah der ,Beobachter' nunmehr den *Drachen der Reaktion* [...] *hochaufgerichtet*[29], konstatierten später Mitglieder des Landesausschusses in Übereinstimmung mit den Vereinen des Landes und einer breiten Öffentlichkeit, die Vertragsgenehmigung durch die Nationalversammlung am 16. September 1848 habe deutschlandweit *einen Sturm* ausgelöst, das Volksvertrauen zu ihr sei *in rascher Abnahme* begriffen[30]. Diese Krise stellte eine Zäsur dar. In der Folge begann eine weitgehende Radikalisierung in den Vereinen, die für den Landesausschuss eine Herausforderung darstellte.

Dieser beschloss, unter sich bereits uneinig, die für Ende Oktober anstehende Generalversammlung auf Ende September vorzuverlegen, anschließend sei dann ein neuer Ausschuss zu wählen. Der Versuch, diese Versammlung vor extremen Beschlüssen durch Vorlage eines eigenen Antrags[31] abzuhalten, misslang jedoch. Die auf der in Cannstatt tagenden Versammlung gefassten Beschlüsse bewirkten letztlich vielmehr eine Spaltung des Landesausschusses. Die politisch gemäßigteren Dissidenten des Gremiums, zu denen auch Mayer gehörte, bezeichneten die getroffenen Vereinbarungen als *unpraktisch, gefährlich und partikularistisch*[32].

---

[26] Beob. Nr. 141 vom 29.7.1848, abgedruckt auch bei BOLDT, Werner: Die württembergischen Volksvereine von 1848 bis 1852, Stuttgart 1970, S. 246 f. Zum obigen dort S. 40 f.
[27] Bericht Mayers, Beob. Nr. 146 vom 4.8.1848.
[28] Beob. Nr. 160 vom 20.8.1848.
[29] Beob. Nr. 186 vom 20.9.1848.
[30] Erklärung vom 11.10.1848, Beob. Nr. 206 vom 14.10.1848 (Beilage).
[31] Beob. Nr. 191 f. vom 26.9.1848 f.
[32] Erklärung von Deffner, Hölder, Mayer u.a. Beob. Nr. 206 (Beilage).

Zu den in bedrückender Atmosphäre – das Umland war mit Militär belegt – von den Vereinsdelegierten verabschiedeten vier Punkten gehörte vor allem die Forderung nach Neuwahlen zur Nationalversammlung. Deren rechte Mehrheit sei nicht mehr *Ausdruck des Volkswillens*; nur eine gestärkte Linke könne *das deutsche Verfassungswerk zu einem gedeihlichen Ende* führen. Zugleich wurden *gewaltsame Auflehnungen gegen die Beschlüsse der Nationalversammlung* beklagt, der Landesausschuss hatte eine Missbilligung vorgeschlagen.

In einem zweiten Punkt wurde die Erwartung formuliert, dass die Nationalversammlung *eine neue Eintheilung Deutschlands* bestimmen werde. Ferner wurden zur Verwirklichung des *demokratische[n] Princip[s]* in den Einzelstaaten *konstituirende Versammlungen* gefordert (Punkt drei), die nach dem allgemeinen und direkten Wahlrecht zu bestimmen waren, und denen die Festlegung der Staatsform – Republik oder Monarchie – in eigener Kompetenz obliegen sollte (Punkt vier)[33].

Die utopische Forderung nach Neuwahlen galt Mayer und sechs weiteren Mitgliedern des Landesausschusses als „Schritt zur revolutionären Erhebung"[34] und als Prinzipienfrage. Sie lehnten eine Wiederwahl ab und wurden daraufhin aufgefordert, ihren Rücktritt zu begründen[35]. Noch vor der Formulierung einer gemeinsamen Erklärung verfasste Mayer am 9. Oktober eine separate Stellungnahme, die schnörkellos seinen Standpunkt darlegte. Er bezeichnete einleitend die Meinungsverschiedenheiten als überwindbare *Entwicklungskrankheit*, die das gemeinsame Streben nicht behindern werde. Nachdem die Mehrheit der Vereine über die Vorlage des Ausschusses *hinweggeschritten* sei, gelte für ihn, seiner Partei *ungeschminkt* seine Meinung vorzutragen. Für ihn sei das vorgeschlagene *Vertrauensvotum* für die Linke der Nationalversammlung in ein inakzeptables Votum für die *äußerste Fraction der Linken* umgewandelt worden, zugleich habe man Neuwahlen gefordert. Diesen Kurs halte er für unpraktisch und gefährlich. Die Parlamentsmehrheit werde einer Selbstauflösung nie zustimmen – als Konsequenz bleibe so nur revolutionäre Gewalt.

Während Mayer ein ungeschicktes Agieren des Ausschusses zugestand, formulierte er ein klares Credo: Ihm sei *die Anerkennung des Parlaments von [...] durchgreifende[r] Wichtigkeit*, sehe er doch *jenseits der Nationalversammlung [...] bis jetzt keine rettende Form* für Deutschlands Einheit. *Von einer Bewegung ins Formlose hinein lasse ich mich nicht hinreißen.* Angesichts dieser *Differenz im Cardinalpunkte* könne er kein neues Mandat annehmen. Er kritisierte schließlich auch die weiteren Beschlüsse und deckte den Widerspruch auf, von einer kritisierten Nationalversammlung eine Neueinteilung Deutschlands zu erwarten. Bezüglich der Forderung auf Bestimmung der einzelstaatlichen Staatsform konterte er, ihm sei unbegreiflich, wie man eine solche anders abändern könne *als entweder auf dem*

---

[33] Versammlungsbericht im Beob. Nr. 194 vom 30.9.1848, abgedruckt auch bei BOLDT, Volksvereine, S. 247f.
[34] LANGEWIESCHE, Liberalismus und Demokratie, S. 137f.
[35] Beob. Nr. 205 vom 13.10.1848.

friedlichen Weg der Vereinbarung oder auf dem [...] der Revolution. Angesichts der in Cannstatt erteilten unrealistischen *Instruktion* sei sein und seiner Freunde Entschluss keine *Finte* sondern logische Konsequenz. Dass man das *Steuerruder der Agitation in andere Hände* lege, bedeute jedoch keineswegs den Abtritt vom *Kampfplatz.* Vielmehr werde man versuchen, mit den eigenen Ansichten in den Vereinen zu werben: *Wir werden Wühler bleiben und niemals Heuler werden.* Trotz der schwieriger gewordenen Zeit beharrte Mayer auf Anerkennung des Parlaments als *ersten staatsrechtlichen Satz* der Revolution – seine Haltung blieb gemäßigt und realistisch[36].

Obwohl der neue Landesausschuss „sehr weit nach links rückte und [...] von entschiedenen Republikanern [...] beherrscht wurde"[37], begab sich Mayer wie angekündigt nicht in den politischen ‚Schmollwinkel'. Vielmehr begann eigentlich mit dem Erstarken der reaktionären Kräfte im Herbst 1848 seine Zeit als kämpferischer Agitator, der sich vehement gegen diese Tendenz stemmte. Zum Jahresende verfasste er im Auftrag des neuen Landesausschusses eine Broschüre *An unsere Mitbürger auf dem Lande,* die zunächst am 24. Dezember dem ‚Beobachter' beigefügt, dann als Separatdruck in 10.000 Exemplaren kostenlos verteilt wurde. Ihr „immenser Erfolg" bewirkte eine Gründungswelle neuer Volksvereine. Zugleich wurde Mayer landesweit bekannt[38].

Seine Schrift in volkstümlicher Sprache war zunächst ein Appell an die Landleute zur Bildung politischer Vereine, an denen sie bisher kaum beteiligt waren[39] und damit der Versuch zur Gewinnung neuer Verbündeter. Zugleich bewertete er die derzeitige Lage als alarmierend, aber nicht hoffnungslos. *Mit Schmerzen* konstatierte er, dass *in Frankfurt wenig von dem erreicht worden* [sei], *was wir erwarteten* [...] *Das schöne Bild der Macht und Größe unseres Vaterlands ist* [...] *verschwunden*[40]. Die Hauptverantwortung sah er bei Preußen[41], das nicht *zu Deutschland zu bekehren* sei. Die in der Paulskirche seit Mitte Dezember diskutierte *Kaiserschöp-*

---

[36] Die Erklärung Mayers und die von ihm ebenfalls unterzeichnete seiner Kollegen im Beob. Nr. 206 vom 14.10.1848 (Beilage). Zum hier nur skizzierten Verlauf vor und nach der Versammlung in Cannstatt vgl. etwa BOLDT, Volksvereine, S. 42 ff., 167–170; MANN, Württemberger, S. 196–204; MÜLLER, Hans Peter: August Oesterlen (1819–1893). Linksliberaler Politiker und Genossenschaftspionier im Königreich Württemberg, Stuttgart 1998, S. 18–20.

[37] MANN, Württemberger, S. 204.

[38] BACK, Nikolaus: Dorf und Revolution. Die Ereignisse von 1848/49 im ländlichen Württemberg, Ostfildern 2010, S. 205 mit Anm. 31 und S. 338. Die Schrift war auch Teil der vom Landesausschuss herausgegebenen Vereinsblätter, in denen auch eine zweite, anschließend zu behandelnde Schrift Mayers als Antwort auf einen Kritiker erschien. Vgl. MANN, Württemberger, S. 272 f. mit einer Liste der Veröffentlichungen in den Blättern; BOLDT, Volksvereine S. 51 und 93.

[39] Vgl. Beob. Nr. 194 vom 30.9.1848.

[40] MAYER, Carl: An unsere Mitbürger auf dem Lande, in: WEISSER, Adolph (Hg.): Vereinsblätter, Stuttgart 1849, S. 4 f.

[41] Mayer hatte hier erstmals seine dann lebenslange Abneigung gegen den Hohenzollernstaat artikuliert, die für sein gesamtes politisches Wirken bestimmend werden sollte.

fung mit einem *obersten Potentaten und Großmogul* neben den Fürsten sei keine Obrigkeit *von Gottes*, sondern *von Teufels wegen* und das Werk parlamentarischer *Pharisäer* [...], *Dunkelmänner* [...] *Ducker und Mucker* und wohl auch Verblendeter und bedeute letztlich *gute Nacht Freiheit*[42]. Vor diesem Hintergrund werde auch die neue Verfassung *nichts taugen*, gebe sie doch *die Macht [...] dem Kaiser und den Fürsten*[43].

In *dieser Zeit der Noth* und drohender *Tyrannei*[44] stellte Mayer den Landleuten den von Mitgliedern der Paulskirchenlinken gegründeten Märzverein[45] als Gegengewicht vor. Er habe das Ziel, *der schwellenden Macht der Fürsten [...] und ihrer Diener [...] den Damm des Gesetzes entgegenzusetzen und so Aller Wohlfahrt und Freiheit zu schützen*[46]. Als herausragende Exponenten der Linken benannte er den Märzminister Römer (*der alte Volksfreund*) und Uhland[47]. Es gelte jetzt, dass überall in Deutschland bestehende und neu zu gründende Vereine mit dem Märzverein in Verbindung träten, um diesen zu einem *starken Eichbaum* zu machen[48]. Mayer beschwor die Landleute unter Berufung auf den Bauernkrieg, dieses Ziel zu unterstützen: *Ohne euch richten wir nichts aus*[49]. Zugleich postulierte er, *der Bauer* müsse *anders werden als er ist*[50]. Er gab Ratschläge und versprach Hilfe durch den Landesausschuss, wies gegnerische Vorwürfe (*Hetzer und Wühler*) zurück und appellierte an das Landvolk: *Tretet heraus aus eurer angebornen Trägheit und streifet ab die Knechtsnatur, die euch anerzogen und anregieret ist, erhebet euer Haupt als freie Männer*[51].

Mayer, der im Februar 1849 erneut mit hoher Stimmenzahl in den Landesausschuss und später auch in dessen engeren Ausschuss gewählt wurde[52], verfasste als Antwort an einen anonymen Kritiker eine zweite Schrift[53]. Hier rechnete er auf

---

[42] MAYER, An unsere Mitbürger, S. 6 f.
[43] Ebd., S. 8.
[44] Ebd., S. 9.
[45] Zum Centralmärzverein (CMV) vgl. WEBER, Rolf: in: FRICKE, Dieter (Hg.): Lexikon zur Parteiengeschichte: die bürgerlichen und kleinbürgerlichen Parteien und Verbände in Deutschland (1789–1945), Bd. 1, Leipzig 1983, S. 403-412.
[46] MAYER, An unsere Mitbürger, S. 9.
[47] Ebd., S. 10.
[48] Ebd., S. 10 f.
[49] Ebd., S. 12 f.
[50] Ebd., S. 15.
[51] Ebd., S. 19 f.
[52] Beob. Nr. 36 vom 11.2.1849, Nr. 38 vom 14.2.1849.
[53] MAYER, Antwort auf die sechs Fragen. Diese Schrift erschien wiederum in den 'Vereinsblättern' und wurde, soweit ich sehe, in der Literatur nur gestreift. – Die vorausgegangene Kritik an seiner ersten Schrift war vom württembergischen Innenminister Duvernoy bei dem Tübinger Dekan Hauber („Aufrecht") bestellt worden. Vgl. zu Haubers Auseinandersetzung mit Mayer SCHMID, Eugen: Friedrich Albert Hauber (1806–1883) in seiner Tätigkeit auf dem Gebiet der Politik, in: ZWLG 5 (1941), insbesondere S. 144 ff.; vgl. auch MANN, Württemberger, S. 277, Anm. 241.

über 60 Seiten scharf mit der von dem Tübinger Dekan Hauber an seiner ersten Schrift geäußerten Kritik ab und präzisierte dabei seine früheren Ausführungen. Seine erste Schrift, *aus grundgutem Herzen* kommend[54], habe lautere und emanzipatorische Motive gehabt – *Vereine sind [...] keine Verschwörungen und Complotte*[55]. Es sei ihm zwar bewusst gewesen, sich *Feinde [zu] machen*[56], nun sehe er sich aber gar einem *Proceß* ausgeliefert[57]. Dieser werde vom Stuttgarter Vaterländischen Verein getragen und von *Finsterlinge[n] und Wortverdrehern*[58], von einem *vermummte[n] Fromme[n]*[59] mit *giftigen Worten*[60] und unter dem *Schein großer christlicher Frömmigkeit und edler Friedensliebe* geführt[61]. Ihm und dem Landesausschuss werde vorgeworfen, *nichts als Aufruhr und Empörung* zu predigen[62], zugleich werde er der *Gotteslästerung* sowie des Heidentums bezichtigt[63].

Erneut bekannte sich Mayer zur Unterwerfung unter die Beschlüsse der Nationalversammlung, betonte jedoch das Recht der Minderheit, jene *der schärfsten Beurtheilung zu unterwerfen*[64], zumal die Mehrheit auf die fürstlichen Ansprüche *mehr Rücksicht nehme als auf* [jene] *aus* [...] *Häusern und Hütten* des Volkes. Dies zu korrigieren sei Aufgabe des Märzvereins[65].

Die in Frankfurt betriebene Schaffung eines preußischen Erbkaisertums nannte er *Betrug* an der Volksbewegung. Man wolle *ein ganzes Deutschland* und kein *kaiserlich preußisches Kleindeutschland* ohne Österreich – hier berief er sich auf eine Uhland-Rede in Frankfurt mit gleicher Tendenz; zugleich sah er *die Saat* für einen *Bürgerkrieg*[66]. Seine Prophezeiung, 1866 antizipierend, war gepaart mit der Warnung vor *preußische[r] Tyrannei*[67]. Er und seine Freunde erstrebten zwar einen *verantwortlichen Präsidenten*, man werde sich jedoch einem *auf gesetzlichem Weg* gewählten Kaiser ebenso unterwerfen wie einer Verfassung, die nur *übel* gefalle. *Das Gesetz muß herrschen* [...], *denn ohne Gesetz gibt es keine Freiheit*[68]. Diesem antirevolutionären Credo fügte er die Absage an das fürstliche Gottesgnadentum hinzu. *Von Pfaffen und Fürstendienern erfunden*, sei es 1848 in der *Rumpelkammer* gelandet[69].

---

54 MAYER, Antwort auf die sechs Fragen, S. 4.
55 Ebd., S. 8.
56 Ebd., S. 6.
57 Ebd., S. 27.
58 Ebd., S. 6.
59 Ebd., S. 23.
60 Ebd., S. 16.
61 Ebd., S. 10.
62 Ebd., S. 7.
63 Ebd., S. 21 f.
64 Ebd., S. 33.
65 Ebd., S. 39 f.
66 Ebd., S. 43 ff.
67 Ebd., S. 48.
68 Ebd., S. 49 f.
69 Ebd., S. 51 f.

Während Mayer in seinem eloquenten Plädoyer nicht die Republik, sondern *die Wohlfahrt des Volkes* als *höchstes Ziel* proklamierte[70], rief er die Bauern zur Wachsamkeit (*der Feind geht um*[71]) und zum Ergreifen der *Bruderhand* auf. Auch wenn die erhofften *Früchte* nicht sofort reiften, bestehe die Hoffnung auf eine *bessere, frohere [...] Zukunft*[72].

Die ersten Monate des Jahres 1849 waren in Württemberg gekennzeichnet durch Klagen der Demokraten über die herrschenden Verhältnisse, wie sie auch Mayer artikuliert hatte[73]. Dieser, der anlässlich einer publizistischen Kontroverse mit dem eben nicht demokratischen ‚Merkur‘ *Feinde ringsum* sah, bezeichnete sich als *viel geschlagener Mann*[74]. Dennoch konnte von Resignation keine Rede sein. Man bewahrte die *lebhafte Ueberzeugung von der Unausbleiblichkeit des Sieges des demokratischen Prinzipes;* der ‚Beobachter‘ wertete die Ulmer Versammlung der Volksvereine vom 24. Februar als *Beweis* für deren *moralische Gewalt.* Die dort vom Landesausschuss vorgelegten Fragen[75] galten der Reichsverfassung, dem Staatsoberhaupt und der deutschen Frage schlechthin. Mayer konnte mit Befriedigung feststellen, dass seine dazu geäußerte Sicht Zustimmung fand.

Im Gegensatz zu den von den Gegnern (*Heulern*) den Demokraten (*Wühlern*) unterstellten *Krawall*-Absichten verlief die stark beschickte Versammlung *besonnen* und *würdig.* Erwartungsgemäß sprachen sich die Delegierten für einen Beitritt Deutschösterreichs in den deutschen Bundesstaat aus; seine nichtdeutschen Gebiete sollten in eine *völkerrechtliche Verbindung* mit diesem treten. Mayer, der sowohl als Angehöriger des Ausschusses als auch als Vertreter Esslingens teilnahm, wollte für Gesamtösterreich den Anschluss offen halten. Er forderte dazu auf, sich nicht wie die Nationalversammlung *durch übergroße Rücksicht* auf die bestehenden Gegebenheiten zu beschränken und einer *neumetternichische*[n] *Politik* eine Absage zu erteilen. Als Reichsoberhaupt wurde ein für sechs Jahre amtierender Statthalter gefordert. Er sei durch die nächste Nationalversammlung zu wählen und stelle den einzigen Weg zur Vermeidung preußisch-österreichischer Konflikte dar. Eine Volkswahl sei angesichts des derzeitigen Fürsteneinflusses nicht angebracht. Schließlich forderten die Delegierten die Einberufung einer *konstituirenden Versammlung in Württemberg.* Die bundespolitischen Beschlüsse wurden dem Frank-

---

[70] Ebd., S. 55.

[71] Ebd., S. 47.

[72] Ebd., S. 63. Hauber antwortete wiederum mit einer Gegenschrift, in der er sowohl den Landesausschuss als auch den ‚Beobachter‘ heftig kritisierte. SCHMID, Friedrich Albert Hauber, S. 146 f.

[73] Vgl. etwa die Kritik des Esslinger Vereins im Beob. Nr. 10 vom 12.1.1849 (Beilage) und in Nr. 18 vom 21.1.1849.

[74] Dazu Beob. Nr. 31 vom 6.2.1849 (Beilage).

[75] Beob. Nr. 42 vom 18.2.1849.

furter Märzverein übermittelt, der in der Endphase der Verfassungsberatungen den Volkswillen artikuliert sehen wollte[76].

Während die Demokraten bezüglich der Nationalversammlung in gespannter und wohl auch skeptischer Erwartung verharrten, führten sie in Bezug auf die württembergischen Verhältnisse einen ‚Zweifrontenkrieg – gegen die Liberalen, ihre politischen Gegner, und das Märzministerium. Die Demokraten artikulierten im ‚Beobachter', sie seien von *politischen Falschmünzern*, einer *Verbrüderung von Altliberalen, Geldbrozen, Bureaukraten und [...] Doctrinären* bedrängt, die hofften, unter einem Erbkaiser und unter den Fittichen des Märzministeriums ihre *hergebrachten Profitchen* und Posten sichern zu können und die die demokratischen Ziele diskreditierten, um *das Volk zu betrügen*[77].

Die Reaktionen ließen nicht lange auf sich warten. Das Märzministerium unter Römer warf den Volksvereinen Ende Februar den *Fehdehandschuh hin*. Römer unterstellte ihnen, letztlich republikanische und damit verfassungs- und regierungsfeindliche Ziele zu verfolgen. Empört wies der Landesausschuss dies zurück: Die Vereine seien, gestützt auf das Programm Römers, nicht gegründet worden, *um die Könige fortzujagen*, sondern um gesetzeskonform *das demokratische Prinzip* zu etablieren[78].

In einem ‚Erklärungskrieg' konstatierte der Landesausschuss den inzwischen erfolgten *Bruch zwischen dem alten Liberalismus*, den Römer erneut vertrete, *und der neuen Demokratie*. In einem *unnatürliche*[n] *Bündniß* hätten sich die Altliberalen mit ihren *früheren konservativen Gegnern* zur *Front* gegen die Demokraten verbunden[79]. Gepaart mit dem Vorwurf, Römer betrachte inzwischen die Vereine mit *den Augen* des Stuttgarter Vaterländischen Vereins und misstraue dem Volk[80], präsentierte der Ausschuss dem Minister ein umfangreiches Sündenregister: So habe das Ministerium bisher *die kostbare Zeit viel zu wenig benutzt* und, statt die Gesetzgebung *vorzuzeichnen*, diese einer Kommission und dem Geheimrat überlassen – also jenen, die zumeist dem *früheren System* entstammten. Trotz vieler Mahnungen sei weder ein Wahlgesetz für eine reine Volkskammer noch der Geheime Rat und die 1. Kammer abgeschafft worden. Die Bilanz der letzten Monate bestehe aus *vielen nutzlosen Arbeiten*[81]; das Ministerprogramm, zu dem man sich weiterhin bekenne, sei *nicht zur rechten Zeit, nicht auf die rechte Art, nicht mit den richtigen Mitteln* verfolgt worden[82]. Diese *Sorglosigkeit* habe eine sich *immer drohender* gebärdende Reaktion begünstigt. Zugleich wurde ein *kälter geworden*[es] *Verhältnis* zu den *alten Freunde*[n] beklagt. Der Landesausschuss werde seinen

---

[76] Beob. Nr. 49 f. vom 27.2.1849 f. Vgl. auch BOLDT, Volksvereine S. 57 ff.; MANN, Württemberger, S. 275.
[77] Beob. Nr. 70 vom 23.3.1849.
[78] Beob. Nr. 62 vom 14.3.1849.
[79] Ebd.
[80] Beob. Nr. 52 vom 2.3.1849.
[81] Ebd.
[82] Beob. Nr. 59 vom 10.3.1849.

Weg jedoch fortsetzen und sich nicht *zu thörichten Gewalthandlungen verleiten lassen*[83]. Dies galt trotz einer pessimistischen Einschätzung der Gesamtlage: Deutschland befinde sich *in einer gefährlichen Krisis*, die Nationalversammlung sei *im Begriff* [...], *das Banner der Volkssouveränität aus den Händen* zu geben[84].

3. Reichsverfassungskampagne und Reutlinger Versammlung

Die Befürchtungen der Demokraten wurden Ende März zur Realität, wurde doch dem preußischen König die erbliche Kaiserwürde angetragen. Während die Mehrheit des Landesausschusses in einem lahmen Protest die Volksvereine zur *Besonnenheit*, d.h. zum Abwarten aufrief[85], setzte Mayer mit der Veröffentlichung seines unterlegenen Antrags schärfere Akzente. Er erinnerte an die Ulmer Beschlüsse und sah im Erbkaisertum *einen groben geschichtlichen Verstoß*, der *unnatürlich, vergeblich und in seinen Folgen unglückselig* sei. Dennoch gelte es, das Frankfurter Werk *als gesetzlich zu Stande gekommen anzuerkennen*, auch wenn dies *mit sträubendem Gefühl* und *blutendem Herzen* geschehe. Er formulierte jedoch Bedingungen und zog eine Grenzlinie. Eine *Abänderung* der Verfassung sei ebenso wenig hinnehmbar wie eine *Entwürdigung* der Nationalversammlung, sofern sie *in Unterhandlung über Bedingungen ihr eigenes Prinzip und sich selbst aufgeben würde*. Solche Bedingungen könnten von Preußen gestellt werden – ein Eingehen darauf bedeute, dass das Nationalparlament den *Anspruch* [...] *auf Unterwerfung des Volks* verwirkt habe. Für diesen Fall formulierte er eine deutliche Warnung: Sei das Parlament nicht im Stande, *das Vaterland zu retten, so wird das Volk es retten*. Die Demokraten würden *dort nicht fehlen, wohin Pflicht und Ehre* sie riefen[86]. Ganz offenkundig hegte Mayer Zweifel daran, dass die Nationalversammlung die in sie gesetzten Mindesterwartungen noch erfüllen werde. Diese Einschätzung markiert den Beginn seiner nun radikaler werdenden Haltung.

Die von ihm schon vor der Ablehnung der Kaiserkrone durch König Friedrich Wilhelm IV. vorhergesehenen Konflikte sollten die nunmehr beginnende sogenannte Reichsverfassungskampagne beherrschen. Eine Flut von Aufrufen, Erklärungen und Versammlungen warb für die Verteidigung der Verfassung, auch wenn man deren Mängel und Fehler durchaus sah[87]. Es galt gegen die *Fürstenverschwörung*[88] an-

---

[83] Beob. Nr. 52 vom 2.3.1849. Die Erklärung war von zehn Ausschussmitgliedern, darunter auch Mayer, unterzeichnet.

[84] Beob. Nr. 63 vom 15.3.1849. Vgl. zum Obigen BOLDT, Volksvereine, S. 51 ff.; MANN (Württemberger, S. 276, Anm. 237) billigt dem Landesausschuss die Rolle einer württembergischen „Nebenregierung" zu. Wenn er je eine solche spielte, war er damals jedoch schon längst in der Defensive.

[85] Beob. Nr. 79 vom 3.4.1849.

[86] Ebd.

[87] Vgl. die Erklärung des Märzvereins im Beob. Nr. 89 vom 15.4.1849 (Beilage).

[88] Beob. Nr. 87 vom 13.4.1849.

zugehen, an deren Spitze der preußische König stehe. Er habe *die rechtskräftige Verfassung* [...] *für ungültig erklärt, so lange nicht die deutschen Fürsten sie geprüft und gebilligt hätten*. Die Nationalversammlung verfalle der Lächerlichkeit, wenn sie Vereinbarungen mit 38 Regierungen suche und würde zugleich *sich und die Nation entehren*[89]. Diese Entwicklung rief vor allem den Märzverein auf den Plan, in dessen Gefolge sich der – zunächst zögerliche – Landesausschuss dann bewegte.

Nachdem die württembergischen Minister dem König mit ihrem Rücktritt für den Fall der Nichtanerkennung der Verfassung gedroht hatten, sahen sich die Demokraten wieder an deren Seite; das Ministerium sei *Fleisch und Blut* der Partei[90]. Der Ausschuss rief zu entsprechenden Versammlungen auf und inszenierte eine Plakataktion; die landesweite Agitation verlief in einem *großartige*[n] *Maßstab*[91]. Nach dem königlichen ‚Ja' zu Verfassung und Wahlgesetz sprach der Ausschuss von einem *großen Volkssiege*, mahnte jedoch auch eine baldige konstitutionelle Landesversammlung und die Stärkung der Bürgerwehren an[92].

Obwohl inzwischen 28 Regierungen die Reichsverfassung anerkannt hatten, veranlasste die von Preußen ausgehende Gegenbewegung den Märzverein, einen Vereinskongress zum 6. Mai nach Frankfurt einzuberufen. Zu den Delegierten aus Württemberg gehörte auch Mayer. Die dort verabschiedeten Aufrufe beleuchteten die dramatische Situation. Während man an die Soldaten appellierte, die *brutalen Befehle hochverräterischer* Vorgesetzter zu ignorieren, warnte man das Volk vor der Absicht Preußens, überall dessen Erhebung für die Verfassung *niederzuschlagen*. So gelte die Devise: *Wer Waffen tragen kann, rüste sich sie zu gebrauchen!* Es wurde ein Verteidigungsausschuss gebildet, der deutschlandweit die *Wehrhaftmachung* betreiben sollte; Mayer war für den württembergischen Neckarkreis zuständig[93]. Auch wenn der Ausschuss ohne klare Kompetenzen blieb und ein „Schattendasein" führte[94], hatte die Auseinandersetzung eine neue Dimension erreicht, überall forderte man die Volksbewaffnung.

Ein auch von Mayer unterzeichneter Stuttgarter Aufruf nahm Bezug auf den preußischen Einmarsch in Sachsen *(Dresden blutet!)* und den daraufhin von der Nationalversammlung festgestellten Bruch des Reichsfriedens. So sah man sich auf der *Seite des Gesetzes*, wenn es gelte, sich bewaffnet gegen ein *reichsverräterisches fremdes Heer* zu stellen[95].

---

89 Aufruf des CMV an die Vereine, Beob. Nr. 90 vom 17.4.1849.
90 Beob. Nr. 93 vom 20.4.1849.
91 Beob. Nr. 92 vom 19.4.1849. Vgl. auch die Nummern 95 und 98.
92 Beob Nr. 105 vom 28.4.1849.
93 Beob. Nr. 114 vom 9.5.1849.
94 BOLDT, Volksvereine, S. 64, vgl. auch MANN, Württemberger, S. 328 f.
95 Beob. Nr. 124 vom 20.5.1849 (Beilage). Der Aufruf war von Mitgliedern des Landesausschusses und von Kammermitgliedern unterzeichnet. Vgl. auch den Esslinger Aufruf zur Bildung von Freikorps, Beob. Nr. 116 vom 11.5.1849.

Vor diesem dramatischen Hintergrund hatte der neugewählte Landesausschuss, dem auch Mayer wieder angehörte[96], zur Landesversammlung der Volksvereine an Pfingsten[97] nach Reutlingen eingeladen. Während sich Mayers Vater Sorgen wegen der radikaler werdenden Haltung seines Sohnes machte[98] und befürchtete, Reutlingen würde zu einem zweiten Offenburg[99], zeigte ein Schreiben des Sohnes an Uhland nach Frankfurt, dass diese Befürchtungen nicht unbegründet waren. Sein Brief vom 25. Mai war formal eine Bitte um Uhlands Urteil zu seinem Aktionsplan, mit dem Mayer endgültig seine bisherige Haltung verließ. Er sah die Verpflichtung zu revolutionärem Handeln, denn *regt sich [...] unsere Partei gar nicht, so verliert sie allen Kredit [...] und mit den Aussichten der Demokratie steht es schlimm auf lange hinaus*. Selbst eine Niederlage führe zu *einer viel besseren Position [...], als wenn wir ohne allen Kampf unterducken*.

Für Mayer stand fest, dass *unser Hof* an der *Fürstenverschwörung* beteiligt sei; unwahrscheinlich erschien ihm, dass der *ganz verblendete Römer* dies durchschaue. Auch rechnete er nicht mit dessen Unterstützung. Hinsichtlich der in Reutlingen vorzuschlagenden Forderungen war sich laut Mayer der Landesausschuss einig. Man werde von der Regierung verlangen, Bündnisse vor allem mit Baden und der Pfalz einzugehen, sich der Nationalversammlung zu unterwerfen und das Militär in die Kasernen zurückzurufen. Zu weitergehenden Plänen gestand er unterschiedliche Auffassungen und sogar Rücktritte ein. Allerdings bestehe *die vorherrschende Ansicht [...], daß auch in Württemberg eine revolutionäre Bewegung notwendig* werde. Beschwichtigend schrieb er, *daß kein einziger Fanatiker unter uns ist* und *alle ohne Illusion* und *vernünftigen Erwägungen* zugänglich seien. Er plädierte für eine Verlegung des Nationalparlaments falls nötig nach Stuttgart – damit sei *ganz Württemberg für die Bewegung gewonnen*.

Mayer weihte Uhland in den von ihm mit Experten erarbeiteten Aktionsplan des Wehrausschusses ein – und er war der Wehrausschuss. Zur Volksbewaffnung trete die Bildung von Wehrkreisen, die Wahl von Kommandanten, die Beschaffung von Waffen und Munition sowie ein landesweites Alarmierungssystem[100]. Er betonte, im *Einverständniß mit der Nationalversammlung* handeln zu wollen und plante zur Unterstützung von Baden und der Pfalz eine *Diversion* zur Bindung des württembergischen Militärs. Insgesamt waren seine Ausführungen vage und es blieb

---

96 Beob. Nr. 121 vom 17.5.1849.
97 Pfingsten war 1849 am 27. und 28. Mai.
98 Uhland an Mayer sr., 4.3.1849, HARTMANN, Uhlands Briefwechsel, III, Nr. 2292 mit Anm. 1, S. 410f.
99 Mayer an Uhland, 25.5.1849, ebd., Nr. 2310, hier S. 418. Die Offenburger Versammlung vom 13.5.1849 war das Fanal zum Aufstand in Baden.
100 Er hatte am 22.5.1849 offenbar eigenmächtig alle Volksvereine Württembergs aufgefordert, Vertrauensmänner zu melden, die sich am 28.5.1849 früh in Reutlingen zu einer militärischen Beratung einfinden sollten. Vgl. Freiheit oder Tod: die Reutlinger Pfingstversammlung und die Revolution von 1848/49. Katalog zur Ausstellung im Heimatmuseum Reutlingen, 20. September 1998 bis 24. Januar 1999, hg. vom Haus der Geschichte Baden-Württemberg, Stuttgart 1998, S. 128f., 135 (Einladung).

unklar, wer wann den Befehl zum Losschlagen erteilen sollte. Uhlands Antwort prognostizierte das Fehlen einer ausreichenden Resonanz und mahnte, Mayer und seine Freunde sollten *revolutionären Gelüste*[n] entgegentreten, seien doch die Folgen unabsehbar[101].

Am 26. Mai warnte die württembergische Regierung vor unüberlegten Beschlüssen und Handlungen während der Reutlinger Versammlung. Der ‚Beobachter‘ antwortete mit einer scharfen Replik, die das Regierungsdilemma benannte: Jedes ihrer Worte sei *eine Beleidigung für den Hof und zugleich ein Abstoßen des Volkes.* Gleichzeitig versicherte er, die Versammlung werde *keine verbrecherischen Versuche* machen[102].

Reutlingen erlebte mit der Versammlung der Vereinsdelegierten und der allgemeinen Volksversammlung eine bis dahin einmalige Großveranstaltung. Die von den Delegierten gefassten Beschlüsse forderten ein Bündnis mit Baden und der Pfalz, aber auch mit weiteren Ländern, die Rückberufung des Militärs von der badischen Grenze sowie die allgemeine Volksbewaffnung. Die Volksversammlung trat diesen Beschlüssen bei und reklamierte zudem die *unverzügliche Einberufung einer verfassunggebenden Landesversammlung* bei zensusfreier Wahl, von der vor allem die unentgeltliche Abschaffung der Feudallasten erwartet wurde[103].

Die für Mayer dann schicksalhaft werdende Wehrversammlung der Vertrauensmänner fand am Vormittag des Pfingstmontags, parallel zur Volksversammlung, statt. Das von ihm offenbar weitgehend am Landesausschuss vorbei vorbereitete und dann „in Feldherrnpose" geleitete Unternehmen[104] nahm einen „chaotischen und grotesken Verlauf" mit „ständige[m] Kommen und Gehen"[105]. Obwohl so die Versammlung alles andere als geheim war, schwieg sich der ‚Beobachter‘ über das Treffen aus[106]. Boldt konstatiert, dass hier „die Erhebung des Landes bis ins Detail [...] organisiert" wurde[107]. Zweifellos war dies die Absicht Mayers und auch der Tenor seiner Ausführungen und der erteilten Aufträge. Es gelang ihm jedoch nicht, bindende und praktikable Beschlüsse durchzusetzen und eine handlungsbereite Mannschaft zu rekrutieren[108].

---

[101] Die beiden von Rustige veröffentlichten Briefe: RUSTIGE, M.: Zwei ungedruckte Briefe aus bewegter Zeit, in: Der Schwabenspiegel (= Wochenschrift der Württemberger Zeitung), Nr. 28 vom 14.7.1931.

[102] Beob. Nr. 132 vom 28.5.1849 (z.T. gesperrt).

[103] Beob. Nr. 133 vom 30.5.1849.

[104] MAIER, Alwin: Reutlingen und die deutsche Revolution von 1848/49, Diss. (masch.) Tübingen 1925, S. 70.

[105] Freiheit oder Tod, S. 129.

[106] Erst im Juli erwähnte das Blatt *Gerüchte,* nach denen in Reutlingen *Gewalt in Aussicht gestellt worden* sei, versicherte jedoch, davon nichts zu wissen. Beob. Nr. 174 vom 13.7.1849.

[107] BOLDT, Volksvereine, S. 67.

[108] Sauer konstatiert detaillierte „Vorbereitungen für einen Aufstand", sieht jedoch eine „unbedingte Entschlossenheit" dazu „allenfalls bei den Wortführern". Vgl. SAUER, Paul: Revolution und Volksbewaffnung. Die württembergischen Bürgerwehren im 19. Jahrhundert, vor allem während der Revolution von 1848/49, Ulm 1976, S. 143. Wortführer war

Während im Lande bald abenteuerliche Gerüchte über die Wehrversammlung kursierten, setzte ein Informant, der, wie sich später ergab, sein Wissen aus zweiter Hand bezogen hatte, die Behörden in Kenntnis[109]. Damit begann eine ‚Zeitbombe' gegen Mayer zu ticken. Dieser begründete 1851 im Rückblick sein Handeln gegenüber Becher[110], der im Gegensatz zu ihm *damals* [...] *ohne Hoffnung* auf ein Gelingen gewesen sei. Mayer, der *fast den ganzen Mai* mit den Vorbereitungen seiner Pläne verbracht hatte, beschrieb noch immer voller Überzeugung *die Chancen, die wir hatten* und *unsere damalige Macht*. Man habe über *einen festen Rechtsboden* [sic] und eine *junge Mannschaft* verfügt, auf bäuerliche Unterstützung rechnen können und die Möglichkeit zur Gewinnung von – aus konfiszierten Kassen zu bezahlenden – *Landsknechten* gehabt. Waffen seien aus der Festung Rastatt zu beschaffen gewesen, gegen Geld hätten Schweizer Offiziere zur Verfügung gestanden. *Gegen uns* standen für ihn damals vor allem ein *König, der die Koffer gepackt hatte,* ein verunsichertes Offizierskorps, eine *reactionäre Residenzbürgerschaft,* ein *gespaltenes Ministerium* und eine *imbecille Kammer*. Die Preußen im Hintergrund sah er als ungefährlich an, sobald sich Württemberg in die antipreußische *Bewegung* einreihte. Besonders bemerkenswert an Mayers Rückblick war, dass er – trotz zu befürchtender persönlicher Konsequenzen – ein aktives Handeln als moralische Aufgabe sah. Zwar gestand er ein, man sei nicht in der Lage gewesen, *eine Revolution zu machen*. Er beharrte jedoch auf der damaligen *Pflicht, alles dafür zu tun, was in unseren Kräften stand*[111]. Seine kompromisslose Haltung, wohl nur von Haußmann, Pfau und Weisser unterstützt[112], war gleichermaßen von Illusionen wie von edlen Motiven geprägt. Für ihn stand damals fest, dass allein mit flammenden Appellen nichts mehr zu retten war[113].

Unmittelbar nach Reutlingen erfolgte eine dramatische Situationsänderung. Nachdem der Esslinger Paulskirchenabgeordnete Wurm sein Mandat niedergelegt hatte, reiste Mayer nach Frankfurt, um dessen Nachfolge anzutreten. Dort erfuhr er, dass die Nationalversammlung beschlossen hatte, nach Stuttgart zu gehen, was

---

jedoch nur Mayer, während Becher und Haußmann nur zeitweise an der Versammlung teilnahmen und offenbar nicht in vollem Umfang über Mayers Pläne informiert waren. MAIER, Hans: Die Hochverratsprozesse gegen Gottlieb Rau und August Becher nach der Revolution von 1848 in Württemberg, Pfaffenweiler 1992, S. 248 f.

[109] Freiheit oder Tod, S. 129, 137. Vgl. zu der in der gesamten einschlägigen Literatur erwähnten Wehrversammlung vor allem MAIER, Reutlingen, S. 69 f. und MAIER, Hochverratsprozesse, passim.

[110] Vgl. zu August Becher (1816–1890), Mayers Parteifreund, etwa die Kurzbiographie bei RABERG, Handbuch, S. 42 f.

[111] Mayer an Becher, 8.10.1851, in: JANSEN, Nach der Revolution, Nr. 121, S. 233 ff.

[112] Vgl. BOLDT, Volksvereine, S. 69.

[113] Diese Sicht wurde nach der Versammlung bestätigt: Eine in Reutlingen gewählte und nach Stuttgart entsandte Delegation, die die offiziellen Beschlüsse – vor allem die Bündnisforderung mit Baden und der Pfalz – präsentierte, war sowohl bei Römer als auch in der Kammer gescheitert. BOLDT, Volksvereine, S. 67 f.

ihn zur sofortigen Rückkehr bewog[114]. Die neue Lage veranlasste den Landesausschuss, in einem euphorischen Aufruf an die Volksvereine (*Waffnet Euch, seid bereit zum Parlamentsheer*) die Zuversicht zu äußern, dass nunmehr die Nationalversammlung *das Schwert Deutschlands* [...] *aus der Scheide ziehe*[115]. Für Mayer
schienen sich so neue Perspektiven für seine Reutlinger Pläne zu eröffnen.

Während ihrer ersten Stuttgarter Sitzung am 6. Juni wählte die nun als „Rumpfparlament" tagende Nationalversammlung als neue provisorische Exekutivgewalt
eine Reichsregentschaft, der auch Becher angehörte, Mayer wurde als einer der
Schriftführer bestellt[116]. Begrüßte der auf die Regentschaft setzende Landesausschuss diese als *des Vaterlands letzte Hoffnung* und erwartete von ihr die Exekuti-
on der Reutlinger Beschlüsse, so wies die württembergische Regierung, unterstützt von der Kammer, derartige Bestrebungen umgehend zurück. Sie sprach der
Regentschaft das Recht ab, ohne ihre Zustimmung *über württembergische Streit-
und Geldkräfte zu verfügen*[117].

Trotz der sich ankündigenden Konfrontation verabschiedete die Mehrheit des
dezimierten Parlaments das Volkswehrgesetz zur Mobilisierung aller Waffenfähi-
gen[118]. Dieser Kampfansage folgte am 18. Juni die Sprengung des Rumpfparlaments,
vom ‚Beobachter' als *Gewaltthat* der Regierung gebrandmarkt[119]. Die wie das Parlament aus dem Lande vertriebene Regentschaft rief als ohnmächtige Antwort zur
Bruderhilfe durch Freiwillige für Baden und die Pfalz auf (*Zu den Waffen, deutsches Volk*)[120].

4. Revolutionäres Handeln

Im Gegensatz zur großen Mehrheit seiner politischen Freunde wollte Mayer das
Scheitern aller Hoffnungen nicht tatenlos hinnehmen. Er ging mit der Regentschaft nach Freiburg, dem Sitz der republikanischen Regierung Badens. Dort wurde er wie sein Freund Haußmann zum Reichskommissar ernannt und hielt sich seit
Ende Juni im Bodenseeraum auf, um den militärischen Widerstand zu organisieren. Wie er dem Vater berichtete, bestand noch *einige Hoffnung auf Erfolg*. Allerdings sah er sein Wirken doch *mehr* unter dem Aspekt, *die Ehre der Regentschaft
zu retten*[121].

---

[114] Beob. Nr. 136 vom 2.6.1849.
[115] Ebd.
[116] Beob. Nr. 140 vom 7.6.1849.
[117] Die Erklärung im Beob. Nr. 143 vom 9.6.1849.
[118] Beob. Nr. 154 vom 20.6.1849. Dessen Ausführung wurde vom Ministerium untersagt.
SCHNEIDER, Eugen: Württembergische Geschichte, Stuttgart 1896, S. 525. Dort zum
Rumpfparlament S. 524 ff.
[119] Beob. Nr. 166 vom 4.7.1849.
[120] Beob. Nr. 155 vom 21.6.1849.
[121] Brief vom 8.7.1849 aus der Schweiz, in: DLA Marbach 53686d.

In einem aus dem badischen Markdorf am 1. Juli erlassenen Aufruf an die Bewohner des württembergischen Donaukreises richtete er an die Angehörigen des 2. Volkswehraufgebots die *dringende Aufforderung*, sich zu bewaffnen, zu sammeln und schnellstmöglich in das benachbarte Baden zu ziehen. Dort, wo für Verpflegung gesorgt sei, sollten sie sich *zur Verfügung des Kommandos des Seekreises* stellen. Zugleich rief er zur *Übersendung* von Waffen und Munition sowie zur Sammlung von Geld und weiteren Materialien auf. Es gelte, nach den *Verbrechen unserer Regierung an der deutschen Sache*, dem badischen *Brudervolk* Solidarität und Mitgefühl zu erweisen.

Für seine Mission konnte sich Mayer, anders als in Reutlingen, auf eine doppelte Legitimation berufen: Als Kommissar der Reichsregentschaft, die ihn am 26. Juni mit der Vollziehung des Volkswehrgesetzes im Donaukreis beauftragt hatte und auf deren Aufruf vom 18. Juni[122]. In einem gleichzeitig der Regentschaft erstatteten Bericht beschrieb Mayer seine Bemühungen, bei einer Zusammenkunft mit oberschwäbischen Gesinnungsgenossen ein *Rütli für Oberschwaben* zu organisieren. Allerdings blieb ihm hier der Erfolg versagt: Ein Teil der Eingeladenen war nicht erschienen, andere bereits auf der Flucht. Die Teilnehmer verneinten übereinstimmend die Möglichkeit einer Erhebung in Württemberg, für die Mayer mit abenteuerlichen Plänen – *Eisenbahn ruiniren, Friedrichshafen [...] besetzen, die Sturmglocken läuten* und dergleichen – aufwartete. Er kündigte schließlich seine Weiterreise nach Konstanz an und schien keine großen Hoffnungen mehr zu hegen. Das Oberland sei ein *verflucht stilles Land,* in dem *viel zu wenig Revolution* zu verspüren sei[123], fasste er die Situation resigniert zusammen.

Die kleine Stadt Markdorf sollte Mayers letzte revolutionäre Wirkungsstätte darstellen. Am 3. Juli erschien ein Steckbrief, mit dem er, des versuchten Hochverrats beschuldigt, nun gesucht wurde[124]. Mayer entzog sich der drohenden Verhaftung durch die Flucht in die Schweiz. Der ‚Beobachter‘ jedoch dementierte zunächst; wie *jedermann* wisse, begleite Mayer *als Schriftführer das Bureau der Nat*[ional]*-Vers*[ammlung]. Empört reagierte das Blatt auf den Steckbrief unter Verweis auf die Immunität des Abgeordneten[125]. Einige Tage später stellte sich auch das demokratische Parteiblatt der Realität und verkündete, dass wohl der Zeit-

---

[122] Mayers Aufruf ist abgedruckt bei HILDEBRANDT, Gunther (Hg.): Opposition in der Paulskirche. Reden, Briefe und Berichte kleinbürgerlichdemokratischer Parlamentarier 1848/49, Berlin 1981, S. 364 f. Hans MAIER (Hochverratsprozesse S. 227), der aus dem Aufruf zitiert, verweist auf diese Legitimation als prozessrelevant, sofern sich Carl Mayer einem Prozess gestellt hätte. MÜLLER (Freiheit oder Tod, S. 20) bezeichnet den Aufruf als „auf dem Weg in die Schweiz" entstanden. Mit dieser Formulierung erweckt sie jedoch den Eindruck, Mayer habe sozusagen en passant noch Revolution gemacht. Damit wird sie der Ernsthaftigkeit seines Handelns nicht gerecht.

[123] Mayer an die Reichsregentschaft, 1.7.1849, in: JANSEN, Nach der Revolution, Nr. 1, S. 3 ff.

[124] Freiheit oder Tod, S. 136.

[125] Beob. Nr. 166 vom 4.7.1849. Auch in der Kammer kritisierte Schoder den *Versuch der widerrechtlichen Verhaftung* eines Abgeordneten, allerdings ohne Erfolg. VKdA vom 3. und 5.7.1849, S. 4463, 4490, 4492.

punkt gekommen sei, *die Justiz gegen die demokratische Partei loszulassen* und stellte bitter fest, dass es der gesuchte Mayer war, der *einst* Römer *die silberne Bürgerkrone auf das Haupt gesetzt* habe[126].

---

[126] Beob. Nr. 174 vom 13.7.1849.

III. Im Schweizer Exil

1. Die allgemeinen Lebensbedingungen

Als Carl Mayer im Juli 1849 in die Schweiz kam, begann für den fast 30-jährigen Familienvater ein gänzlich neuer und einschneidender Lebensabschnitt, der von zahlreichen Einschränkungen geprägt war. Allerdings betrat er kein unbekanntes Land, hatte er die Schweiz doch bereits bereist. Zudem dürfte er durch eine in Payerne, im Kanton Waadt, verheiratete Schwester Informationen zu Land und Leuten erhalten haben. Dass er, insbesondere angesichts der in Deutschland beginnenden Reaktionsära, Sympathien für die Alpenrepublik entwickelte, liegt auf der Hand. Schließlich galt für die vormärzlichen Liberalen, dass sie „mit neidvoller Verehrung nach dem glücklichen Lande" blickten und es „als das gelobte Land der Demokratie" betrachteten[1].

Auch wenn er damit rechnen musste, dass ihm in Württemberg in Abwesenheit der Prozess gemacht würde und er von den Richtern kaum Schonung erwarten konnte, dürfte er sich damals wohl kaum bewusst gewesen sein, dass ihn dies zu einem fast 13 Jahre dauernden Exilantendasein zwingen würde. Andererseits war er nicht der Mann, der um Gnade bat, um das Exil abzukürzen[2].

Nach kürzeren Zwischenstationen ging Mayer nach Bern, wo er sofort in Kontakt mit seinen aus ganz Deutschland geflüchteten politischen Freunden trat, die sich vor allem dort und in Zürich niedergelassen hatten. Die Tatsache, dass er nicht zum Heer der namenlosen, von Existenzsorgen und drohender Ausweisung bedrängten Flüchtlinge, sondern zum Kreis der „vergleichsweise privilegierten Parlamentarier" gehörte[3], bescherte ihm relativ erträgliche Lebensverhältnisse. Schon Ende Juli konnte er die baldige Ankunft seiner Frau ankündigen[4].

Die vorläufige Klärung seines Status' dauerte dann bis zum November. Im ‚Beobachter' erschien die für seine Freunde in der Heimat beruhigende Meldung, der Berner Regierungsrat habe ihm (und u.a. auch Ludwig Simon[5]) Aufenthaltsbewilligungen auch für seine Angehörigen erteilt. Sie würden wegen ihrer führenden Beteiligung an den *Ereignissen* in Baden nicht ausgewiesen und verfügten über *eigene Mittel zum Unterhalt*[6]. Über seinen Vater, den er um Verzeihung für *Sorgen und Kummer* bat, hatte er die Übersendung seines bei Deffner stehenden Kapitals, dessen Konfiszierung er befürchtete, und wohl auch ein *Anlehen* seines Schwiegervaters arrangieren lassen[7]. Er erhielt wie seine Kollegen zudem bescheidene Diä-

---

[1] SCHNABEL, Deutsche Geschichte, S. 244.
[2] Vgl. JANSEN, Einheit, S. 160 ff.
[3] Ebd., S. 83.
[4] Mayer an Becher, 27.7.1849, in: JANSEN, Nach der Revolution, Nr. 12, S. 19 f.
[5] Vgl. zu Ludwig Simon (1819–1872) etwa dessen Werk Aus dem Exil, Gießen 1855, auch JANSEN, Einheit, passim.
[6] Beob. Nr. 290 vom 23.9.1849.
[7] Brief vom 8.7.1849, in: DLA Marbach, 53686d.

ten[8] und war so offenbar nie in Geldnöten, ein für die Schweizer Behörden zentraler Punkt. Sein von ihm ideell wie materiell unterstützter Freund Ludwig Pfau, der zeitweise in Zürich lebte, sprach von Mayers *viele*[n] *und wohlhabende*[n] *Bekannte*[n] *und Verwandte*[n][9].

Seine aufenthaltsrechtliche Lage blieb dennoch, wie auch die seiner Kollegen, prekär. Obwohl er Anfang 1851 eine Kaution geleistet hatte und der Meinung war, sein weiteres Verbleiben würde gestattet, erhielt er die Aufforderung, den Kanton Bern zu verlassen. Daraufhin legte er dar, dass dies für ihn und seine Familie *zu sehr traurigen Folgen* führen würde und erneuerte seine Bitte um Weitergewährung des Asyls. Er betonte, keinerlei finanzielle Unterstützung zu benötigen. Zudem habe er seine *Lebens- und Handlungsweise* stets nach den gesetzlichen Auflagen ausgerichtet. Nach der Leistung einer erhöhten Kaution von 1.600 Franken wurde ihm schließlich der weitere Aufenthalt gestattet[10].

Seit der Ankunft seiner Frau und des Sohnes Carl bewohnte die junge Familie zusammen mit Mayers Kollegen Friedrich August Reinstein[11] ein bescheidenes, aber offenbar idyllisch gelegenes Haus in Wabern bei Bern[12]. Dieses Domizil wurde zu einem Treffpunkt für seine politischen Freunde, aber auch zum „Zufluchtsort für viele Flüchtlinge"[13].

Das Flüchtlingselend war ein zentrales Thema für Mayer und seine Freunde[14]. Zum einen gehörte Mayer dem Gremium ehemaliger Abgeordneter an, das Diäten an diese ausgab[15], zum anderen war er Mitglied in Unterstützungskomitees, die Geld- und Sachspenden aus der Heimat an Bedürftige verteilten[16]. Seit Juli 1849 erschienen im ‚Beobachter' Aufforderungen zu Hilfsleistungen; in Stuttgart wurden wie anderswo Gelder für die Schweiz angenommen[17]. Mayer war auch hier stark engagiert und schaltete sich immer wieder ein. So rief er im Sommer 1850 die württembergischen Demokraten zur Hilfe für zwei Freiheitskämpfer auf, die, aus

---

[8] Siehe S. 30 unten.

[9] Pfau an Mayer, 5.5.1850, in: JANSEN, Nach der Revolution, Nr. 54, S. 110 ff., Zitat S. 115.

[10] Eingabe an den Berner Regierungsrat, 16.3.1851, in: ebd., Nr. 97 mit Anm., S. 192 f. Mayers Freund Ludwig SIMON (Aus dem Exil, Bd. I, Gießen 1855, S. 106) charakterisierte die Voraussetzungen zum dauerhaften Exil prägnant: *Eigenes Auskommen, ruhiges Verhalten und Mangel auswärtiger Reclamationen.* Vgl. auch JANSEN, Einheit, S. 84.

[11] Vgl. zu Friedrich August Reinstein (1814–1860) JANSEN, Einheit, passim.

[12] Eine Zeichnung in: Rettet die Freiheit. Das Rumpfparlament 1849 in Stuttgart – eine Revolution geht zu Ende. Katalog zur Ausstellung in Stuttgart vom 11. Mai bis zum 1. August 1999, hg. vom Haus der Geschichte Baden-Württemberg, Stuttgart 1999, S. 21.

[13] JANSEN, Einheit, S. 79, Anm. 15.

[14] Vgl. Mayer an Becher, 17.6.1850, in: JANSEN, Nach der Revolution, Nr. 62, S. 126 f.

[15] Diese wurden zunächst auf drei Gulden für Verheiratete und zwei für Ledige festgelegt. Vgl. Löwe an Simon, 17.9.1849, in: ebd., Nr. 19, S. 32 f.

[16] Vgl. JANSEN, Einheit, S. 110 f.

[17] Vgl. Beob. Nr. 179 vom 19.7.1849. In Bern existierten ein schweizerisches und ein deutsches Komitee. Ersteres sorgte für die *Massen* der Notleidenden, während letzteres sich *namentlich* um die Älteren sowie solche kümmerte, *die aus Scham und Bescheidenheit* darbten. Beob. Nr. 208 vom 21.8.1849.

der Schweiz ausgewiesen, nun drohten, in London zu verhungern[18]. Einige Monate später wandte er sich erneut an seine Freunde in der Heimat und schilderte die
traurige Lage vieler Flüchtlinge in seinem Umfeld. Nachdem die württembergischen Spenden seit langem fast ausschließlich nach Holstein geflossen seien, zwin-
ge ihn *das hiesige Elend* zur Mahnung, die Flüchtlinge in der Schweiz nicht zu
vergessen[19]. Als scharfer Beobachter sah Mayer auch die Flüchtlingsnot jenseits
finanzieller und aufenthaltsrechtlicher Probleme. Die Leiden an Körper und Geist,
die auch ihn befielen, nannte er *Exilkrankheit*[20]. 1850 schilderte er seine Gemüts-
lage: *Das Vaterland zu entbehren, ist an sich hart, aber in der Fremde hungern und
lungern zu müssen, ist ein Unglück, in welchem nur das Bewusstsein, für die Freiheit zu leiden, aufrichten kann.* Folgerichtig wandte er sich gegen jedwede Resignation; Spenden für Notleidende würden das *Parteibewusstsein* [...] *stärken*, an
dem es aus seiner Sicht mangelte. Schließlich gelte es, an den alten *Grundsätzen
festzuhalten und an der Zukunft nicht zu verzweifeln*[21].

Es gelang Mayer, sich in Wabern zu etablieren. Dazu gehörte eine umfangreiche
Korrespondenz mit den politischen Freunden, die den regen persönlichen Verkehr
mit ihnen ergänzte. Stets galt es dabei, jeden Anschein eines öffentlichen Auftre-
tens zu vermeiden – dies hätte die sofortige Ausweisung zur Folge gehabt[22]. Trotz
seiner jungen Jahre wurde Mayer zu einer der Zentralfiguren der Exilantenszene.
Aus der Heimat erhielt er häufig Besuch[23]; Vater und Schwiegervater waren immer
wieder in Wabern. Den Verlauf solcher Visiten charakterisierte Mayer einmal wie
folgt: Nach einem dreiwöchigen Besuch des Schwiegervaters sprach er von *saure*[n]
Tage[n], die ihn trotz *Nüchternheit und Resignation* zum *donnern und blitzen* gebracht hätten. Seine Ansichten waren auf völliges Unverständnis gestoßen. Dagegen lasse es sich mit dem alternden Vater *gut leben*, er höre seine Ansichten und
Pläne mit Aufmerksamkeit an. Allerdings sei er ein Beispiel dafür, *wie unendlich
fremd wir denen draußen schon geworden sind*. Was er auch immer erzähle, sei für
den Vater *ganz neu und unerwartet*[24] – ein Beleg für die Entfremdung zwischen
Exilanten und Daheimgebliebenen.

Demgegenüber war der Alltag in Wabern durchaus befriedigend. Dazu trug
ganz wesentlich die Gattin bei, die klaglos das Flüchtlingsschicksal teilte und für
jene herzliche Atmosphäre sorgte, die von den vielen, häufig bedrückten Besuchern

---

[18] Beob. Nr. 162 vom 10.7.1850.
[19] Beob. Nr. 255 vom 25.10. 1850. Sein Appell fand warme Unterstützung durch einen anonymen Artikel, der betonte, *unser verbannter Freund* Mayer könne die Fülle der *Drang-
sale* überhaupt nicht schildern. Beob. Nr. 258 vom 29.10.1850.
[20] Mayer an Carl Vogt, 9.3.1850, in: JANSEN, Nach der Revolution, Nr. 42, hier S. 88.
[21] Beob. Nr. 255 vom 25.10.1850.
[22] Vgl. Löwe an Simon, 17.9.1849, in: JANSEN, Nach der Revolution, Nr. 19, S. 32f.; DERS.,
Einheit, S. 94f.
[23] Ludwig Simon berichtet etwa von Besuchen Rödingers und Deffners, mit denen man im
Familienkreis Wanderungen unternahm. SIMON, Aus dem Exil I, S. 230.
[24] Mayer an Becher, 17.6.1850, in: JANSEN, Nach der Revolution, Nr. 62, S. 126f.

so geschätzt wurde. Ludwig Simon schrieb etwa, er werde ihr *nie vergessen, wie sie sich, ihre häuslichen Geschäfte und ihre* [...] *Kinder verlassend, zu* [ihm], *dem unleidlichen Hypochonder setzte, seine Stimmung zu erheben suchte* und sogar für ihn nähte[25]. Emilie Mayer war schließlich, eher nüchtern veranlagt, eine *ideale Ergänzung* ihres recht impulsiven Ehemanns[26].

Dass Mayer in Wabern eine Stelle an einer Knabenschule fand, wo er Deutsch, Literatur und Geschichte unterrichtete, entsprach seinen Neigungen, waren ihm doch öffentliche Auftritte ein Bedürfnis. Schon im Herbst 1849 hielt er vor deutschen Flüchtlingen in Bern Vorträge zur deutschen Geschichte. Hier fand er Gelegenheit, seine Hörer als heldenhafte Opfer im Dienste der Freiheit, die „alles für das Vaterland geopfert" hatten, moralisch zu stärken. Dazu gehörte auch die Beschwörung einer besseren Zukunft[27], an die er ja auch selbst glaubte. Ansonsten berichtete er Becher, es fehle ihm weder an *literarischen Hilfsmitteln, Büchern und Zeitungen* noch an *Freundschaft und erheiterndem und anregendem Umgang.* Zudem betonte er *die Wohlfeilheit des Lebens*[28].

1852 brachte eine doppelte Zäsur für die inzwischen vierköpfige Familie[29]. Mayer war im Februar in dem spektakulären Ludwigsburger Hochverratsprozess, dem bis dato größten Verfahren der württembergischen Rechtsgeschichte, in Abwesenheit zu einer 20-jährigen Festungsstrafe verurteilt worden[30]. Das exorbitante Strafmaß – er hatte mit 15 Jahren gerechnet[31] – ist darauf zurückzuführen, dass in Abwesenheit des Angeklagten nicht die Geschworenen urteilten, sondern die erhobene Anklage zur Grundlage diente[32]. Demgegenüber wurde der aus dem Schweizer Exil zurückgekehrte Becher von den Geschworenen freigesprochen[33].

---

[25] Simon an Mayer, 22./23.3.1853, in: ebd., Nr. 167, hier S. 314. Vgl. auch Simons Schilderung des innigen Familienlebens im Hause Mayers und seine Dankbarkeit für die dort genossene Hilfe und Pflege. SIMON, Aus dem Exil II, S. 166, 234, 252.

[26] RUSTIGE, Lebensgeschichte, in: Vadiana Kantonsbibliothek St. Gallen, Nachlass Näf.

[27] JANSEN, Einheit, S. 82 f. Laut SIMON (Exil I, S. 87) war er der *Lieblingsvorleser* der Flüchtlinge.

[28] Mayer an Becher, 28.3.1850, in: JANSEN, Nach der Revolution, Nr. 47, hier S. 100.

[29] Neben dem schon erwähnten, 1849 noch in Esslingen geborenen Sohn Carl (Friedrich) kamen 1850 in Wabern die Tochter Marie, 1852 Ludwig zur Welt. In Neuchâtel wurde 1853 Emilie geboren. Stammbaum der Familie Hartmann-Mayer (= Hartmannbuch), Cannstatt 1892, S. 5 f.

[30] Ausführlich zum gesamten Prozess MAIER, Hochverratsprozesse, hier insbesondere S. 223 und 266.

[31] Vgl. August an Wilhelm Reinstein, 3.3.1852, in: JANSEN, Nach der Revolution Nr. 136, S. 265.

[32] Vgl. MAIER, Hochverratsprozesse, S. 266.

[33] Dessen Entschluss zur Rückkehr wurde von dem unbeugsamen Mayer kritisiert. Als Gründe sah er *aufgeputztes Elend;* der unpraktische Becher könne *sich nicht ernähren.* Mayer an Vogt, 9.3.1850, in: JANSEN, Nach der Revolution, Nr. 42, hier S. 89. Auch Bechers Verhandlungsstrategie wurde von Mayer kritisiert. Mayer an Becher, 8.10.1851, in: ebd., Nr. 121, S. 233 ff. – Der ebenfalls aus der Schweiz zurückgekehrte Haußmann wurde

Mayer musste das Ludwigsburger Urteil, das in ihm den Hauptverantwortlichen für die Reutlinger Wehrversammlung sah, als staatlichen Racheakt empfinden. So sah er die Notwendigkeit, sich für einen langen Aufenthalt in der Schweiz neu zu orientieren. Sein Ziel musste nun vor allem sein, eine bessere und möglichst sichere Existenz für seine wachsende Familie zu finden. So entschloss er sich, um die Jahreswende 1852/53 im westschweizerischen Neuchâtel (Neuenburg) einen Neuanfang zu versuchen[34] und dazu sein kaufmännisches Wissen zu nutzen. Obwohl ihm die Branchenkenntnisse fehlten, gründete er dort eine kleine Schmuck- und Goldwarenfabrik, ein „Indiz für politische Desillusionierung"[35]. Seine Enkelin schrieb später, dass er *keine goldene Ernte* einfahren konnte, da er letztlich *zu wenig Kaufmann* gewesen sei. Zudem hätten *die Ansprüche an seine Gastlichkeit und Hilfsbereitschaft* fortbestanden[36]. Dennoch entwickelte sich das Unternehmen schließlich befriedigend. Im Frühjahr 1855 berichtete er über anfängliche Schwierigkeiten: *Ein schlechter Mensch* habe versucht, ihn zu betrügen, so dass *ein gut Stück Lehrgeld* zu zahlen war. Inzwischen sei das Geschäft jedoch *in Ordnung*. Er verfüge über gute Arbeiter, bereise mehrmals im Jahr die Schweiz und habe *eine ordentliche Kundschaft*. Auch arbeite er für den Export und suche dazu *neue Absatzquellen*. Melancholisch schloss er seinen Bericht jedoch mit der Feststellung, sich *leider* in einen *Winkel* [...] *verkrochen* zu haben[37]. Es gelang ihm jedoch, in diesem „Winkel" neue Freundschaften zu schließen. Zu den Neuenburger Freunden gehörten Adolf Hirsch, der Leiter der dortigen Sternwarte, und Édouard Desor, ein bekannter Zoologe, Geologe und Prähistoriker. Der in Hessen geborene Desor weckte sein Interesse an wissenschaftlicher Naturforschung. Diesem Hobby widmete sich Mayer ernsthaft etwa durch Exkursionen, auf die er seine Kinder und Gäste mitnahm[38].

Neuchâtel bot Mayer zudem ein interessantes politisches Beobachtungsfeld, beschäftigte doch der dort ausgetragene Konflikt während der 1850er Jahre die europäischen Kabinette und auch eine breite Öffentlichkeit. Gegen die preußische Krone – der preußische König war Fürst von Neuenburg – hatte sich der Kanton 1848 zur Republik erklärt und wurde seither von Republikanern regiert. Ein royalistischer Putsch vom 2. September 1856 wurde mit Hilfe eidgenössischer Truppen niedergeschlagen, die Putschisten inhaftiert. König Friedrich Wilhelm IV. war un-

---

zu zweieinhalb Jahren verurteilt, musste jedoch nur zwei Jahre verbüßen. MAIER, Hochverratsprozesse, S. 279.

[34] Seine dortige Aufenthaltsbewilligung datiert vom 11.3.1853. Auskunft des Kantonalarchivs.

[35] JANSEN, Einheit, S. 255.

[36] RUSTIGE, Lebensgeschichte, S. 6, in: Vadiana Kantonsbibliothek St. Gallen, Nachlass Näf.

[37] Mayer und Vogt an Hartmann, 22.2./13.3.1855, in: JANSEN, Nach der Revolution, Nr. 190, S. 364 ff.

[38] RUSTIGE, Lebensgeschichte, in: Vadiana Kantonsbibliothek St. Gallen, Nachlass Näf. Auch Simon schilderte ihn als Naturfreund, der sich *in einen schönen Berg verlieben* könne, SIMON, Aus dem Exil I, S. 256.

nachgiebig und ließ preußische Truppen mobilisieren. Die drohende Kriegsgefahr endete 1857 auf Druck der europäischen Großmächte mit dem Verzicht des preußischen Königs auf Neuenburg[39].

Die Niederlage des verhassten Monarchen dürfte Mayer mit Genugtuung erfüllt haben. Dass er sich allerdings „lebhaft am politischen Kampf der Demokratie gegen die Neuenburger Aristokratie beteiligte"[40], ist sicherlich eine Legende. Seine Anteilnahme dürfte eine rein ideelle gewesen sein, war doch den Exilanten politische Tätigkeit verboten[41].

Diese erzwungene politische Abstinenz charakterisierte Mayer einmal so: Er sitze *gewöhnlich als schweigender Zuhörer bei den politischen Unterhaltungen meiner radikalen Freunde*. Dabei bewundere er deren *praktischen Verstand, die Schlagfertigkeit, die Disziplin des französischen Geistes und jene unschuldige Herzensfröhlichkeit*. Als Kontrast zu diesen *wälschen Debatten* bezeichnete er die Zusammenkünfte mit Landsleuten im Deutschen Verein[42]. Ansonsten beklagte er einmal in einem Brief, in gewissen Klubs nicht *hoffähig* zu sein[43], ein Beleg dafür, dass die Integration durchaus Grenzen hatte.

2. Politisches Denken

Ungeachtet aller Widerwärtigkeiten des Exils beherrschten politische Fragen und Hoffnungen das Denken der Flüchtlinge. Für Mayer vermischten sich zunächst ‚große Themen', vor allem die Erwartung einer zweiten Revolution, die man in seinen Kreisen zu Anfang der 1850er Jahre erhoffte[44], mit Fragen der württembergischen Politik. Dass er dabei „wirklichkeitsfremde" und „weltfremde Vorstellungen" entwickelte[45] und Illusionen hegte[46], ist unbestreitbar. Die Feststellung allerdings, er hätte sich erst in der Schweiz „in die Rolle des zu allem entschlossenen Revolutionärs" gesteigert[47], ist jedoch zu präzisieren: Er hatte seit Reutlingen die Phalanx der legalistischen Reformer verlassen und betrat im Sommer 1849 die

---

[39] Die diplomatischen Verwicklungen schildert ausführlich BONJOUR, Edgar: Der Neuenburger Konflikt 1856/57, Basel/Stuttgart 1957. Dort werden zwar die Royalisten vorgestellt, über die republikanischen Akteure ist jedoch kaum etwas zu erfahren.

[40] So SCHMIDT-BUHL, Volksmänner, S. 3, ohne Belege.

[41] Die beiden Neuenburger Archive konnten seine aktive Beteiligung nicht bestätigen, bei Bonjour wird Mayer nicht erwähnt.

[42] Eine Festfahrt zu Heinrich Simon's Denkmal. Ein Brief von Karl Mayer aus Esslingen an einen Freund in Stuttgart, in: Deutsche Jahrbücher für Politik und Literatur 6 (1863), S. 298. Zu Mayers Mitgliedschaft im Deutschen Verein ebd., S. 316.

[43] Mayer und Vogt an Hartmann, 13.3.1855, in: JANSEN, Nach der Revolution, Nr. 190, S. 364.

[44] Vgl. JANSEN, Nach der Revolution, S. XVI.

[45] LANGEWIESCHE, Liberalismus und Demokratie, S. 144, Anm. 78, S. 253.

[46] Ebd., S. 254.

[47] Ebd., S. 138.

Schweiz bereits als – gescheiterter – Revolutionär. Aus diesem aus seiner Sicht durchaus konsequenten Selbstverständnis resultierten dann zwangsläufig Kontroversen mit den Parteifreunden in der Heimat. Man war sich einig im Hass auf Preußen und im Zorn gegen die württembergische Regierung, deren Sündenfall vor allem in der Sprengung des ‚Rumpfparlaments' bestanden habe. Damit habe sie den gesetzlichen Boden verlassen und den *ganze*[n] *Rechtsboden umgestürzt*[48]. Uneinigkeit herrschte dagegen hinsichtlich der daraus zu ziehenden Konsequenzen[49].

Julius Hölder beschrieb Mayer 1850 die Lage in Württemberg als *trostlos* und *miserabel* und formulierte die letztlich alternativlose Verpflichtung der *gemäßigten Linken*, zu der er seinen Freund Mayer nicht zählte: Es gelte, *den ermüdenden geistigen Kampf gegen die Reaktion* [zu] *führen, ihr jeden Zoll, den das positive Recht gewährt, streitig* [zu] *machen, ohne Aussicht eines raschen Erfolgs bei dem* [...] *betrogenen Volke aus*[zu]*harren, seinen sinkenden Mut* [zu] *heben* und sein Rechtsbewusstsein *lebendig* zu erhalten[50]. Hölder hatte hier gleichsam den auf Dauer beibehaltenen Parteikurs formuliert[51].

Mayer wiederum galt seine Partei als *corrumpirt;* sie verkaufe *ihre Rechte an den Teufel*[52]. Er sah *die sog*[enannte] *Democratie in Württemberg in die Bahn des Alt-Liberalismus* einmünden und präsentierte eine wirklichkeitsfremde Alternative: Da der reaktionäre Regierungskurs die *Bourgeoisie auf unsere Seite* führe, habe man den *Rechtsgrund, um bei der nächsten Erhebung den Hof und seine Knechte vor Gericht zu stellen und ihnen den Hochverrathsproceß zu machen, der uns von der Dynastie befreit*[53]. Mayers württembergische Parteifreunde ertrugen seine vehemente Kritik an ihrem Kurs mit freundschaftlicher Gelassenheit und sogar mit einem gewissen Verständnis. Wie z.B. Ludwig Pfau zutreffend erkannte, war Mayer nicht in den *stillen Wahnsinn der Parlamentskrankheit verfallen*[54].

Im Vorfeld der Landtagswahlen von 1851 verfasste Mayer ein für den ‚Beobachter' bestimmtes Manuskript, das den demokratischen Wahlboykott forderte. In einem freundschaftlichen Brief, der Freude über ein *Stück leibhaftigen Mayer* äußerte, aber auch süffisant betonte, dieser sei *von jeher etwas polizeiwidrig roth* gewesen, begründete Mayers alter Weggefährte, Rudolf Probst[55], die Absage. Man

---

[48] Plädoyer Oesterlens im Ludwigsburger Prozess, zitiert nach MÜLLER, Oesterlen, S. 27.

[49] Die „tiefe[n] Risse" zwischen Exilanten und Daheimgebliebenen waren ein allgemeines Phänomen. JANSEN, Einheit, S. 100.

[50] Hölder an Mayer („Hayerle", Mayers Spitzname aus der Burschenschaft), 19.6.1850, in: LANGEWIESCHE, Tagebuch Hölders, S. 302 f.

[51] Vgl. dazu ausführlich LANGEWIESCHE. Liberalismus und Demokratie, S. 247 ff. und passim und Beob. Nr. 203 vom 25.8.1850. Im Folgejahr formulierte der demokratische Wahlausschuss die Verpflichtung, *das Volk der Reaktion gegenüber nicht unvertreten zu lassen.* Beob. Nr. 83 vom 8.4.1851.

[52] Mayer an Becher, 28.3.1850, in: JANSEN, Nach der Revolution, Nr. 47, hier S. 101.

[53] Mayer an Becher, 16.5.1850, in: ebd., Nr. 55, S. 116 f.

[54] Pfau an Mayer, 5.5.1850, in: ebd., Nr. 54, hier S. 114.

[55] Vgl. zu Rudolf Probst (1817–1899) etwa die Kurzbiographie bei RABERG, Handbuch, S. 676–678.

werde den Text nicht veröffentlichen und habe ihn lediglich *unter den Zuverlässigen circuleren* lassen, stoße doch darin *manches* auf *Widerspruch*[56]. Etwas später begründete auch Gottlob Tafel[57] die Ablehnung mit verbindlichen Worten. Das Manuskript sei *mit wahrem Vergnügen* [...] *gelesen oder vielmehr verschlungen* worden, es lasse jedoch den Bezug zur Realität vermissen; Mayer habe die *Natur der Schwaben* [...] *bald ganz aus dem Auge verloren.* Angesichts der sich formierenden Gegner dürfe man nicht *desertieren,* denn dann laufe man Gefahr, *von unsern eigenen Leuten gesteinigt* [zu] *werden*[58]. Deutlicher ließen sich die Differenzen zwischen Exil und Heimat und damit Mayers Isolierung als *großer Verschwörer*[59] kaum formulieren[60].

Auch hinsichtlich des bereits angedeuteten Themas einer ‚zweiten Revolution' lagen die Ansichten von Heimat und Exil weit auseinander. Im Frühjahr 1851 konstatierte Probst, Mayer und seine Freunde gingen *von einer nahe bevorstehenden großen Aenderung der Dinge aus,* während er und die Freunde in der Heimat daran nur als ein *entfernteres Ziel* glauben könnten[61]. Im Oktober 1851 belehrte dann Mayer August Becher, dem er zu seinem anstehenden Prozess den Rat gab, die Monarchie nicht *zu schonen,* euphorisch, *die ganze historische Logik* dränge *unaufhaltsam zur großartigen Entscheidung; sein Herz sei erfüllt von Zuversicht und naher Siegeshoffnung.* Er, der *doch kein träumerischer, übertrieben heimkehrsüchtiger Flüchtling* sei, hege wie alle seine Freunde die Überzeugung, *dass das durch die vielen Prophetien mythisch und mystisch gewordene Jahr 1852 nicht ohne Entscheidung vorübergehen wird,* wisse man doch seit kurzem *Vieles und Bedeutendes*[62].

In einem weiteren Brief an Becher konkretisierte Mayer seine euphorischen Erwartungen: *Wir stehen dem Siege viel näher als Du glaubst.* Er und seine Freunde seien *noch nie so heiter und hoffnungsreich wie jetzt* gewesen. Während er mahnte, die Dinge nicht nach den Verhältnissen in Württemberg zu beurteilen, malte er ein Bild realitätsferner Wunschvorstellungen: So sei *in Frankreich* [...] *der Kampf nicht mehr zu umgehen,* in Österreich sei *die Stimmung ganz entschieden revolutionär,* in allen Provinzen Preußens existiere eine *disciplinirte, starke und entschlossene Republik,* frühere Oppositionelle seien *revolutionär compromittirt.* Schließlich be-

---

[56] Probst an Mayer, 21.3.1851, in: JANSEN, Nach der Revolution, Nr. 100, hier S. 196 (mit Anm.).

[57] Vgl. zu Gottlob Tafel (1801–1874) etwa die Kurzbiographie bei RABERG, Handbuch, S. 918–920.

[58] Tafel an Mayer, 15.4.1851, in: JANSEN, Nach der Revolution, Nr. 102, S. 202 f.

[59] Oesterlen an Mayer, 9.10.1851. Zugleich belehrte Oesterlen ihn, die *alten Freunde* seien *so gute Republikaner als Du.* Zitiert nach MÜLLER, Oesterlen, S. 114, Anm. 66.

[60] Der Konflikt zwischen dem Dogmatiker Mayer und seinen pragmatischen Freunden sollte 1868 im Vorfeld der Zollparlamentswahlen eine – noch zu behandelnde – Neuauflage erfahren.

[61] Probst an Mayer, 21.3.1851, in: JANSEN, Nach der Revolution, Nr. 100, S. 196 f.

[62] Mayer an Becher, 8.10.1851, in: ebd., Nr. 121, hier S. 236.

finde sich *die gesamte deutsche Emigration mit Ausnahme der exclusiven roten Communisten [...] in der Einigung* und Geld fließe *reichlich*[63].

In seinen ersten Exiljahren brachte Mayer ohne Datierung eine Fülle politischer Ideen und Wunschvorstellungen zu Papier, die zumeist utopische Erwartungen äußerten. Zentrales Thema war dabei die Vorbereitung der Republik[64]. So sollte eine erste republikanische *Volksversammlung* die durch ein *Schutz- u*[nd] *Trutzbündniß verbundenen* deutschen Einzelstaaten in Freistaaten bzw. Republiken umwandeln, die in einen *engeren Bund* einträten und über eine *gemeinsame Volksvertretung* verfügten. Einzelstaatliche Volksvertretungen wären nach *allgemeinem Stimmrecht* zu wählen, ihre Mitglieder seien *an kein Mandat gebunden* und *jederzeit* bei Verlust des Wählervertrauens abberufbar[65]. Regierungsfunktionen hatte zunächst ein der Volksvertretung verantwortlicher Landesausschuss, für den die *deutschen Grundrechte* als Richtschnur zu gelten hätten. Diesen nicht entsprechende *Einrichtungen und Gesetze* wären hinfällig. Alle Geistlichen und alle Gemeindebehörden hätten sich sofort einer Neuwahl zu stellen, während alle *Beamten der bisherigen Regierung* ohne Gehalt zu suspendieren seien. Schließlich sei das Militär *innerhalb 3 Tagen überall auf die Treue zur Republik zu beeidigen*[66].

Für den Zeitraum *vor Ausbruch der nächsten Revolution* entwickelte Mayer den Plan eines Kongresses der europäischen Demokraten, der in London, Edinburgh oder in New York stattfinden sollte. Dort gelte es zunächst, die *gemeinschaft*[lichen] *Operationen gegen die Fürsten* zu koordinieren. Weitere Aufgaben sollten die Festlegung der Grenzen der *künftigen Republiken*, die *Ausgleichung der [...] Staatsschulden* sowie die Regelung der *künftigen internationalen Verhältnisse* auf den Gebieten des Handels, der Zölle, der Schifffahrt, der Freizügigkeit und Ansiedlung sein.

Als Kongressteilnehmer sah er die Deutschen, die auch den Präsidenten stellen sollten, Franzosen, Italiener, Ungarn, Polen, Dänen und Russen. Erst anschließend sei mit den Schweizern, Südslawen, Tschechen, Rumänen, Türken, Belgiern, Holländern, Spaniern und Schweden zu verhandeln, während England, mit dessen Demokraten *noch nichts anzufangen* sei, nicht beteiligt werde. Die USA sollten als Schutzmacht und zugleich als Finanzier fungieren. Die geheimen Verhandlungen hätten anzudauern, bis deren Entschließungen zum *Gemeingut* aller geworden seien[67].

---

[63] Mayer an Becher, 26.10.1851, in: ebd., Nr. 123, hier S. 241.

[64] Die hier ohne Anspruch auf Vollständigkeit referierten Gedanken im DLA Marbach 32532. Das Nachfolgende z.T. nach eigenen Erhebungen, z.T. nach Exzerpten, die mir Herr Professor C. Jansen, Technische Universität Berlin, freundlicherweise zur Verfügung stellte.

[65] An anderer Stelle schrieb Mayer, dass allein *die Völker [...] souverän* seien. Dementsprechend galten ihm die Abgeordneten nicht als *Volksrepräsentanten,* sondern als *Beamte und beauftragte Diener des Volkes.* Ebd., fol. 6.

[66] Ebd.

[67] Ebd. Möglicherweise sah Mayer im Londoner europäischen Zentralkomitee der Demokraten einen Kristallisationspunkt der Kongressidee; im Oktober 1851 berichtete er Be-

Aus der Fülle der Notizen Mayers ist der Entwurf eines wohl nie abgeschickten, vom *Heimweh* diktierten Briefes an den württembergischen König besonders bemerkenswert – ein Zeugnis eines von der Realität weit entfernten Denkens. Da ihn die Bitte um Amnestie *entehr*[e], wolle er einen *Vorschlag* machen: Er argumentierte mit der republikanischen Partei in Deutschland, die in zu erwartenden langen Kämpfen für die Abschaffung der Monarchie wirken werde, so dass es *keine Freude mehr* [sei] *zu regieren*. Zurückkehrende Republikaner würden aus dem *Staatsverbande*, nicht jedoch aus dem Vaterland austreten und keine Ansprüche stellen, allerdings auch nur für in Anspruch genommene Leistungen zahlen. Dem Vaterland würde man *in einem besonderen Corps* dienen und die Monarchie ansonsten *dulden*. Sollte eine republikanische Mehrheit entstehen, werde der König wohl nicht mehr regieren wollen. Sein Vorschlag sei ernst gemeint und biete die einzige Möglichkeit zur *Rettung des Friedens*, werde doch andernfalls der König *geköpft*. Sein utopischer Entwurf schloss mit der Aufforderung *Wählen Sie jetzt, Majestät*[68].

Im Kontrast zu diesen Gedankenspielen standen Bemühungen, die Londoner Weltausstellung im Sommer 1851 zur politischen Agitation zu nutzen, wie sie im Deutschen Bund mit seiner rigorosen Pressezensur nicht möglich war. Zusammen mit seinen Kollegen aus der Nationalversammlung Wilhelm Loewe[69], Ludwig Simon, Franz Raveux[70] und Carl Vogt[71] plante Mayer eine zweisprachige deutsch-englische Revue, die unzensiert einerseits deutsche Englandbesucher über oppositionelle Konzepte, andererseits die englische Öffentlichkeit über die deutschen Verhältnisse informieren sollte. Mit dem Projekt verband sich die Hoffnung, die von den Exilanten erwartete zweite Revolution zu fördern. Publiziert wurden schließlich drei durchaus anspruchsvolle Ausgaben einer *Deutschen Zeitung aus London* unter dem Titel ‚Der Kosmos‘, die jedoch keine Langzeitwirkung erzielen konnten[72].

Mayers Phase als Revolutionär im Wartestand war nur von kurzer Dauer. Seine „Brandbriefe aus dem Exil" in die Heimat[73] endeten, nachdem er erkennen musste,

---

cher von einer Reise Löwes nach London. Mayer an Becher, 26.10.1851, in: JANSEN, Nach der Revolution, Nr. 123, hier S. 241. Vgl. zu ähnlichen Gedanken von Arnold Ruge und zum Plan Mayers JANSEN, Einheit, S. 185 ff.

[68] DLA Marbach, 32532 nach einem von Herrn Professor Jansen überlassenen Exzerpt. Vgl. dazu auch LANGEWIESCHE, Liberalismus und Demokratie, S. 144, Anm. 78.

[69] Vgl. zu Wilhelm Loewe-Calbe (1814–1886), dem Präsidenten des Stuttgarter Rumpfparlaments, das Biographische Handbuch für das Preußische Abgeordnetenhaus 1867-1918, bearbeitet von Bernhard MANN u.a., Düsseldorf 1988, S. 251.

[70] Vgl. zu Franz Raveux (1810–1851) JANSEN, Christian, in: NDB 21 (2003), S. 219 f.

[71] Carl Vogt (1817–1895) war Mitglied der Frankfurter Nationalversammlung und 1849 der Reichsregentschaft. Vgl. KRAUSE, Ernst, in: ADB 40 (1896), S. 181–189.

[72] Vgl. JANSEN, Einheit, S. 183 f. sowie Löwe an Mayer, 13.11.1850 und 12.12.1850, Simon an Mayer, 18.1.1851, in: JANSEN, Nach der Revolution, Nr. 76, S. 157; Nr. 80, S. 162 f.; Nr. 89, S. 180 mit Anmerkungen.

[73] LANGEWIESCHE, Liberalismus und Demokratie, S. 254.

dass er die württembergischen „Geschehnisse nicht mehr zu beeinflussen vermochte" und sich daher „aus den Händeln der Partei" zurückzog[74]. Gleichzeitig
entpuppten sich die Hoffnungen auf eine zweite Revolution in Europa als Schimäre. Napoleons Staatsstreich vom 2. Dezember 1851 beendete die so euphorisch erwartete Wendung mit einem Schock.

Wie bereits ausgeführt markierte Mayers Umzug und sein Einstieg in das Geschäftsleben eine gravierende Veränderung der bisherigen Lebensverhältnisse –
sein Geschäft forderte sozusagen den ganzen Mann; für politische Sandkastenspiele fehlte die Zeit und eine Veränderung der politischen Verhältnisse schien nur in
einem längeren nichtrevolutionären Prozess denkbar.

Erst im Sommer 1859 schien der sardisch-französische Krieg gegen Österreich
wie in der Heimat auch für Mayer neue politische Optionen zu eröffnen, konstatierte doch ein Briefpartner dessen *Freudigkeit und Zuversicht in die Zukunft*[75].
Mayer sah offenbar im Wirken Napoleons, ungeachtet dessen eigennütziger Politik, ein positives Signal. Um 1860 erklärte er als Festredner bei der Fahnenweihe
des deutschen Arbeitervereins Neuenburg, es gelte *die Franzosen nur über den
Rhein zu lassen, weil es sonst niemals in Deutschland besser werden könne.* Diese
Haltung stieß auf scharfe Kritik durch Karl Marx. In seiner Schrift *Herr Vogt* denunzierte er den ehemaligen Reichsregenten als Agent im Solde Napoleons und
bezeichnete Mayer als *den schwatzschweifigen Schwaben* und *Gerngroß* und als
einen *seiner* [...] *Mitstrolche*[76].

Reflektierte Mayers Neuenburger Rede noch eine Portion Skepsis, die Hoffnung
auf Napoleon war nur eine Art politischer Strohhalm, so hatten sich 1862 seine
persönlichen Verhältnisse wie auch die politische Großwetterlage entscheidend
verändert. Er konnte *in Folge gesetzlicher Verjährung* seiner Strafe *frei und unverpflichtet* wieder die Heimat besuchen und genoss während zwei Deutschlandfahrten, nicht mit dem *drückende*[n] *Gefühl, amnestirt zu sein*, reisen zu können[77].
Bereits im Frühjahr 1862 besuchte er die alten Freunde in Esslingen, die ihn herzlich begrüßten[78]. Die brieflichen Kontakte dorthin waren während der Exiljahre
nie abgerissen[79].

[74] BRANDT, Parlamentarismus, S. 716.
[75] Born an Mayer, 27.7.1859, in: JANSEN, Nach der Revolution, Nr. 280, hier S. 561.
[76] MEW, Bd. 14, hier S. 559f. Vgl. auch S. 477f.
[77] Eine Festfahrt, S. 296. Während etwa BRANDT (Parlamentarismus, S. 716), SCHMIDT-
BUHL (Volksmänner, S. 3) und RUNGE (RUNGE, Gerlinde: Die Volkspartei in Württemberg von 1864 bis 1871. Die Erben der 48er Revolution im Kampf gegen die preu
ßisch-kleindeutsche Lösung der nationalen Frage, Stuttgart 1970, S. 28) behaupten,
Mayer sei amnestiert worden, hat Moersch klargestellt, dass es keine spezielle Amnestie
gab: „Die in Abwesenheit Verurteilten blieben nach dem Gesetz straffrei, wenn ein wesentlicher Teil der Strafe vorüber war"; vgl. MOERSCH, Karl: Es gehet seltsam zu...in
Württemberg: von außergewöhnlichen Ideen und Lebensläufen, Leinfelden-Echterdingen 1998, S. 146.
[78] Eine Festfahrt, S. 296.
[79] Vgl. JANSEN, Einheit, S. 23, Anm. 23.

Später im Jahr fuhr er zum Frankfurter Schützenfest als Mitglied der Schweizer Delegation und war *ergriffen von der Herrlichkeit des großen Vaterlandes*. Er tauschte dort die Schweizer Alpenrose gegen die *deutsche Kokarde* und fühlte sich *geheilt von aller Bitterniß* des Exils[80]. Sein euphorischer Bericht über das Schützenfest kulminierte in der Feststellung, sich *glücklich* zu fühlen, *als Soldat in die Reihen der deutschen Fortschrittspartei wieder einzurücken* [81]. Einen ebenso euphorischen Bericht gab er dem Vater. Das *grandiose Fest*, bei dem er Kontakte zu Demokraten aus ganz Deutschland knüpfen konnte, habe vielerlei *Hoffnungen* bei ihm geweckt und er glaube, *die Gasse gefunden zu haben,* wie er sich *an der deutschen Bewegung* beteiligen könne[82].

Eine Basis zum politischen Neuanfang sah Mayer im 1859 gegründeten Nationalverein. Zwar sei ihm dieser zunächst *gründlich zuwider* gewesen, da er Deutschlands Schicksal in die Hände Preußens legen wollte. Nachdem er sich inzwischen jedoch *von Preußen emanzipirt* habe, sei *seine Stellung und Bedeutung* total verändert[83]. Allerdings nahm er im Folgejahr wieder eine kritische Haltung zum Nationalverein ein. Dem Vater berichtete er noch aus Neuenburg von einem an die Wochenschrift des Vereins geschickten Manuskript, das, von seinen Freunden gebilligt, jedoch in Streit münden könnte, habe er doch Preußen verdächtigt, Deutschland in einen Krieg mit Frankreich verwickeln zu wollen[84]. Mayer hatte sich 1863 mit dem polnischen Aufstand beschäftigt und in einem fiktiven Dialog (*Noch ist Polen nicht verloren*) geschrieben, *der Ausbruch der braven Polen* habe ihn *erquickt*. Vom Nationalverein erwartete er eine Aussage zu Gunsten der Polen, in denen er Verbündete gegen Russland sah. Gleichzeitig kritisierte er Preußens russlandfreundliche Politik, die Frankreich zum Krieg zwecks Gewinnung des linken Rheinufers provozieren könne. Zudem erwartete er vom Nationalverein die Schaffung eines deutschen Parlaments noch für 1863[85].
Mayers Hochstimmung von 1862 war wenige Monate später wieder verflogen. Im Februar 1863 veröffentlichte er einen polemisch-sarkastischen Zeitungsartikel über *unsere deutschen Zustände*, in dem er Preußen und Österreich den Willen und die Fähigkeit absprach, eine befriedigende Lösung anzustreben. Er schloss seine

---

[80] Eine Festfahrt, S. 296. Der Aufsatz, als *Brief* an einen ungenannten *Freund* in Stuttgart gerichtet, galt möglicherweise Adolf Seeger. So RUNGE, Volkspartei, S. 28, Anm. 9.
[81] Eine Festfahrt, S. 321.
[82] Undatiertes Schreiben, in: DLA Marbach, 53686 d.
[83] Eine Festfahrt, S. 319f. – Vgl. zum Deutschen Nationalverein Gerd FESSER, in: FRICKE, Dieter (Hg.): Lexikon zur Parteigeschichte: die bürgerlichen und kleinbürgerlichen Parteien und Verbände in Deutschland (1789–1945), Bd. 2, Leipzig 1984, S. 201–215.
[84] Brief mit Poststempel vom 31.3.1863, in: DLA Marbach, 53686 d. Mayers Schrift konnte laut Auskunft der Bibliothek der Friedrich-Ebert-Stiftung in der Wochenschrift nicht festgestellt werden.
[85] Dazu JANSEN, Einheit, S. 428f.

Polemik mit beißendem Spott: *Lieber Gott, gieb den Deutschen Vertrauen in ihre Fürsten und Alles wird noch gut gehen!*[86].

Wie stark Mayers politisches Denken durch seine Exiljahre geprägt war, wurde bereits betont. Für die *Schweizer Freiheit*[87] empfand er lebenslange Bewunderung. So berichtete er stolz, das Frankfurter Schützenfest *unter dem Abzeichen des republikanischen Brudervolkes* besucht zu haben, *das mir in langer Bekanntschaft so lieb wie mein eigenes geworden ist*[88]. Die Eidgenossenschaft war für ihn nichts weniger als das *Vorbild der Deutschen*[89]. Auch die Enkelin betonte später die fortdauernde Bewunderung seiner *geliebte*[n] *2te*[n] *Heimat,* die er auch auf die Kinder übertrug. Bei seinen häufigen Schweizbesuchen habe er an der Grenze *ergriffen den Hut abgenommen* und die Republik hochleben lassen[90].

Seine Wertschätzung galt insbesondere der eidgenössischen kommunalen und kantonalen Selbstverwaltung, dem Milizsystem und schließlich dem daraus resultierenden „republikanischen Stolz"[91] – Errungenschaften, die er sich auch für die Heimat wünschte.

---

[86] Der ungezeichnete Artikel *(Einfache Stoßseufzer eines friedfertigen Deutschen)* erschien im *Schweizer Handels-Courier* vom 11.2.1863. Das Blatt im Nachlass Mayers im Bundesarchiv Berlin: N 2185/29.

[87] Eine Festfahrt, S. 297.

[88] Ebd., S. 296.

[89] Ebd., S. 315.

[90] RUSTIGE, Lebensgeschichte, in: Vadiana Kantonsbibliothek St. Gallen, Nachlass Näf.

[91] RAPP, Württemberger, S. 81.

IV. Württemberg zu Beginn der 1860er Jahre und Mayers Wiedereintritt in die Landespolitik

Als Mayer zum Ende des Jahres 1863, nach der offenbar zeitaufwendigen Auflösung seines Neuenburger Unternehmens[1], wieder nach Württemberg zurückkehrte, war hier inzwischen „das Wiedererwachen des politischen Lebens" erfolgt[2]. Auslöser war der italienische Krieg von 1859, der, sich zur europäischen Krise entwickelnd, in ganz Deutschland das Ende der zehnjährigen Reaktionsära bewirkte und im September 1859 zur Gründung des Nationalvereins führte. Die nunmehr einsetzende Entwicklung ist hier nur zu skizzieren. So sah sich die nur „nach außen hin einheitliche Oppositionspartei"[3] aus Liberalen und Demokraten in Württemberg veranlasst, ihre Haltung gegenüber dem pro-preußischen Nationalverein festzulegen. Diesem Ziel diente die Göppinger Versammlung vom 18. Dezember 1859, wo sich eine Mehrheit zwar für eine Zusammenarbeit, nicht jedoch für einen Beitritt aussprach. Fortan firmierte man als Fortschrittspartei[4], verharrte jedoch ohne festes Programm und ohne landesweite Organisationsstrukturen im Status einer Gemeinschaft politischer Honoratioren.

Die Esslinger Versammlung vom 3. Februar 1861 wurde schließlich zur Demonstration oppositioneller Bestrebungen. Dies kam vor allem im Vortrag Oesterlens über die württembergischen Rechtszustände zum Ausdruck, der dem Ministerium *das Vertrauen des Volkes* absprach und den herrschenden *Scheinconstitutionalismus* geißelte. Ansonsten sprach sich die große Mehrheit der 600 – 700 Teilnehmer sowohl für die Reichsverfassung von 1849 – die Oberhauptfrage blieb offen – sowie den Beitritt zum Nationalverein aus[5]. Im Dezember 1861 folgte eine Landesversammlung in Plochingen, die ein Programm für die Landtagswahlen 1862 beschloss, das letztlich alle kontroversen Fragen im Interesse der Einheit ausklammerte bzw. mit vagen Formulierungen verkleisterte. Ein 28köpfiges Landeskomitee wurde mit der Wahlvorbereitung beauftragt. Ihm gehörte die politische Crème des Landes an. Hier seien etwa Becher, Deffner, Fetzer[6], Hölder, Hopf[7], Not-

---

[1] Vgl. Eine Festfahrt, S. 296.

[2] PAYER, Friedrich: Die Deutsche Volkspartei und die Bismarcksche Politik, in: Patria, Jahrbuch der Hilfe 1908, S. 4.

[3] TRAUB, Manfred: Beiträge zur Württembergischen Geschichte in der „Reaktionszeit" (1849–1859), Tübingen 1937, S. 103.

[4] Beob. Nr. 294 vom 20.12.1859.

[5] Ausführlich zu dieser Versammlung Beob. Nr. 30–34 vom 5.–9.2.1861.

[6] Vgl. zu Karl August Fetzer (1809–1885) etwa die Kurzbiographie bei RABERG, Handbuch, S. 199–201.

[7] Vgl. zu Franz Hopf (1807–1887) die Kurzbiographie bei ebd., S. 398 f.

ter[8], Oesterlen, Probst, Rödinger[9], Schott[10], die beiden Seeger[11] und Tafel genannt[12] – die Hauptakteure der kommenden Jahre. Während der Nationalverein in Württemberg wenig Zuspruch fand, konnten die in der Fortschrittspartei mühsam vereinten Liberalen und Demokraten und deren Sympathisanten 1862 die Hälfte der Landtagssitze erringen.

Die Landesversammlung der Fortschrittspartei vom Dezember 1862 in Esslingen sollte eine Positionsbestimmung der Partei in der deutschen Frage formulieren, die von Auseinandersetzungen um die klein- oder großdeutsche Lösung beherrscht war. Dem auf Kleindeutschland – d.h. die preußische Lösung fixierten Nationalverein war im Oktober 1862 mit dem pro-österreichischen Reformverein eine Konkurrenz erwachsen. Diese Konstellation ließ Oesterlen das *trübe Schauspiel* der Nationalbewegung beklagen und die Forderung erheben, es gelte, die *politische Existenz Gesammtdeutschlands* gegen den preußischen und österreichischen *Particularismus* durchzusetzen[13]. Seine und seiner Freunde Hoffnungen scheiterten jedoch in Esslingen, da sich Hölder und sein Anhang letztlich, wenn auch verklausuliert, für eine kleindeutsche Lösung aussprachen[14]. Die ‚Grenzboten‘ kommentierten anschließend zutreffend, man habe *mit aller Gewalt wenigstens äußerlich die Einheit* bewahrt und *farblose Compromisse* gemacht. Für das Blatt war es offensichtlich, dass sich die *Gegensätze in Bezug auf die deutsche Frage* im *Schoß* der Partei *vereinigte*[n] und *die Entscheidung künstlich hinausgeschoben wurde*[15].

Im November 1863 erhielt die deutsche Politik eine neue, die Lage noch komplizierter gestaltende Dimension. Nach dem Tod des dänischen Königs gewann die komplexe Frage um die staatsrechtliche Stellung Schleswig-Holsteins, die seit dem Waffenstillstand von Malmö 1848 letztlich ungelöst war, neue Brisanz. Der neue König, Christian IX, unterschrieb ein Staatsgrundgesetz, das die bisherige Sonderstellung der Herzogtümer aufhob und ihre Einverleibung in den dänischen Staat vorsah. Praktisch über Nacht entstand nun in Deutschland die Schleswig-Holstein-Bewegung, die sich vehement gegen diese Pläne stellte, die öffentliche Diskussion beherrschte und zur „Initialzündung für die jetzt erneut aufbrechende Agitation der deutschen Nationalbewegung" wurde[16].

---

[8] Vgl. zu Friedrich von Notter (1801–1884) die Kurzbiographie ebd., S. 618 f.

[9] Vgl. zu Friedrich Rödinger (1800–1868) die Kurzbiographie ebd., S. 731–734.

[10] Vgl. zu Albert Schott (1782–1861) die Kurzbiographie ebd., S. 829 f.

[11] Vgl. zu Ludwig Seeger (1810–1864) die Kurzbiographie ebd., S. 860.

[12] Beob. Nr. 295–298 vom 17.–20.12.1861.

[13] Dieses Ziel galt ihm als *Aufgabe* einer noch nicht existierenden *deutschen Volkspartei*. Beob. Nr. 228 vom 1.10.1862. Zum Wirken Oesterlens vor allem durch programmatische Leitartikel im *Beobachter* vgl. MÜLLER, Oesterlen, S. 41 ff.

[14] Verhandlungen der Landesversammlung am 14. Dezember 1862.

[15] Grenzboten, Nr. I, I, 1863, hier S. 7.

[16] WEHLER, Hans-Ulrich: Deutsche Gesellschaftsgeschichte, Bd. 3: Von der „Deutschen Doppelrevolution" bis zum Beginn des Ersten Weltkrieges 1849–1914, München 1995, S. 283, auch zum dynastischen Hintergrund.

In dieser Situation nationaler Erregung und schwelender Parteikonflikte betrat Mayer, der sich mit seiner Familie in Stuttgart niederließ, wieder die politische Bühne Württembergs. Von seinen Freunden „mit offenen Armen und großen Erwartungen" aufgenommen[17], wirkte er voller Tatendrang und Elan nicht etwa als braver Parteisoldat, sondern stand sofort im Zentrum des politischen Geschehens. An seine Seite traten Ludwig Pfau und Julius Haußmann; die „Märtyrer von 1848" sollten „die Erneuerer von 1864" werden[18]. Schon im November schrieb Mayer für den ‚Beobachter' einen ersten Kammerbericht, im Dezember berichtete er dort über den Frankfurter Abgeordnetentag, der einstimmig eine Schleswig-Holstein-Resolution verabschiedete und für die Anerkennung des Herzogs von Augustenburg als Landesherr plädiert hatte[19]. Schon vorher, Mitte Dezember, absolvierte er seinen ersten, mit Beifall bedachten öffentlichen Auftritt im Stuttgarter Schleswig-Holstein-Komitee. Vor dem aus Angehörigen aller politischen Richtungen bestehenden Gremium forderte er Geldhilfe für die Herzogtümer, eine Volksbewaffnung in ganz Deutschland nach Schweizer Muster und kritisierte zugleich das Verhalten Österreichs und Preußens[20].

Mayers nunmehriges Verhalten war durch seine Erkenntnis bestimmt, *dass wir 1848 in der Halbheit stecken geblieben* sind[21]. Solche Halbheiten musste er nach seiner Rückkehr erneut feststellen – bei der in der Frage der Herzogtümer lavierenden Landesregierung, in der Kammer, innerhalb der Fortschrittspartei und auch beim Stuttgarter Schleswig-Holstein-Komitee. Dementsprechend sah er sein Ziel darin, durch eine Art politischer Flurbereinigung retardierende Elemente auszuschalten, die bisher praktizierte Honoratiorenpolitik zu überwinden und ganz auf eine volkstümliche Bewegung zu setzen[22].

Dass er Anfang Februar 1864 die Redaktion des ‚Beobachters' übernahm, war einerseits ein geradezu genialer Schachzug, andererseits auch ein Beweis für sein ungebrochenes Prestige bei seinen politischen Freunden[23]. Er blieb bis 1870 die Seele des Parteiblattes, das er, an die Glanzzeit von 1848/49 anknüpfend, zu einer

---

[17] Langewiesche, Liberalismus und Demokratie, S. 315.

[18] Heuss, Parteijubiläum, in: 100 Jahre Volkspartei 1864–1964. Festschrift zum Dreikönigstreffen 1964, Stuttgart 1964, S. 7.

[19] Jansen, Einheit, S. 455. Der Frankfurter Abgeordnetentag war vom ‚Deutschen Nationalverein' einberufen worden. Er bestand aus 491 Abgeordneten der deutschen Länderparlamente und plädierte am 21.12.1863 für die Anerkennung des Herzogs Friedrich von Augustenburg als Landesherr.

[20] Ein Versammlungsbericht im Öhringer ‚Hohenloher Bote', Nr. 151 vom 17.12.1863, vgl. auch Rapp, Württemberger, S. 80 f.

[21] Eine Festfahrt, S. 308.

[22] Vgl. ebd., S. 320 f. wo derartige Gedanken bereits anklingen, auch Runge, Volkspartei, S. 31.

[23] Bei der „Übernahme dieser wichtigen Schaltstelle" stieß er auf keinerlei Widerstand. Tafel, dem Besitzer des Blattes, kaufte er Anteile ab. Langewiesche, Liberalismus und Demokratie, S. 315.

auch von der Regierung gefürchteten[24] „Macht im Lande" machen konnte[25]. Wenige Wochen nach seiner Rückkehr war er so im eigentlichen Nervenzentrum der werdenden Volkspartei fest etabliert – die Exponenten einer preußischen Lösung der deutschen Frage um Hölder blieben vorerst ohne eigenes Organ.

Sein *beim Redactionswechsel* veröffentlichtes vielzitiertes Programm[26] war ein politisches Glaubensbekenntnis und zugleich bereits Teil eines Parteiprogramms in nuce. Das Blatt sollte, anknüpfend an seine Tradition, *vor Allem [...] der Freiheit dienen*. Jetzt, wo *die nationale Frage* im *Vordergrund* stehe, gelte der Grundsatz, dass bei einem Konflikt zwischen *Nationalität und [...] Freiheit* das Blatt – und damit die Partei – auf der Seite der Freiheit zu stehen habe. Idealistisch sehe man *in der deutschen Frage [...] eine goldene, wenn auch ferne Zukunft nur in einer Confäderation von Freistaaten in einer deutschen Eidgenossenschaft [sic]*. Dabei bleibe man realistisch und wolle sich mit dem Erreichbaren *begnügen*. Protestierend *gegen jede Sorte von Hegemonie*[27] erwarte man *nichts von Preußen* und fürchte *Alles von Oestreich. Deutsche Kraft* lebe *nur in dem nicht großmächtlichen Deutschland und nur aus diesem kann die Reform und die neue Form kommen*. Die *Tragödie* Schleswig-Holsteins beweise, dass allein diese Allianzidee den *Sonderbund* der Großmächte und die *Revolution* verhindern könne. Die Allianz benötige ein *Volksheer* nach Schweizer Vorbild und ein Parlament, um den *Abenteuern* Berlins und Wiens entgegenwirken zu können.

Während Mayer versprach, *nicht gegen die konstitutionell-monarchische Staatsform* anzugehen, erwartete er als Gegenleistung *hierzulande* eine *Volksvertretung auf der Grundlage des allgemeinen Stimmrechts* sowie eine Auswechslung derjenigen, *welche die Reaction seiner Zeit eingeleitet und ihr gedient haben*. In einer

---

[24] Naujoks spricht ganz im offiziellen Jargon von Mayer als der „gefährlichste[n] Persönlichkeit der [...] schwäbischen Demokraten" und beleuchtet anschließend die Bemühungen der württembergischen Regierung, gegen den ‚Beobachter' eine publizistische Gegenwehr zu etablieren; NAUJOKS, Eberhard: Der ‚Staatsanzeiger' und die württembergische Regierungspresse in der Krise der Reichsgründungszeit (1864–1871), in: ZWLG 50 (1991), S. 290.

[25] RAPP, Württemberger, S. 83. Ende September 1864 konnte er *Zeichen von Anerkennung und Zustimmung* konstatieren, musste aber bekennen, dass die Zahl der Abonnenten noch nicht den Erwartungen entsprach. Beob. Nr. 225 vom 27.9.1864.

[26] Beob. Nr. 33 vom 10.2.1864. Vgl. etwa LANGEWIESCHE, Liberalismus und Demokratie, S. 317; RAPP, Württemberger, S. 84; RUNGE, Volkspartei, S. 31.

[27] Vgl. dazu auch den Artikel *Die Hegemonomanie (*Beob Nr. 139 vom 17.6.1864) mit scharfen Angriffen gegen den Nationalverein und Preußen und jene süddeutschen *Elemente, die unter dem Deckmantel des Patriotismus der preußischen Säbelherrschaft Vorschub leisten.*

denkbaren *Katastrophe* der deutschen Politik, *in welcher die eigene Lebenskraft der kleineren Staaten geprüft* werde, gebe es mit diesen Kräften kein Bestehen[28].

---

[28] Für Mayers bis 1870 währende Tätigkeit als ‚Beobachter'-Redakteur und Herausgeber ist auf ein Problem zu verweisen: Im Gegensatz etwa zu den publizistischen Arbeiten Oesterlens und anderer waren seine vielen Leitartikel und Berichte nicht gezeichnet. Zwar steht fest, dass diese nach dem kurzen Gastspiel Pfaus „offenbar fast alle" aus seiner Feder stammten (RAPP, Württemberger, S. 88), dennoch ist sein gewaltiges journalistisches Oeuvre nicht mit letzter Sicherheit zuzuordnen. Allerdings lassen Stil und Diktion oder mitunter auch der Inhalt häufig auf seine Autorenschaft schließen. Vgl. dazu auch JANSEN (Einheit S. 644 f.), der eine Reihe von Artikeln aufführt, die er Mayer zuschreibt. Bei den im Folgenden zitierten ‚Beobachter'-Artikel ist in der Regel davon auszugehen, dass Mayer sie verfasst hat; ein Verfahren, das auch von anderen Autoren stillschweigend übernommen wurde.

V. Die Schleswig-Holstein-Frage als politisches Kampffeld
– Von der Fortschritts- zur Volkspartei

Im Anschluss an den Redaktionswechsel entfalteten Mayer, Haußmann und Pfau hektische Aktivitäten im ‚Beobachter' sowie in Form von Versammlungen[1]. Ziel war es dabei vor allem, das derzeitige Schleswig-Holstein-Komitee durch ein demokratisches Gremium zu ersetzen, das „als erste Zelle" der angestrebten Volkspartei fungieren sollte[2]. Dieser Plan misslang jedoch; Hölder, Oesterlen, Probst und andere beharrten auf dem Fortbestand des bisherigen Komitees, neben das nun kurzzeitig das provisorische Gremium der Demokraten trat. Während die Intentionen der Rückkehrer in den ‚Grenzboten' richtig gedeutet wurden – in ihnen sah das Blatt *ein Element [...], das für die Zukunft der Parteibildung nicht ohne Einfluß sein wird*[3] –, beendete Anfang März ein Kompromiss vorläufig die bisherigen Querelen.

Zu einer Stuttgarter Versammlung der Volkspartei – noch vermied man nur das Etikett Fortschrittspartei –, waren u.a. auch Hölder und Oesterlen erschienen, um ihre Haltung zu begründen. Es folgten *Aufklärungen* durch Haußmann und Kritik an *aufhetzenden Berichten* des ‚Merkurs'; der *Zwiespalt* galt als bereinigt. Eine anschließend Zustimmung findende *Erklärung des ‚Beobachters'* betonte, die *Meinungsverschiedenheit* habe lediglich die *Frage der politischen Taktik* berührt, von einer Trennung der Partei könne keine Rede sein. Einigkeit wurde auch zum künftigen Vorgehen erzielt. Nachdem Schleswig-Holstein zum Kern der deutschen Frage geworden sei, wolle man sich nicht länger im Schlepptau der ihre eigenen Interessen vertretenden Großmächte bewegen, sondern die – in Mayers Erklärung zum Redaktionswechsel bereits angedeutete Triasidee – die *Coalition der Mittel- und Kleinstaaten* erstreben. Deren Grundlagen seien die *Schaffung eines Parlaments, Verwirklichung des constitutionellen Princips und Organisation der Volkskraft.* Dabei seien *die Erfahrungen von 1813 und die Einrichtungen der Schweiz* Belege dafür, dass es mit einer das *Militärwesen ergänzenden Wehrverfassung* möglich sein werde, *eine gewaltige Volksmacht hinter der Coalition* zu bilden. Folgerichtig wurde die Mobilisierung des Volkes angekündigt. *Statt des bisherigen Klingelbeutelsystems* sollten in Stadt und Land Versammlungen abgehalten und unter Anleitung von *Patrioten* der *Volkswille* artikuliert werden[4].

Während das proklamierte Programm mit den zuvor bereits im ‚Beobachter' veröffentlichten Forderungen korrespondierte und ganz eindeutig die Handschrift Mayers und seiner Mitstreiter trug, war das klein- und mittelstaatliche Koalitionsprogramm keine Neuschöpfung: Der ‚Beobachter' hatte die Idee bereits 1849 als

---

[1] Ausführlich dazu PAYER, Friedrich: Vor 50 Jahren. Aus der Entwicklungsgeschichte der Württembergischen Volkspartei, Stuttgart 1914, S. 33 ff.
[2] RUNGE, Volkspartei, S. 32 f.
[3] Grenzboten vom 6. März, I, I, 1864, hier S. 439, Artikel *Aus Schwaben.*
[4] Beob. Nr. 57 vom 9.3.1864.

Gegenmittel gegen die *Habgier der Großmächte* propagiert[5]. Sie blieb eine mehr theoretische als realistische Alternative, man habe darin *niemals* [...] *einen definitiven Abschluß des Verfassungswerks erblickt,* sondern nur einen *Notbehelf und* erste[n] *Schritt* zur *föderativen Vereinigung von ganz Deutschland*[6].

Mit den zum 28. März landesweit einberufenen Osterversammlungen in Sachen Schleswig-Holsteins begann der Mobilisierungsprozess, der zugleich der Parteiorganisation dienen sollte. Das Drei-Punkte-Programm des ‚Beobachters‘ war von Vertretern aus 46 Oberämtern unterzeichnet, aus Stuttgart u.a. von Becher, Haußmann, Hölder, Hopf, Mayer, Oesterlen und Pfau. Als *Gebot des Rechts und der Ehre* wurden darin die Trennung der Herzogtümer von Dänemark und ihre Etablierung als deutscher Staat unter Herzog Friedrich von Augustenburg gefordert sowie die *engere Verbindung* der Klein- und Mittelstaaten mit *Parlament und Zentralgewalt,* der *die ganze Wehrkraft* der Verbündeten unterstehen sollte. Zugleich kritisierte man die württembergische Regierung und sprach den *bundestreuen Regierungen* das Misstrauen aus[7].

Die etwa 50 Versammlungen konnten die Parteireformer als Teilerfolg ansehen, sprachen sich doch 34 von ihnen für das ‚Beobachter‘-Programm aus, 30 ohne es zu verändern. Demgegenüber wurde die Vorlage des alten Schleswig-Holstein-Komitees auf neun Versammlungen, das sogenannte Frankfurter Programm des erwähnten Abgeordnetentages in vier Fällen angenommen[8]. Unbefriedigend war für die Demokraten, dass zahlreiche Versammlungen nur schwach besucht waren und der erhoffte starke Impuls zu einer breiten demokratischen Bewegung im Lande ausblieb[9].

Die Einberufung einer Landesversammlung zum 8. Mai 1864 nach Stuttgart bildete die Fortsetzung der Strategie des ‚Beobachter‘-Trios, die vordergründig auf eine „Klärung der verworrenen Parteiverhältnisse“ zielte[10], letztlich jedoch die *innerlich nothwendige* Trennung[11] vorbereitete. Der eigenartige Versammlungscharakter wurde durch die Einladenden, einerseits das 1862 bestimmte Komitee der Fortschrittspartei, andererseits den provisorischen volksparteilichen Ausschuss vom 28.2.1864, schließlich auch durch die Eingeladenen deutlich: die Landtagsabgeordneten der Volkspartei, die *Mitglieder der bisherigen vorbereitenden Versammlungen und Comitees,* die Delegierten der Osterversammlungen sowie alle *Volksfreunde*[12].

---

[5] Beob. Nr. 54 vom 4.3.1849.

[6] Beob. Nr. 267 vom 15.11.1865, Artikel *Zur Parteifrage.*

[7] Beob. Nr. 69 vom 23.3.1864. Mayers Osterrede trug ihm eine Ehrenkränkungsklage des Innenministers von Linden ein, der behauptete, er habe *Recht, Gesetz und Humanität mit Füßen getreten.* Mayer wurde jedoch freigesprochen. Beob. Nr. 145 vom 24.6.1864.

[8] Laut der Zusammenstellung im Beob. Nr. 108 vom 11.5.1864.

[9] Vgl. Runge, Volkspartei, S. 35. Vgl. dort S. 33 ff. auch zum Gesamtkomplex.

[10] Ebd., S. 35.

[11] So der ‚Beobachter‘ im Nachhinein; Beob. Nr. 268 vom 16.11.1865, Artikel *Zur Parteifrage.*

[12] Die Einladung Beob. Nr. 101 vom 1.5.1864.

Die Versammlung beriet über drei vom alles dirigierenden ‚Beobachter' präsentierte Themen: die Selbstbestimmung Schleswig-Holsteins, den Bund der Klein- und Mittelstaaten sowie über die württembergischen Verhältnisse, d.h. insbesondere die Verfassungsreform. Während der erste und der dritte Punkt einstimmige bzw. nahezu einstimmige Zustimmung fanden, wurde die prekäre Koalitionsfrage zwar *mit ungeheurer Majorität* angenommen, sie führte jedoch zu folgenreichen Auseinandersetzungen.

Namentlich Hölder und Adolf Seeger plädierten gegen eine Strategie, die den Sonderbund zwar als *vorläufig*, die gesamtdeutsche Regelung ohne preußische und österreichische Spitze jedoch als *Endziel* sah. Mayer und Oesterlen waren Hauptbefürworter des Sonderbundes. Ersterer betonte die unterschätzte *Tragweite* des erstrebten *Volkswehrsystems*, wies Partikularismusvorwürfe zurück, konstatierte das Scheitern der *träumerischen* Politik des Nationalvereins und sprach von einem Vorwärtsschreiten *von Schritt zu Schritt*. Für Oesterlen war die Strategie kein *bleibendes und bindendes Parteiprogramm*, sondern vielmehr ein Gebot *der dermaligen Sachlage*. Zudem konnte er Hölder vorhalten, dass er erst kürzlich im Landtag für diese Linie plädiert hatte. Erfolglos war schließlich ein Appell Tafels, *der Erhaltung der Eintracht ein Opfer zu bringen*. Hölder blieb im Verein mit etwa 20 Delegierten bei seiner Ablehnung, obwohl er sich nur auf eine *inzwischen gänzlich verändert*[e] Sachlage berufen konnte und so für den ‚Beobachter' im *Widerspruch mit sich selbst* blieb. Er lehnte schließlich im Verein mit Fetzer und A. Seeger die Wahl in das neue Komitee[13] ab; Langewiesche sieht hier bereits „die Parteispaltung vollzogen"[14].

Bemerkenswert war schließlich, dass Mayer die gegnerische Berichterstattung über die Versammlung scharf zurückwies. Man habe *in der süffisantesten Weise* [...] *von gewesenen Flüchtlingen* gesprochen, ihnen *partikularistisch-radikale Tendenzen* unterstellt und kommende Auseinandersetzungen prognostiziert. Diesen Vorwürfen konnte er mit dem Hinweis begegnen, die Versammlung habe die vorgeschlagene Politik eindrucksvoll bestätigt. Selbstbewusst fuhr er dann fort: *Wir sind nicht zurückgekehrt, um ein zweitesmal, das Vaterland an den Sohlen fortzutragen. Wir wurzeln hier, wir stehen fest auf heimathlichem Boden und sind entschlossen, alle Muths- und Geduldsproben durchzumachen, ehe wir uns noch einmal vertreiben lassen*[15].

Die zweite Jahreshälfte 1864 brachte in Württemberg durch den Thronwechsel vom 25. Juni und den Ministerwechsel vom September neue Akzente. Durch die Wiederherstellung der Presse- und Vereinsfreiheit im Dezember war ein Relikt der

---

[13] Zur Landesversammlung vgl. Beob. Nr. 107–110, 10.–13.5.1864.
[14] LANGEWIESCHE, Liberalismus und Demokratie, S. 321, ähnlich auch BRANDT, Parlamentarismus, S. 721 ff. Faktisch war dies wohl der Fall. Andererseits gilt doch wohl Payers Sicht, 1864 sei zwar das „Geburtsjahr" der Volkspartei gewesen, aber es bereite *Verlegenheit*, den genauen *Geburtstag* zu bestimmen. PAYER, Vor 50 Jahren, S. 16.
[15] Beob. Nr. 110 vom 13.5.1864.

Reaktionsära gefallen. 1865 entstanden, anknüpfend an die Traditionen der Revolutionszeit, die ersten Volksvereine im Land[16].

Auf nationaler Ebene war es Bismarck gelungen, Österreich an seine Seite zu ziehen, um im gemeinsamen Hegemonialkrieg gegen Dänemark de facto am Deutschen Bund vorbei der Schleswig-Holstein-Bewegung ungeachtet aller ohnmächtigen Proteste den Boden zu entziehen. Mayer, der im Juni im ‚Beobachter' vor der drohenden *Borussifizierung Deutschlands* gewarnt hatte und den Herzogtümern ein Schicksal als *deutsches Posen in Preußen* vorausgesagt hatte[17], sah wenig später *die Existenz der Einzelstaaten* durch Preußen bedroht und kritisierte die Vertagung der württembergischen Kammer in dieser Situation[18]. Nach dem Friedensschluss der beiden Großmächte mit Dänemark vom 30. Oktober 1864 konstatierte der ‚Beobachter', die Herzogtümer seien *nicht befreit, sondern erobert* worden[19].

Vor diesem Hintergrund lud das im Mai gewählte Komitee, dem u.a. Haußmann und Oesterlen angehörten, zu einer Landesversammlung am 27. Dezember 1864 nach Esslingen ein[20] – die Formierung der Volkspartei kam damit zum Abschluss. Die beiden ersten Beratungspunkte dienten der Beseitigung des jahrelangen Stillstands des Landes auf den Gebieten der Verfassung und der Gemeindeordnung. Waren hier Dauerthemen benannt, so konnte der dritte Punkt – die Schleswig-Holstein-Frage – nur in eine Art Schwanengesang münden. Eine Solidaritätsadresse Mayers an den *Bruderstamm*, die Teilnahme und Ermutigung aussprach, wurde in den ‚Grenzboten' als *förmliches Condolenzschreiben zu ihrer Befreiung* verspottet[21]. Das für ganz Deutschland bedrohliche Schicksal der Herzogtümer bestärkte die Parteiführung, an der Triaspolitik festzuhalten[22]. Sie bildete die deutschlandpolitische Leitlinie für die kommenden Jahre, schrieb doch der ‚Beobachter', dem *Sturmlauf Bismarcks* sei allein durch die *organisirte Volksmacht* der *Hals zu brechen*[23].

---

[16] Vgl. RUNGE, Volkspartei, S. 40 ff.
[17] Beob. Nr. 139 vom 17.6.1864.
[18] Kammerbericht im Beob. Nr. 174 vom 28.7.1864. Dort auch ein flammender Protest Oesterlens gegen die preußische Politik.
[19] Zitiert nach RAPP, Württemberger, S. 110.
[20] Die Einladung im Beob. Nr. 290 vom 13.12.1864.
[21] Grenzboten Nr. I, I. 1865, hier S. 389.
[22] Vgl. die Berichte zur Landesversammlung, Beob. Nr. 303–305 vom 29.–31.12.1864.
[23] Beob. Nr. 2 vom 3.1.1865.

VI. Im Kampf gegen Deutschlands „Verpreußung" 1865/66 – 1870

1. Die Entwicklung bis zum Ende des deutschen Bruderkrieges, Triaspolitik

In der Führungsspitze der demokratischen Partei war inzwischen ein bemerkenswerter Wechsel eingetreten. Während der „ewig heimatlose" Ludwig Pfau Ende 1864 Württemberg wieder verließ, war nunmehr mit August Oesterlen ein „Daheimgebliebener" endgültig an die Seite von Mayer und Haußmann getreten. Obwohl überzeugter und 1848/49 überaus aktiver Demokrat, war er doch gemäßigter als seine beiden Freunde. Er hatte 1849 nicht an der Reutlinger Versammlung teilgenommen und die Parteifusion der 1850er Jahre mitgetragen. Mit ihm verfügte die Parteispitze über ein Mitglied, das in der öffentlichen Wahrnehmung das volksparteiliche Erscheinungsbild wesentlich mitprägte. Der Stuttgarter Rechtsanwalt war seit 1862 einer der profiliertesten Abgeordneten der Kammer. Die Zahl seiner Reden, Anträge und Interpellationen war Legion – er war mit die wichtigste parlamentarische Stimme der Partei. Wilhelm Lang, der nationalliberale ‚Grenzboten'-Redakteur, sah in ihm den *radicalen Triaspolitiker, der, auf dem Niveau der Beobachterpolitik stehend, sich zum speciellen Anwalt der ‚reindeutschen' Politik der Mittelstaaten gegenüber der Sonderpolitik der Großmächte gemacht hat*[1].

Als Vorsitzender des volksparteilichen Landeskomitees, dem Mayer erst seit 1866 angehörte[2], eröffnete Oesterlen die Landesversammlungen zwischen 1864 und 1868 mit Grundsatzreden. Wie Mayer und Haußmann Miteigentümer am ‚Beobachter'[3], publizierte er dort eine Fülle fundierter (und namentlich gekennzeichneter) Leitartikel, die das Wollen und Wirken der Partei thematisierten. Zudem besaß Oesterlen als langjähriger Vorstand der Stuttgarter Handwerkerbank und als Mitglied des dortigen Gemeinderats bis 1865 zusätzliches Renommee[4].

Ungeachtet dessen fungierte die Redaktion des Parteiblattes als die eigentliche Zentrale der Partei[5], in der, wie es Haußmann formulierte, Mayer den Ton angab und *wir anderen um ihn geschart* waren. Es sei Mayer gewesen, *dem wir mehr als einem unter uns die Erfolge unserer Partei verdanken* – und Haußmann reklamierte sicher zu Recht für sich, dessen engster Mitarbeiter und Gefolgsmann zu sein[6]. Die Zukunft sollte zeigen, ob dieses ungleiche Führungstrio, der Agitator Mayer,

---

[1] Grenzboten II, III 1864, hier S. 218.

[2] Beob. Nr. 104 vom 6.5.1866. Allerdings nahm er an allen Sitzungen teil, bis 1866 allerdings ohne Stimmrecht. Beob. Nr. 110 vom 13.5.1864.

[3] RUNGE, Volkspartei, S. 91.

[4] Zu Oesterlen ausführlich MÜLLER, Oesterlen, passim.

[5] RUNGE, Volkspartei, S. 92.

[6] Rede Haußmanns in Mühlacker am 21.6.1868. Abgedruckt bei HENNING, Friedrich: Die Haußmanns. Die Rolle einer schwäbischen Familie in der deutschen Politik des 19. und 20. Jahrhunderts, Gerlingen 1988, S. 224–233, die Zitate S. 226 und 232.

der Stratege Haußmann und der Parlamentarier Oesterlen, in der Lage war, einen einvernehmlichen Parteikurs zu steuern.

Als die Schleswig-Holstein-Bewegung verebbt war, bildete das Schicksal der Herzogtümer als *eroberte Beute*[7] auch weiterhin den Angelpunkt der deutschen Frage, die *in bedenklicher Weise* durch *das undeutsche und gewaltthätige Vorgehen der deutschen Großmächte* [...] *präjudizirt* werde[8]. Zwar galt Preußen als Hauptfeind, die Partei hegte jedoch auch keine Hoffnungen auf Österreich. Dieses trete preußischen *Hegemoniebestrebungen* nur aus egoistischen Motiven entgegen, während die Klein- und Mittelstaaten in Untätigkeit verharrten, anstatt sich zu verbinden. Ihre existenzgefährdende *Unterlassungssünde* müsse zur *Unterwerfung* unter die Großmächte führen. Die volksparteiliche Alternative, die mittelstaatliche *Conföderation*, sei demzufolge *auch gegen den Willen der Regierungen* anzustreben. Dieser Appell des Landeskomitees, der zugleich den Stillstand der Reformbemühungen im Lande beklagte, forderte die Demokraten auf, trotz der unbefriedigenden Lage *von der politischen Arbeit nicht abzulassen*[9].

Die deutschen Nationalfeste[10] erschienen Mayer angesichts des politischen Stillstands als ein *unentbehrliches Mittel zur Entwicklung des politischen Lebens*. Angelehnt an deren *republikanischen Vorbilder in der Schweiz* präsentierten diese Feste Foren, auf denen *die Größe und die Zusammengehörigkeit des Vaterlandes* sowie der *Einheitsgedanke* zum Ausdruck komme und dem *Particularismus unserer Stämme und* [...] *Staaten* entgegengewirkt werde. Er pries das deutsche Vaterland als das *Höhere,* dem *Verehrung und Liebe* gebühre und widerlegte damit die Partikularismusvorwürfe der Gegner. Mayers euphorischer Leitartikel stand noch im Zeichen des 1862 von ihm besuchten Frankfurter Schützenfestes. Vor allem aber war er Resultat seiner Teilnahme am Bremer Schützenfest im Juli 1865. Dort sah er *gute demokratische* und *patriotische Saat* und zugleich *Sehnsucht nach der Herstellung des freien und einigen Vaterlandes.*

Ausführlich berichtete er über das Bremer Schützenfest, wo er als Repräsentant der mit seiner Hilfe geeinten Schützen Württembergs auftrat[11]. In einer von innerer Bewegung zeugenden pathetischen Rede betonte er, die Württemberger seien gekommen, um die *Stimme dafür zu erheben, dass Deutschlands Einheit nur unter dem Aspekt der Freiheit zu verwirklichen sei. Ideal* dieser *bundesgenössische[n] Freiheit* sei das Schweizer Vorbild. Zugleich äußerte er Sorge um das Schicksal Schleswig-Holsteins und richtete an die *preußische[n] Brüder* den dringenden Appell, keine Sonderrechte zu beanspruchen, sondern für die Selbständigkeit der

---

[7] Beob. Nr. 2 vom 3.1.1865.
[8] Beob. Nr. 232 vom 5.10.1865.
[9] Beob. Nr. 142 vom 21.6.1865, Artikel *An die Volkspartei.*
[10] Leitartikel im Beob. Nr. 179 vom 3.8.1865. Danach das Folgende.
[11] Vgl. Beob. Nr. 189 vom 15.8.1865.

Herzogtümer einzutreten – dies sei die *Probe* für Deutschlands Einheit. Diese bleibe ohne *Selbstbestimmung* und ohne Freiheit nur ein *Traum*[12].

Während die Nationalfeste jedoch nur sporadische Ereignisse darstellten, sollte die nicht erwartete Einigung Preußens und Österreichs über Schleswig-Holstein im Gasteiner Vertrag vom 14. August 1865[13] dem Widerstand neue Impulse verleihen. Mayer konstatierte in einem Leitartikel, *der schmachvolle Vertrag* lasse für Deutschland *das Schlimmste* befürchten[14]. In einer vorangegangenen Betrachtung hatte er die Teilung Deutschlands konstatiert. Sie habe am Belt begonnen und werde, so seine hellsichtige Prognose, am Main enden. *Der Junker Bismarck* regiere Deutschland und habe Österreich *ins Schlepptau* genommen. Um das Schicksal der Annektierung zu vermeiden, forderte er den *Aufschwung der Gemüther*, das Erwachen *aus der bisherigen Schläfrigkeit* und die Bildung von Volksvereinen als ersten Schritt zum Widerstand[15].

Es war erstaunlich, dass die 1864 beginnenden Versuche zur Gründung einer gesamtdeutschen Volkspartei, für die erste Impulse aus Baden kamen, bei den württembergischen Demokraten zunächst kaum auf fruchtbaren Boden fielen. Im November 1864 war es in Eisenach im Vorfeld einer Tagung des Nationalvereins zu einem Treffen deutscher Demokraten gekommen, bei der Mayer und Haußmann dafür plädierten, *vorerst nur in den Einzelstaaten* zu wirken, biete doch der Nationalverein das *abschreckende Beispiel* einer zentralistischen Organisation. Trotz aller Kritik habe man dort, so Mayer, *als Apostel des Föderalismus* gewirkt[16].

Mitte September 1865 traten in Darmstadt erneut Demokraten aus den Einzelstaaten zwecks *Sammlung und Bildung der deutschen Volkspartei* zusammen[17]. Die Württemberger wurden dort zur Formulierung eines Programms aufgefordert, das dann den gesamten Kanon demokratischer Forderungen auf einzelstaatlicher Ebene enthielt und die *föderative Verbindung* der Einzelstaaten ohne preußische und österreichische Spitze festlegte. Dabei wurde einer zentralistischen Organisation erneut eine Absage erteilt und demokratisches Wirken im Prinzip auf die Einzelstaaten beschränkt[18] – ein mageres Ergebnis der bisherigen Bemühungen. Während der Landesversammlung der Volkspartei am 6. Januar 1866 erstatteten Oesterlen und Mayer Bericht und konnten, nachdem Stuttgart zum Vorort der Deutschen Volkspartei (DVP) bestimmt worden war, zufrieden konstatieren,

---

[12] Mayers Rede im Beob. Nr. 175 vom 21.7.1865. Zur umfangreichen Berichterstattung Mayers über das Schützenfest Beob. Nr. 166–176, 2. Julihälfte 1865.

[13] Danach fiel die Verwaltung Holsteins an Österreich, die von Schleswig an Preußen. Hellsichtig hatte Mayer den Kompromiss als nicht dauerhaft bewertet, WEBER, Rolf: Kleinbürgerliche Demokraten in der deutschen Einheitsbewegung 1863–1866, Berlin 1962, S. 219.

[14] Beob. Nr. 248 vom 24.10.1865.

[15] Beob. Nr. 199 vom 26.8.1865.

[16] Rückblick im Beob. Nr. 179 vom 3.8.1865.

[17] Beob. Nr. 221 vom 21.9.1865.

[18] Programm-Entwurf und dessen Motivierung, Beob. Nr. 225 vom 26.9.1865.

dass damit *die Anerkennung des Princips* ausgesprochen sei, *dass die Partei durchaus von unten auszubilden sei*[19] – man hatte den eigenen Standpunkt durchgesetzt[20]. Der extreme Föderalismus der Württemberger resultierte vor allem aus ihren negativen Erfahrungen mit zentralistischen Bestrebungen und Organisationen wie etwa dem Nationalverein. Schließlich wirkten auch Veranstaltungen wie das Frankfurter Treffen liberaler Abgeordneter am 1. Oktober 1865 abschreckend. Mayer kommentierte dieses sarkastisch, dass, obwohl seine *Erwartung fast auf nichts herabgestimmt war,* [...] *auch dieses Nichts noch übertroffen worden sei*[21]. Die Konsequenz aus diesen Erfahrungen war letztlich die Konzentration auf das eigene Wirken.

Erst im Kontext der drohenden Gefahr eines deutschen Bruderkrieges 1866 orientierten sich die Württemberger neu. Während einer demokratischen Gegenveranstaltung zum Frankfurter Abgeordnetentag im Mai[22], auf der über 3.500 Teilnehmer gezählt wurden, plädierten Mayer und Haußmann sowohl für die allgemeine Volksbewaffnung als auch – überraschend – für eine baldige Konstituierung der DVP. Diese Neuorientierung beinhaltete eine weitere Komponente: Hatte der ‚Beobachter' kurz zuvor noch für eine bewaffnete Neutralität plädiert, so begann sich nun abzuzeichnen, dass man eine Kriegsbeteiligung an der Seite Österreichs befürwortete[23].

Hier ist jedoch zunächst noch ein Blick auf die dramatische Entwicklung seit Beginn des Jahres 1866 zu werfen. Der – von Mayer vorhergesehene – Konflikt der deutschen Großmächte um Schleswig-Holstein beherrschte seither das politische Leben in ganz Deutschland[24]. Das Komitee der Volkspartei brandmarkte in einem Aufruf vom 2. April Preußen als Hauptschuldigen, allerdings rechtfertige die „undeutsche Politik" Österreichs nicht, an dessen Seite zu treten[25]. Bismarcks Initiative vom April, ein deutsches Parlament nach dem Wahlrecht von 1848 zu etablieren, stieß als Täuschungs- und Ablenkungsmanöver im Parteiblatt auf Spott: *Es sind immer wunderliche Sprünge, die der Teufel macht, wenn er in einen Weihkessel*

---

[19] Beob. Nr. 6 vom 10.1.1866.
[20] Ausführlich zur Darmstädter Tagung WEBER, Demokraten, S. 221 ff. Er bezeichnet die „Übertragung" der Führungsrolle an die Württemberger als „verhängnisvoll" (S. 236). Auch Engelberg kommentiert Mayers Rolle äußerst kritisch: Er habe „die gesamtdeutsche demokratische Bewegung durch seinen persönlichen Egozentrismus und [...] Partikularismus zersetzt". ENGELBERG, Ernst: Deutschland von 1871 bis 1897, in: BARTMUSS, Hans-Joachim u.a. (Hgg.): Deutsche Geschichte, Bd. 2: Deutsche Geschichte von 1789 bis 1917, Berlin 1975, S. 579. Vgl. auch ebd., Deutschland von 1849–1871, S. 443.
[21] Beob. Nr. 230 vom 3.10.1865.
[22] Der Abgeordnetentag wurde im ‚Beobachter' mit dem Verdikt belegt, *die große Kriegsmaschine des Nationalvereins* in Gang zu setzen. Zitiert nach JANSEN, Einheit, S. 537.
[23] Vgl. dazu vor allem WEBER, Demokraten, S. 259–261.
[24] Dazu ausführlich RAPP, Württemberger, S. 130 ff.
[25] Ebd., S. 134.

fällt[26]. Während die vagen Hoffnungen auf die Vermeidung eines Krieges schwanden, protestierte eine demokratische Versammlung gegen den *Frevel* des drohenden Krieges. Mayer warb dort für eine Volkswehr, die, wie er anschließend präzisierte, nicht mit dem *jämmerlichen* Instrument der Bürgerwehren von 1848 gleichzusetzen sei[27].

Anfang Mai berichtete das Parteiblatt von einem *Naserümpfen* unter den *Anhängern der preußischen Oberherrschaft*, die eine Allianz des württembergischen Regierungsorgans, dem ‚Staats-Anzeiger‘, mit dem ‚Beobachter‘ sahen. Dieser betonte jedoch seine Unabhängigkeit gegenüber der Regierung, der ein Sündenregister vertaner Chancen vorgehalten wurde. Zugleich formulierte man eine Positionsbestimmung der Partei, die ihren Kurs, den *Weg durch die Freiheit zur Einheit* unbeirrt fortsetzen werde. Im Gegensatz zum *abgestandene[n] Liberalismus* gehe es ihr allein *um die Sache*. Daher verurteile sie *feige Versuche, die deutsche Frage durch das Prinzip der Spitze zu lösen*[28].

Seit Mai wurde die Sprache des Parteiorgans immer schriller und dringlicher. Am 1. Mai sah es *Deutschland verrathen* und geißelte Bismarcks *Verschwörung* mit Napoleon und Italien. Am 6. Mai sah es die durch einen König und einen Minister inszenierte Revolution in Deutschland. Der Leitartikel vom 9. Mai forderte Regierung und Kammer in Württemberg auf, für den Bruderkrieg *keinen Mann und keinen Gulden* zu bewilligen, am 12. wurde getitelt: *Weder mit Oestreich, noch mit Preußen, nur mit der Freiheit*[29].

Diese Sprache, die Verschärfung der Krise dokumentierend, rief auch die inzwischen stark angewachsenen Volksvereine[30] auf den Plan, die in einer „Versammlungswelle“ im Mai an die Seite der Parteiführung traten; Mayer war dabei stark engagiert[31]. Mitte Juni, am Vorabend des Kriegsbeginns, reihte sich die Volkspartei mit der kriegsbereiten württembergischen Regierung in die Reihen derer ein, die an die Seite Österreichs traten. Der ‚Beobachter‘ sah, wohl mit der zornbebenden Stimme Mayers, in Bismarck den *Brecher des Friedens*, den *Mörder des Rechts*, den *Verräther deutschen Landes* und den *Henker Schleswig-Holsteins*. Während das Volk *in unglückseliger Verstrickung in den Krieg* […] *verflochten* sei, gehe der Rechtsbruch eindeutig von Berlin aus, so dass nun das *gebrechliche* Österreich zu unterstützen sei[32].

---

[26] Zitiert nach BRANDT, Parlamentarismus, S. 740 (11.4.1866).
[27] Beob. Nr. 93–96 vom 24.–27.4. 1866.
[28] Beob. Nr. 105 vom 8.5.1866. Artikel *Der Staats-Anzeiger und die Volks-Partei.*
[29] Beob. vom 1.–12.5.1866.
[30] Im Sommer 1866 existierten nicht zuletzt dank der Werbung Mayers, die durch die Kriegsgefahr zusätzliche Aktualität gewann, etwa 30 Vereine im Land. Mayer hatte z.B. in Heilbronn als Geburtshelfer fungiert. RUNGE, Volkspartei, S. 46, zum Aufschwung der Vereine ebd., S. 47 ff.
[31] Vgl. ebd., S. 54 ff.
[32] Beob. Nr. 135 vom 14.6.1866.

Nach Kriegsbeginn herrschte in Süddeutschland zunächst „laute Siegesfreu-de"[33]; im ‚Beobachter' wurde hoffnungsfroh gefordert *Gebt schwarzrotgold den Truppen*[34]. Das Landeskomitee der Volkspartei suchte durch Wiederholung der Forderung nach der Verbindung des „dritten Deutschlands" die Parteigenossen zu motivieren. In den Einzelstaaten sollte das Milizsystem eingeführt werden, zu-gleich wurde zur Bildung von Wehrvereinen aufgerufen. Folgerichtig kam es An-fang Juli auf Initiative Mayers zur Gründung des Stuttgarter Wehrvereins, der ei-nen Gesetzentwurf zur militärischen Jugenderziehung und zur allgemeinen Volksbewaffnung forderte[35].

Als dann wenige Tage später die Nachricht vom preußischen Sieg bei Königgrätz eintraf, mündete die anfängliche Euphorie in einen Katzenjammer. Oesterlen for-mulierte etwa den Zorn gegen Österreich, das durch sein Vermittlungsgesuch an Napoleon diesen *zum Schiedsrichter in Deutschland* gemacht habe. Mayer merkte zu dessen Artikel an, der Autor habe die preußischen Siege und Eroberungen *nicht gehörig verwerthet* und schätzte die Stellung Bismarcks gegenüber Napoleon stär-ker ein[36]. Preußen blieb für ihn der Hauptfeind, gab er doch die pathetische Devi-se aus: *Die großpreußische Gewalt unter die Füße, die Nation zu Ehren, das ist, was noth thut, und was dazu noth thut, das ist Volksvertretung, Volksbewaffnung*[37]. Für Mayer und Haußmann stand fest, dass Preußen *Herr der Lage* sei, während sich die schlecht geführten Bundestruppen *in voller Auflösung* befänden; Deutsch-lands *Vergewaltigung* und ein *fauler Frieden* seien zu befürchten[38].

Eine von Hölder und seinen politischen Freunden initiierte Stuttgarter Bürger-versammlung am 12. Juli, zu der „in später Stunde" auch die Volkspartei eingela-den wurde[39], sollte Richtlinien zum künftigen Vorgehen im Sinne der Einberufer formulieren. Hölder forderte u.a. den sofortigen Waffenstillstand. Becher, Mayer und Oesterlen protestierten und legten Gegenthesen vor, die sich gegen die Einstel-lung des Krieges[40], den Ausschluss Deutschösterreichs und vor allem den An-schluss an Preußen wandten. Ihr Einsatz war erfolgreich, so dass Hölder seine zen-trale These zurückziehen musste. Der ‚Beobachter' frohlockte über den *Sieg* […]

---

[33] RAPP, Württemberger, S. 163.

[34] Zitiert nach ebd., S. 159.

[35] Vgl. dazu RUNGE, Volkspartei, S. 60ff.

[36] Oesterlens Artikel im ‚Beobachter' mit Anmerkung Mayers. Beob. Nr. 155 vom 7.7.1866, Artikel *Bei der Nachricht vom Waffenstillstand.*

[37] Beob. Nr. 160 vom 13.7.1866, Artikel *Die Gefahren einer Revision der Karte Europas.*

[38] Beob. Nr. 164 vom 18.7.1866, Artikel *Versammlung der Volkspartei in Stuttgart.* – Payer verurteilt die süddeutsche Kriegsführung im Nachhinein mit drastischen Worten: Er spricht von „unfähige[r] Führung […], unglaublich mangelhafte[r] Vorbereitung, rück-ständige[r] Bewaffnung und Mangel an gutem Willen, der teilweise direkt den Charakter des Verrats annahm". PAYER, Bismarcksche Politik, S. 8.

[39] RAPP, Württemberger, S. 171. Dort auch zur Versammlung.

[40] Am 24.7. äußerte der ‚Beobachter' die irrwitzige Idee eines Guerillakrieges, bei dem auch die Axt zum Einsatz kommen sollte. RAPP, Württemberger, S. 166, Anm. 1.

gegen die preußische Partei; Mayers Rede habe als *Verfolgung des geschlagenen Feindes* gewirkt[41].

Bis Anfang 1866 hatten die Demokraten noch gehofft, *die wirklich deutsch- und freigesinnten* Fortschrittler mehrheitlich für sich gewinnen zu können[42]. Oesterlen legte *den alten Freunden* im Februar 1866 *ihre Wiedervereinigung* mit der Volkspartei nahe[43]. Diese vagen Hoffnungen wurden durch den Krieg von 1866 abrupt beendet. Das Parteiblatt äußerte nun die Befürchtung, dass die Exponenten der sich unübersehbar formierenden ,preußischen Partei' – es sprach von *unheilstiftenden Nationalvereinler[n] und abtrünnigen Volksvereinler[n]* –, unter der Devise, *man müsse jetzt mit Preußen einig gehen,* den *Verrath in die Volksvereine* trügen[44]. Dem setzte man jedoch ein deutliches Wort und die Maxime zukünftigen Handels entgegen: *Es wird nicht mit Bismarck paktiert*[45]. Mayer präzisierte diese Aussage während der Landesversammlung vom 29. Juli durch die Devise: *Durch die Freiheit zur Einheit.*

Diese Versammlung wenige Tage nach der Niederlage bei Tauberbischofsheim sollte den annähernd 500 Orientierung suchenden Parteigenossen den Blick in die Zukunft weisen. Ihnen wurden vom Parteikomitee vier formulierte Beschlussentwürfe vorgelegt, die einstimmige Zustimmung erfuhren. Zwei dieser Punkte begründete Mayer: Er sprach zunächst Anerkennung für die tapferen württembergischen Soldaten aus, die keine Schuld an ihrer schlechten Ausrüstung und dem Versagen der *militärischen Oberleitung* trügen und nahm dann Stellung zur komplexen Frage über den *Fortbestand des Zollvereins*[46]. Dessen auch im Interesse Württembergs liegende Weiterführung einschließlich der abgeschlossenen Handelsverträge werde, so der Beschlussantrag, durch die *politische Lage an sich nicht berührt.* Sofern Süddeutschland jedoch *eine Trennung aufgenöthigt* werde, sah Mayer dennoch keine Gefährdung materieller Interessen. Optimistisch erläuterte er, dass eine *Sprengung* unwahrscheinlich sei, da diese auch Preußen *hart* treffen würde. *Verzweiflung* sei also keinesfalls angebracht. Wie Preußen wisse, könnten die Südstaaten den Norden mit ihrer Industrie besiegen und durch den Verzicht auf Schutzzölle *auf eigenen Füßen stehen.*

Die beiden deutschlandpolitischen Beschlüsse formulierten eine klare Abgrenzung von der Hölder-Gruppe. Man war für Verhandlungen zur Kriegsbeendigung,

---

[41] Beob. Nr. 161 und 162 (Zitat) vom 14. und 15.7.1866. Vgl. auch RUNGE, Volkspartei, S. 69; LANG, Wilhelm: Die Deutsche Partei in Württemberg. Festschrift zur Feier des fünfundzwanzigjährigen Bestandes der Partei 1866–1891, Stuttgart 1891, S. 20 f.

[42] Beob. Nr. 267 vom 15.11.1865, Artikel *Zur Parteifrage.*

[43] Beob. Nr. 28 vom 4.2.1866, Artikel *An [...] Fetzer und Hölder.*

[44] Beob. Nr. 162 vom 15.7.1866.

[45] Beob. Nr. 166 vom 20.7.1866.

[46] Die *diplomatische Zwickmühle* aus Zollverein und Handelsverträgen (Beob. Nr. 156 vom 7.7. 1865) wird hier nicht näher behandelt. Ausführlich dazu und zur „zwiespältigen Haltung der Demokraten" LANGEWIESCHE, Liberalismus und Demokratie, S. 424 ff. (Zitat S. 437).

sprach sich jedoch gegen *jene Friedensagitation* aus, die Preußens Ansprüche stei-
gere. Gleichzeitig erklärte man einer Verbindung mit Norddeutschland *um den
Preis eines Vasallenthums unter preußischer Oberherrschaft* eine klare Absage. Dagegen wurde ein süddeutscher Bund mit *gemeinschaftlicher Bundesregierung und
Volksvertretung* als neues deutschlandpolitisches Konzept proklamiert. Dieser
Bund würde, sobald sich in Preußen und Österreich *Volkswille* und *Freiheit* durch-
setzten, *kein Hinderniß* zur Schaffung *eines einigen und freien Deutschlands sein*[47]
– erneut wurde hier eine Utopie fern aller Realitäten geäußert.

Am 13. August folgte Württembergs Friedensvertrag mit Preußen, der dem
Land trotz des voreiligen ‚Vae victis!' des württembergischen Staats- und Außen-
ministers Karl von Varnbüler[48] glimpfliche Bedingungen ohne Gebietsverluste
gewährte. Der Preis, das Schutz- und Trutzbündnis mit Preußen, blieb vorerst
noch geheim. Der im Prager Frieden zwischen Preußen und Österreich vom 23.
August vorgesehene deutsche Südbund blieb ohne Nachwirkung und fand keine
Resonanz bei der Volkspartei. Außenminister v. Varnbüler begann nun eine vor-
sichtige und kaschierte Annäherung an Preußen, die zunächst durch die Taktik des
„Zuwartens"[49] geprägt war – eine neue Ära der Politik war angebrochen.

2. Die Fortsetzung des Kampfes seit dem Spätsommer 1866: Südbund-
pläne, Reformpolitik und Bekämpfung der Deutschen Partei

Wenige Tage nach der demokratischen Landesversammlung vollzog sich endlich
der Abschluss der Parteispaltung von 1864, die, schon lange in der Luft liegend,
nach Königgrätz und Hölders Entscheidung, ganz auf die preußische Karte zu setzen, nunmehr unabwendbar war; die antipreußische Haltung der Volkspartei veranlasste ihn, nun endlich Farbe zu bekennen[50]. Hölder lud Gesinnungsgenossen
zum 7. August nach Stuttgart ein, wo die Gründung der Deutschen Partei beschlossen wurde. Endgültig konstituierte sie sich am 19. August in Plochingen – sie
wurde für Jahrzehnte der Gegner der Volkspartei. Das dort beschlossene Programm forderte mit deutlicher Frontstellung gegen die Demokraten *den Anschluß
sämmtlicher deutscher Staaten an Preußen* und protestierte *gegen die Trennung*

---

[47] Beob. Nr. 175–179 vom 31.7.–4.8.1866, Artikel *Zur Landesversammlung*. Mayers optimistische Ausführungen zum Zollverein wurden von den Gegnern *absichtlich* falsch in-
terpretiert, um daraus *Kapital* zu schlagen.

[48] Vgl. zu Karl Varnbüler von und zu Hemmingen (1809–1889) etwa die Kurzbiographie bei
RABERG, Handbuch, S. 943-945 oder BRANDT, Parlamentarismus; LANGEWIESCHE, Liberalismus und Demokratie, jeweils passim.

[49] NAUJOKS, Kräftespiel, S. 212 und passim.

[50] Seine Bestrebungen wurden jedoch im Lande keineswegs begrüßt: Der ‚Staatsanzeiger'
betonte, das Vorhaben, sich *Preußen unbedingt in die Arme werfen zu wollen*, stoße auf
Ablehnung. Die Mehrheit der Bevölkerung vertrete den *Grundsatz* [...] *Unrecht kann nie
und nimmer Recht werden.* Zitiert nach dem Haller Tagblatt Nr. 171 vom 26.7.1866.

*Deutschlands durch die Mainlinie, gegen jeden Versuch, die süddeutschen Staaten
zu einem eigenen politischen Organismus zusammenzuschließen*[51].

Unbestrittener Parteiführer wurde Mayers Jugendfreund Hölder, weitere wichtige Repräsentanten dessen Abgeordneten-Kollegen Fetzer und Robert Römer[52], Otto Elben vom pro-preußischen ‚Merkur' sowie der ‚Grenzboten'-Redakteur Wilhelm Lang. Die Verbindung mit Konservativen und Pietisten, zu denen die „Preußendevotion"[53] eigentlich das einzige Bindeglied darstellte, bewirkte, dass die Partei kein wirklich national-liberales Profil gewann. Allerdings waren die innenpolitischen Zielsetzungen denen der Volkspartei nicht unähnlich.

Dem nun formierten Gegner, der zunächst kaum mehr als ein „Honoratioren-zirkel"[54] ohne politischen Unterbau darstellte[55], bescheinigte Mayer bereits im Vorfeld der Gründung nicht nur einen heterogenen *Anhang* sowie ein Programm der *Unbestimmtheit*. Er stellte klar, dass niemand Deutschlands Trennung am Main wolle – sie sei vielmehr die *politische Consequenz* des *Großpreußenthum[s]*, vor dem die Volkspartei stets gewarnt habe. Auch sie verwerfe die Mainlinie *principiell*, huldige jedoch nicht *der Principlosigkeit*, zu deren Verhinderung *auf Deutschland zu verzichten und großpreußisch zu werden*. Dagegen laute der *eigentliche, schlau verhüllte Sinn* deutschparteilichen Wollens: *Unterwerfung* unter Preußen sozusagen um jeden Preis[56].

Wenig später wies die Partei die gegnerischen Vorwürfe, *Sonderbündler* zu sein, empört zurück. Man habe vielmehr *zuerst* den preußischen Sonderbund *denuncirt und eine Verbindung* aller deutschen Staaten *gegen die preußische Rebellion gepredigt*. Jetzt verbleibe nur noch der Weg, im verbliebenen freien *Rest deutscher Erde* der Freiheit *noch eine Herberge* [zu] *schaffen*. Solche Argumente seien jedoch vergebliche Liebesmüh, da die Gründer der Deutschen Partei *verrannt* in ihre *Preußentollheit* seien[57].

Angesichts des *ungewissen Schicksal[s]* Süddeutschlands formulierte das demokratische Landeskomitee Anfang Oktober 1866 eine Positionsbestimmung für die Zukunft. Die Abrechnung mit Preußen (*Knechtung und Zerreißung Deutschlands*) war gepaart mit scharfer Kritik an Österreich sowie mit der Feststellung, die südwestdeutschen Regierungen hätten inzwischen den *Glauben* an dieses und auch *an*

---

[51] Das Programm findet sich bei LANG, Deutsche Partei, S. 85 f., das Zitierte S. 85. Vgl. zur Parteigründung auch BRANDT, Parlamentarismus, S. 764 ff.; LANGEWIESCHE, Liberalismus und Demokratie, S. 331 ff.; RAPP, Württemberger, S. 184 ff.; RUNGE, Volkspartei, S. 67 ff.

[52] Vgl. zu Robert Römer (1823–1879), dem Sohn des „Märzministers", die Kurzbiographie bei RABERG, Handbuch, S. 736 f.

[53] BRANDT, Parlamentarismus, S. 766.

[54] Ebd., S. 769.

[55] Allerdings besaß man mit der ‚Schwäbischen Volkszeitung' ein Parteiorgan, das sich jedoch nicht mit dem ‚Beobachter' messen konnte.

[56] Beob. Nr. 185 vom 11.8.1866.

[57] Beob. Nr. 189 vom 16.8.1866.

sich selbst verloren. Anschließend folgte die Kritik an der *preußischen Partei* in Württemberg, die die Politik *eines Vasallenverhältnisses* für das übrige Deutschland betreibe, die zwangsläufig in einen *preußischen Einheitsstaat* münden werde. Demgegenüber verharre die Volkspartei auf der Ablehnung des Anschlusses an Preußen und den Nordbund *zum mindesten* für so lange, bis *die Gewähr eines wirklich konstitutionellen Regiments* sowohl in den Einzelstaaten als auch im Gesamtstaat bestehe. Bis dahin wolle man *nicht aufhören* [...], *die föderative Verbindung* des Südens als *Mittel gegen die Gefahren* des *Großpreußenthums* zu fordern.

Allerdings hegte man Zweifel an der Realisierbarkeit dieses Zieles und formulierte als Alternative eine *rückhaltlose Hingebung* der süddeutschen Regierungen an eine abgestimmte innere Reformpolitik, die auch das Heerwesen einschließen sollte und letztlich auch hinsichtlich *der nationalen Verbindung* als *Rettungsmittel* fungieren könne[58]. Wie zuvor bei der Triaspolitik hatten die Demokraten wiederum einen Notbehelf zum deutschlandpolitischen Programm erhoben, das jedoch keine Basis für das eigene politische Wirken darstellte. Dieses verlagerte sich so vor allem auf das Feld der württembergischen Innenpolitik.

Schon vorher hatte Mayer hier Akzente gesetzt, indem er Anfang August in Ulm *die endliche Abschaffung des stehenden Heeres* [...] *und die Herstellung der allgemeinen Volksbewaffnung* als *Sühne* gegenüber den Gefallenen und den Zurückgekehrten forderte[59]. Etwa vier Wochen später überschrieb der ,Beobachter' einen Leitartikel mit der Forderung *Keine preußische Heerreform!* Dort wurde dem württembergischen Wehrsystem jeder Wert abgesprochen und vor dem preußischen System (*Säbelschlepperei, Kasernenduselei*) gewarnt; Württemberg würde so *gänzlich zum freiheitswidrigen Militärstaat.* Zu erstreben sei eine *volksthümliche* Reform nach Schweizer Muster. Dabei seien die dortigen Lücken und Fehler jedoch auszumerzen. Zudem wurde für eine schulische *Militärvorbereitung* plädiert[60].

Auch während einer Volksversammlung in Leutkirch im November beschäftigte sich Mayer mit dem breite Kreise interessierenden Militärthema, das, wie er meinte, nach dem Ende des Deutschen Bundes allein in die Kompetenz der Landesregierung falle. Die Reform könne sogar die Südbundidee fördern, sei sie doch *das sicherste Mittel, Bayern und Baden zum Mitthun zu bewegen.* Die allgemeine Volksbewaffnung bedeute, dass der Militärdienst aufhöre, *ein Uebel zu sein:* Die unbeliebte lange Präsenzzeit, die *Knechtsgesinnung und Sklavencharakter erzeuge,* entfalle, ein Volksheer sei zudem *unerschöpflich.*

Mayer, der die Regierung *zum Bekennen ihrer wahren Farbe* nötigen wollte, forderte zugleich die Wiederherstellung entrissener Volksrechte – die Grundrechte, das Landeswahlgesetz von 1849 sowie die Berufung einer verfassungrevidierenden

---

[58] Beob. Nr. 230 vom 3.10.1866.
[59] Beob. Nr. 181 vom 7.8.1866.
[60] Beob. Nr. 213 vom 13.9.1866. Vgl. zur Militärreform RUNGE, Volkspartei, S. 130 ff.

Landesversammlung. Dabei konnte er darauf verweisen, dass selbst Bismarck in *seinem norddeutschen Schein- und Nebelparlament* auf die alte demokratische Forderung des allgemeinen Stimmrechts zurückgegriffen habe[61]. Mayers Forderungen wurden vom Landeskomitee als künftige Schwerpunkte der Parteiarbeit bestätigt. Zugleich erteilte man Bestrebungen, auch die Wiederherstellung der Reichsverfassung zu fordern, eine Absage[62].

Gottlob Egelhaaf, der, obwohl Nationalliberaler, 1906 ein wohlwollendes Lebensbild Mayers zeichnete, sah die Jahre 1866–1870 als „Höhepunkt" in dessen politischen Leben, habe er doch „die Massen in Schwaben wie Niemand mehr seit dem Bauernkrieg" beherrscht[63]. Die indirekte Begründung für den nunmehr intensivierten und kompromisslosen Kampf gegen Verpreußung und – als Komplementärstrategie – für Reformen in Württemberg lieferte Mayer in einem zornigen Rückblick auf das *verhasste* Jahr 1866, das alle freiheitlichen Hoffnungen zunichte gemacht habe. An der Spitze des bedrohten Landes amtiere weiterhin eine Regierung, die sich in *alte[r] Starrsucht* und im *alten Tempo im Kreise* drehe. Zugleich konstatierte er für die führenden Kreise, Offizierskorps, Adel, evangelische Geistlichkeit, die höhere Beamtenschaft und die *reiche Bourgeoisie* – also die Klientel der Deutschen Partei – eine Hinwendung an Preußen. Nur die kleinen Bürger, Arbeiter und Bauern sah er mehrheitlich noch auf der Seite der Freiheit *und gegen die Unterwerfung unter das preußische Joch* eingestellt[64]. Die kommenden Auseinandersetzungen waren also für und mit diesen Verbündeten zu führen. Mayer hatte bereits im September 1866 betont, dass es ihm dazu *weder an Muth noch an Kraft* fehle[65].

Während Mayer auf die Angriffe seiner politischen Gegner im Lande gelassen reagierte, sah er sich gleichzeitig einer Verfolgung durch die preußische Regierung ausgesetzt. Diese soll zunächst, der Darstellung seiner und seiner Partei Aktivitäten vorgreifend, kurz skizziert werden. Mayer hatte, die preußische Thronrede kommentierend, u.a. *die Verherrlichung [des] blutigen Werks* von 1866 und die *Anzettelungen des edle[n...] Bismarck mit dem Ausland* gegeißelt und geschrieben, *die Politik des Verbrechens* werde nun als *göttliche Vorsehung* glorifiziert[66]. Darauf erhob die Stuttgarter Gesandtschaft Preußens im Frühjahr 1867 Anklage wegen

[61] Beob. Nr. 261 vom 8.11.1866. Ähnliche Versammlungen fanden auch andernorts im Lande statt. Vgl. RUNGE, Volkspartei, S. 126.

[62] Beob. Nr. 284 vom 5.12.1866.

[63] EGELHAAF, Mayer, S. 277.

[64] Beob. Nr. 1 vom 1.1.1867. Auch die ‚Grenzboten' registrierten wenig später *unter den einflussreicheren Classen [...] die verborgene Hinneigung zu Preußen.* Zitiert nach Haller Tagblatt Nr. 47 vom 24.2.1867.

[65] Beob. Nr. 210 vom 9.9.1866.

[66] Zitiert nach RAPP, Württemberger, S. 224, Anm. 1.

„Verleumdungen und Ehrenkränkungen" sowohl des Königs als auch der Regierung[67].

Ein württembergisches Provinzblatt, in zwei Artikeln Berichte aus Württemberg in der *Frankfurter Zeitung* zustimmend referierend, betonte zunächst, dass die Angriffe nicht gegen Personen, sondern gegen *ein [...] politisches System* zielten. Daher werde die Klage selbst in Kreisen der Deutschen Partei als Angriff *auf unsere bis dahin ungeschmälerte Pressfreiheit* bedauert[68]. Man sprach von einem Aufsehen erregenden *Tendenzproceß* und betonte, der ‚Beobachter' vertrete *unzweifelhaft und unläugbar die große Mehrheit des Landes*[69]. Das Verhalten Preußens stelle einen *schweren Mißgriff* dar und gebe der *Verstimmung* in Württemberg *neue Nahrung*, während doch angesichts der von Frankreich ausgehenden Kriegsgefahr Einigkeit nötig sei. *Fast [im] ganzen württembergischen Volke* empfinde man Preußens Verhalten als *Faustschlag ins Gesicht*. Als *verdrießlich* gelte schließlich, dass ausgerechnet der *fromme Rechtsconsulent* Wächter[70] – ein Mitglied der Deutschen Partei – als Vertreter der Klage Preußens fungiere[71].

Der preußische Rachefeldzug[72] führte zunächst – im Dezember 1867 – zu exorbitanten erstinstanzlichen Urteilen: Mayer wurde wegen Regierungsbeleidigung zu drei Monaten Festungshaft und hundert Gulden Geldstrafe, wegen Majestätsbeleidigung zu zusätzlich sechs Wochen Haft und vierzig Gulden verurteilt. Diesem Paukenschlag folgte ein *Knäuel von Prozessen* bzw. Revisionsverfahren über Jahre, auf die hier jedoch nicht eingegangen wird. Schließlich wurde der Angeklagte bezüglich der Regierungsbeleidigung freigesprochen, die Strafe wegen Majestätsbeleidigung wurde auf sechs Wochen Haft – die er auf dem Hohenasperg absitzen musste – und 40 Gulden Geldstrafe reduziert[73].

Parallel zu diesem Geschehen erhoben drei Redakteure des ‚Merkurs' eine Ehrenkränkungsklage gegen Mayer, die ihn eine abgestimmte Strategie vermuten ließ. Er wehrte sich gegen das *in schleichender Weise* gesteuerte deutschparteiliche *Gift*, das

---

[67] Ebd., S. 224.

[68] Haller Tagblatt Nr. 95 vom 23.4.1867.

[69] Dieses Argument führte auch der unbeugsame Mayer zu seiner Verteidigung an. Vgl. Rapp, Württemberger, S. 224.

[70] Vgl. zu Oskar von Wächter (1825-1902) die Kurzbiographie bei Raberg, Handbuch, S. 963 f.

[71] Haller Tagblatt Nr. 98 vom 26.4.1867.

[72] Dazu gehörte auch eine preußische Warnung der süddeutschen Höfe vor den Umtrieben des ‚Beobachters'. Vgl. dazu Naujoks, Eberhard: Württemberg im diplomatischen Kräftespiel der Reichsgründungszeit (1866/70). Zur Problematik der deutschen Politik des Freiherrn von Varnbüler, in: ZWLG 30 (1971), S. 230; Weinmann, Arthur: Die Reform der württembergischen Innenpolitik in den Jahren der Reichsgründung 1866–1870. Die Innenpolitik als Instrument der Selbstbehauptung des Landes, Göppingen 1971, S. 108.

[73] Vgl. zur Prozesswelle, die neben dem ‚Beobachter' auch die übrige Presse des Landes beschäftigte, etwa Weinmann, Reform, S. 109, Beob. Nr. 28 vom 4.2.1868, Nr. 276 vom 26.11.1868, Artikel *Bismarck contra Mayer*. Inzwischen war aus der ursprünglich offiziellen Klage eine Privatklage des preußischen Ministerpräsidenten geworden. Vgl. auch Beob. Nr. 23 vom 29.1.1869, Artikel *Wie ein Wurm*.

Abb. 2: Der Hohenasperg, auf dem sich das wohl berühmteste Gefängnis für politische Gefangene im 19. Jahrhundert in Württemberg befand, um 1850.

ihm etwa *Sehnsucht nach französischer Einmischung* unterstellte. Dennoch wurde er zu acht Tagen Gefängnis und 30 Gulden Geldstrafe verurteilt[74]. Ein Provinzblatt berichtete, dass daraufhin ein norddeutscher Gesinnungsfreund ihm, der dem *Schwäbischen Götterboten etwas* [...] *auf die Finger geklopft* habe, nach Haftantritt *ein Körbchen Rebengeist* auf den Asperg sandte und in einem Gedicht seine Solidarität bekundete[75]. Die Folgen dieser Kampagnen waren für den zum Märtyrer gestempelten Mayer und seine Partei letztlich positiv. Während seine Popularität im Lande wuchs, konnten die Demokraten einen Anstieg ihrer Mitgliederzahl verzeichnen[76]. Zugleich verhalf ihm nach dem Tod seines Schwagers Rödinger und seines Schwiegervaters Zenneck eine ansehnliche Erbschaft zu einer *von Geldsorgen freie*[n] *Existenz*[77] – er konnte sich nunmehr ganz dem politischen Kampf widmen.

Die Hauptarena dieses Kampfes war für Mayer wie angedeutet die Innenpolitik. Für ihn stand fest, dass Württemberg seine Unabhängigkeit nur wahren könne, wenn es durch Ausbau der Bürgerrechte auf die Zustimmung des Volkes bauen konnte[78]. Diesem Ziel diente dann die Landesversammlung vom Dreikönigstag 1867. Man erhoffte eine *Regeneration*, wenn es gelinge, *das Volk massenhaft* [...] *auf den Weg der Agitation* und damit gegen die *verblendeten Gegner* und die Regierung zu führen. Als Grundlage diente ein von Oesterlen verfasster pathetischer Aufruf, der auch die Südbundidee erneut thematisierte. Mayer sprach dort zur Mi-

---

[74] Beob. Nr. 28 f. vom 4. und 5.2.1868.
[75] Haller Tagblatt Nr. 68 vom 21.3.1868.
[76] Vgl. Rapp, Württemberger, S. 224.
[77] Rustige, Lebensgeschichte, in: Vadiana Kantonsbibliothek St. Gallen, Nachlass Näf, S. 9; vgl. auch Egelhaaf, Mayer, S. 276.
[78] Vgl. Runge, Volkspartei, S. 121, Anm. 30 (Rede in Esslingen im Januar 1867).

litärreform und machte in einem Toast auf das preußische Volk deutlich, dass man sehr wohl zwischen dem dortigen System und den Menschen zu unterscheiden wisse[79].

Die nunmehr einsetzende Agitationskampagne basierte auf einer vom Landeskomitee formulierten Adresse an den König, die um sofortige Einberufung einer verfassungrevidierenden Landesversammlung nach dem sistierten Wahlgesetz von 1849 bat. Sie wurde an die Volksvereine und weitere Anhänger versandt; auch Flugschriften begleiteten die Aktion. In den folgenden Wochen warben fast alle Volksvereine in Versammlungen um Zustimmung und artikulierten teilweise auch die Wehrfrage. Die Resonanz, an die Schleswig-Holstein-Bewegung erinnernd, war enorm: Ende April waren etwa 43.000 Unterschriften gesammelt worden.

Auch die Deutsche Partei initiierte gleichzeitig eine Kampagne zur Wiederherstellung des Wahlgesetzes von 1849. Die Presse des Landes berichtete nun über Wochen über die Auseinandersetzungen der beiden Parteien; am Ende konnten die Nationalliberalen nur etwa 3.000 Unterschriften verbuchen. Sie hatten im Vorfeld den Demokraten ein Zusammenwirken vorgeschlagen, das jedoch von deren Stuttgarter Mitgliedern des Landeskomitees, zu denen auch Mayer gehörte, selbstbewusst abgelehnt wurde. Begründet wurde diese Absage u.a. mit einer vorangegangenen *Fluth von Vorwürfen und Verdächtigungen*, aber auch der Betonung unterschiedlicher Parteiprinzipien. Schließlich würden die Gegner *im Herzen bereits [...] dem mächtigen König in Berlin huldigen*[80].

Die überaus erfolgreiche Aktion der Demokraten, von der sich Oesterlen im Erfolgsfall *die beste Schutzwehr gegen die Gefahr der Borussificierung* versprach[81], trug jedoch keine Früchte. König und Regierung ignorierten den so deutlich artikulierten Volkswillen[82].

Im Frühjahr 1867, die Parteikampagne war noch im Gange, setzte eine Entwicklung ein, die die Parteiarbeit nachhaltig beeinflussen sollte. Als Folge der erst Ende März veröffentlichten Schutz- und Trutzverträge mit Preußen fand im Februar eine Konferenz süddeutscher Minister in Stuttgart statt, die eine Vereinheitlichung des Militärwesens nach preußischem Muster beriet. Der ‚Beobachter‘ sprach von *Brutal-Politik* und befürchtete gravierende Auswirkungen auf Württembergs Verfassungsleben und seine Sozialstruktur[83]. Hinzu kam die Krise um Luxemburg[84],

---

[79] Während der Landesversammlung im September 1867 toastete er auf die *freie Stadt Berlin* als Hort *der Intelligenz und des Charakters*. Beob. Nr. 229 vom 1.10.1867. – Zur Landesversammlung im Januar Beob. Nr. 6–8 vom 8.–10.1.1867. Oesterlens Aufruf an das Volk in Nr. 7.

[80] Beob. Nr. 24 vom 25.1.1867.

[81] Beob. Nr. 33 vom 8.2.1867.

[82] Vgl. zum Gesamtkomplex vor allem RUNGE, Volkspartei, S. 129 f.

[83] Beob. Nr. 33 vom 8.2.1867. Vgl. auch RAPP, Württemberger, S. 218; RUNGE, Volkspartei, S. 131.

[84] Die Krise entstand aus den Auseinandersetzungen um den vom französischen Kaiser Napoleon III. beabsichtigten Kauf des Großherzogtums Luxemburg vom niederländi-

d.h. die Gefahr eines Krieges mit Frankreich. Schließlich stand als weiteres Problemfeld die Erneuerung des Zollvereins an, das mit dem Bündnis „in einem Junktim de facto gekoppelt" war[85].

Vor dem Hintergrund der Luxemburg-Krise zollte das Landeskomitee in einer Erklärung *für den Frieden* den Friedensbestrebungen *der erleuchteten französischen Demokratie* Anerkennung, bezeichnete den drohenden Krieg als *Versündigung an der Menschheit* und sah den *Cäsarismus* auf beiden Seiten als Ursache. Zugleich wurde sowohl der französischen *Einmischung* in Deutschlands Verhältnisse als auch dem preußischen Bestreben zur *Unterordnung der kleineren deutschen Staaten unter die preußische Militärdiktatur* eine deutliche Absage erteilt[86]. Ihre Friedensbestrebungen unterstrich die Partei im Sommer mit der Entsendung Haußmanns zum Kongress der internationalen Friedens- und Freiheitsliga nach Genf; die Volksvereine wurden zum Beitritt in die Liga aufgefordert[87].

Äußerst gelegen kam der Partei Moriz Mohls[88] Generalabrechnung mit Preußen, sein *Mahnruf zur Bewahrung Süddeutschlands vor den äußersten Gefahren*[89]. Der ‚Beobachter' stellte die Schrift voller Zustimmung vor und machte sich deren Quintessenz, *dass der Weg zur Einigung mit Preußen nur derjenige der simpeln Unterwerfung sein könne,* zu eigen. Wie für Mohl waren auch für Mayer und seine Freunde das Schutz- und Trutzbündnis, eine Militärreform nach preußischem Muster und nicht zuletzt die neuen Zollverträge allesamt Elemente einer solchen Unterwerfung[90].

Die gutbesuchte Landesversammlung der Demokraten vom 29. September 1867, kurz vor den Kammerverhandlungen über jene Schicksalsfragen, galt dem ‚Beobachter' als Beweis *unverzagter Gesundheit* der Partei, obwohl sich bereits unterschiedliche Meinungen in der Zollvereinsfrage zeigten. Oesterlen trug vier Resolutionen vor, deren erste sich gegen das Schutz- und Trutzbündnis und die *bedingungslose* Annahme des Zollvereinsvertrages richtete und zugleich die Entlassung Varnbülers forderte. Die Frage des vorgesehenen Zollparlaments bezeichnete er als *schwierig.* Fast prophetisch beschwor er die Parteifreunde, daraus keine parteischädigende *Principienfrage* zu machen.

Die Begründung der ersten Resolution übernahm Mayer. Der Bündnisvertrag bedeute die *Mediatisierung* Württembergs, degradiere das Land zum *bedeutungslosen Vasallenstaat* im Dienste preußischer *Großmachtspolitik* und *hebe unser gan-*

---

schen König Wilhelm III. 1867. Vgl. etwa GALL, Lothar: Bismarck. Der weiße Revolutionär, Berlin 1980, S. 404–408.

[85] LANGEWIESCHE, Liberalismus und Demokratie, S. 418.

[86] Beob. Nr. 111 vom 12.5.1867.

[87] Vgl. RUNGE, Volkspartei, S. 11 mit Anm. 7.

[88] Vgl. zu Mori(t)z Mohl (1802–1888) etwa die Kurzbiographie bei RABERG, Handbuch, S. 575–577.

[89] MOHL, Mori(t)z: Mahnruf zur Bewahrung Süddeutschlands vor den äußersten Gefahren: eine Denkschrift für die süddeutschen Volksvertreter, Stuttgart 1867.

[90] Die Zitate nach Beob. Nr. 206 vom 3.9.1867. Vgl. auch die nachfolgende Nummer, ausführlich zur Schrift RAPP, Württemberger, S. 239 ff.

zes Verfassungsleben auf. Bezüglich des Zollvereins knüpfte er an frühere optimistische Prognosen an, betonte allerdings, dass damals *die Möglichkeit eines Südbundes näher als heute* gewesen sei. Inzwischen habe *der württembergische Minister das Meiste* getan, um diesen zu verhindern.

Nachdem er wenige Tage vorher bezweifelt hatte, dass das Ministerium Preußen in Sachen des Zollvereins *Bedingungen* stellen werde[91], war sein Misstrauensvotum gegen Varnbüler durchaus konsequent.

Er blieb bei seiner optimistischen Sicht in Sachen des Zollvereins. Für den unwahrscheinlichen Fall einer Aussperrung Württembergs sah er Alternativen wie etwa den *Schlupf* in die *von Handel und Industrie strotzende Schweiz.* In Kenntnis der unterschiedlichen Meinungen innerhalb der Partei betonte er, dass man keine *Verwerfung* des Zollvertrages erstrebe, sondern lediglich einem *bedingungslosen* Beitritt widerstrebe. Zudem seien die Abgeordneten in ihrer Abstimmung frei. Problematisch für ihn war schließlich die das einzelstaatliche Steuerbewilligungsrecht tangierende Einführung weiterer indirekter Steuern, vor allem aber das geplante Zollparlament. In diesem konnte er nur den *Schein für die Sache* und den *Schatten* eines Parlaments erkennen, in dem sich Preußen die letzte Entscheidung vorbehalte. An dieser Frage sollte sich dann ein folgenreicher innerparteilicher Konflikt entzünden.

Die weiteren Resolutionen sprachen sich gegen die kostspielige, dem geforderten Milizsystem widersprechende neue Militärorganisation aus, lehnten Steuererhöhungen und neue Steuern ab, forderten erneut die Verfassungsrevision und beklagten die *bureaukratische Missachtung* der Adresse der 43.000[92].

Ebenfalls noch im Vorfeld der Kammerverhandlungen fanden Versammlungen der Volksvereine zu den anstehenden Problemen statt, die allerdings nicht die Resonanz der Frühjahrskampagne erreichten. Während der Allianzvertrag überall abgelehnt wurde, herrschten über den Zollvertrag unterschiedliche Meinungen; Mayer hatte vor der Abstimmung der Kammer für einen Südzollbund plädiert. Als dann Ende Oktober die Kammer, wenn auch nur mit einfacher Mehrheit, die beiden Verträge annahm, war die befürchtete „Verpreußung" unbestreitbar näher gerückt. Mayer hoffte jedoch noch, die neue Kammer werde den Bündnisvertrag als nicht verfassungskonform anfechten[93].

Anfang Dezember richtete das Landeskomitee eine Ansprache an die Parteigenossen, die trotz der verfahrenen Lage im Vorfeld der kommenden Kammerwahlen Mut und Zuversicht vermitteln sollte. Beklagt wurden dort ausbleibende Refor-

---

[91] Beob. Nr. 225 vom 25.9.1867.

[92] Beob. Nr. 229 ff. vom 1.10.1867 ff.

[93] Vgl. zum Obigen RUNGE, Volkspartei, S. 135 ff.; zu den Kammerverhandlungen RAPP, Württemberger, S. 247 ff. und 255 f. Mayer hatte die Notwendigkeit einer Zweidrittelmehrheit bereits während der Landesversammlung betont: Beob. Nr. 231 vom 3.10.1867. Sie wurde in einem Aufruf des Landeskomitees später wiederholt. Beob. Nr. 284 vom 4.12.1867.

men, die auf Dauer *haltlos*[e] Lage der süddeutschen Staaten und eine um sich greifende *verderbliche Gleichgültigkeit* im Lande. Gleichzeitig beschwor man den Patriotismus der Demokraten, der sich ohne Preußenhass gegen die Unterwerfung unter den Nordbund wende und weder durch Partikularismus noch revolutionäre Absichten geprägt sei. Das Parteistreben enthalte keine *Spur von vaterlandsloser oder französischer Gesinnung* oder gar der *Rheinbündelei*, wie dies von den Gegnern unterstellt werde. Es ziele vielmehr auf Reformen im Bereich von Verfassung und Verwaltung sowie im Militärwesen. Die Beteiligung am Zollparlament und den dazu stattfindenden Wahlen wurde erneut als *bedenklich* bezeichnet, eine *reifliche Berathung* angekündigt[94].

3. Zwischenspiel: Der Konflikt zwischen Mayer und Oesterlen – die „Reinigung" der Partei 1868/69

Während die Landesversammlung am Dreikönigstag 1868 einstimmig Resolutionen gegen die Regierungspläne zum Kriegsdienstgesetz, zur Verfassungsrevision und zur Verwaltungsreform beschloss, lastete die Frage der Beteiligung an den Zollwahlen *wie ein Alp* auf dem Parteikonvent[95]. Die Hauptkontrahenten des Konfliktes[96], der letztlich zu einer Parteispaltung führte, waren Mayer und Oesterlen, zwischen denen schon vorher Meinungsverschiedenheiten geherrscht hatten[97]. Nunmehr offenbarte der kompromisslos geführte Streit ganz und gar unterschiedliche Maximen politischen Handelns. Dessen ausführliche Behandlung lässt Mayer als Verfechter der ‚reinen Lehre' deutliche Konturen gewinnen.

Schon am Vorabend der Landesversammlung hatten Beratungen im Landeskomitee die unterschiedlichen Standpunkte deutlich gemacht, so dass nun das Plenum zu entscheiden hatte. Als Berichterstatter der Mehrheit der Wahlgegner referierte zunächst Mayer, der angesichts einer drohenden Spaltung *mit äußerster Mäßigung* sprach und den dramatischen Appell an die Gegenseite formulierte: *Brechen Sie uns nicht das Herz, indem Sie uns […] in dieses Parlament zu gehen zwingen!* Seine gleichermaßen von Idealen und Gefühlen geprägten Ausführungen gipfelten in dem Vorwurf, dass er und seine Genossen *die Principien der Volkspartei selbst in Frage gestellt* sähen, auch wenn die Argumente der Gegenseite *schwer in's Gewicht* fielen. Wählen bedeute *ein Aufgeben des großdeutschen Gedankens.* Zwar

---

[94] Beob. Nr. 284 vom 4.12.1867.
[95] Beob. Nr. 8. vom 11.1.1868.
[96] Ausführlich dazu MÜLLER, Oesterlen, S. 64–68, 70–77. In der einschlägigen Literatur wird der Konflikt weitgehend ignoriert, RAPP, Württemberger, S. 268 f. und SCHÜBELIN, Walter: Das Zollparlament und die Politik von Baden, Bayern und Württemberg 1866–1870, Berlin 1935, S. 88 ff. behandeln nur dessen Anfang während der Landesversammlung.
[97] Vgl. etwa Beob. Nr. 280 vom 30.11.1866.

sei Österreich *formell* durch einen Gewaltfrieden aus Deutschland *ausgeschlossen* worden, das Volk habe jedoch diesem Akt nicht zugestimmt, und für ihn sei es *unmöglich* […], *sich an irgend einer Handlung zu betheiligen, die als eine Anerkennung der kleindeutschen Schöpfung* […] *betrachtet werden könnte*. Zugleich sah er in der Wahlbeteiligung den *Verzicht auf den Föderalismus* zu Gunsten des zukunftsbedrohenden *cäsarischen Unitarismus*; sie bedeute letztlich den *Eintritt in den Nordbund*.

Auch die strategischen Gründe der Gegenseite erschienen ihm nicht stichhaltig. Sei im Zollparlament schon das *demokratische Princip* gefährdet, so betrete man zudem dort einen *Kampfplatz* […] *den der Feind* […] *beherrsche* und wo Bismarcks Wille gelte. Falsch sei auch die Hoffnung, im Zollparlament könne *Schlimmes* wie neue indirekte Steuern verhindert werden, dazu seien die Demokraten zu schwach. Mayers Konzept ging dahin, überall *eine starke Agitation für Enthaltung* zu entfalten, die die *berlinische Machenschaft* stärker desavouiere *als die schönsten Protestreden* im Zollparlament. Gegenüber dem Volk dürfe man nicht von *deutschen Wahlen* wie 1848 sprechen; dies werde sich wohl *schwer an der Partei rächen*. Schließlich würden die aus Berlin mit *verderblichen Früchte*[n] Zurückkehrenden *den demoralisierenden Eindruck* erwecken, dass sich auch die Volkspartei *an der Verpreußung, an der Vorbereitung des Eintritts in den Nordbund* beteilige[98].

Oesterlen ging schon in seiner Eröffnungsrede, von Mayer später kritisiert, auf den Konflikt ein. Er wandte sich dagegen, den Gegnern das Feld zu überlassen, seien doch Parteien zum Handeln *auf dem realen Boden* aufgerufen. Wahlenthaltung heiße *Nichthandeln, und Nichthandeln bedeutet die Resignation* und führe zur *Isolierung*. Sein *tief ergriffen* vorgetragenes Plädoyer war ein Appell zur Realpolitik. Er widersprach Mayers Vorwürfen einer Abkehr von Parteiprinzipien und der Aufgabe der großdeutschen Ziele. Es gelte allein, den *realen Verhältnisse*[n] *der Gegenwart* Rechnung zu tragen, die man zwar bedauern, jedoch nicht ignorieren dürfe, um *ideale Vergangenheits- oder Zukunfts-Politik* [zu] *treiben*. Sowohl der Sieg Preußens von 1866 als auch der legal zustande gekommene Zollvereinsvertrag und das so *geschaffene politische und rechtliche Verhältniß beherrsche* bereits das württembergische Staatsleben und sei nur von einem – nicht gewollten – *revolutionären Standpunkte* zu bekämpfen. Setze sich die Partei darüber hinweg, stehe sie *in der Luft*, zumal nicht erst die Wahlbeteiligung jenes Verhältnis sanktioniere und ein Nichtwählen es keineswegs aufhebe. Auch er beklage die Beschickung eines Parlaments, das sich Bismarck *gerichtet habe* und schätze die Erfolgsaussichten *gering* ein. Dennoch sei es *Pflicht*, in Berlin die Stimme zu erheben, um späteren Vorwürfen volksparteilicher Untätigkeit begegnen zu können.

Schließlich konnte er argumentieren, dass auch der norddeutsche Demokrat Jacoby[99] seine württembergischen Parteifreunde zur Wahlbeteiligung aufgefordert habe und die dortigen Demokraten ein gemeinsames Vorgehen erwarteten. Dem-

---

[98] Beob. Nr. 8 vom 11. 1. 1868. – Gilt für gesamte Rede Mayers.
[99] Vgl. zu Johann Jacoby (1805–1877) SILBERNER, Edmund, in: NDB 10 (1974), S. 254 f.

gegenüber bedeute die Enthaltung, dass man den Gegnern das Feld überlasse, *der Trägheit und Gleichgültigkeit des Volks* Vorschub leiste, letztlich die *Gesinnungstüchtigkeit zur Tugend* erkläre und damit negative Auswirkungen nicht nur für die kommenden Kammerwahlen, sondern auch für die Zukunft der Partei zu befürchten habe[100].

Oesterlens Argumente, die durch seine Ablehnung des Zollvertrags in der Kammer[101] eigentlich eine erhöhte Glaubwürdigkeit besaßen, vermochten dennoch nicht zu überzeugen. Eine große Majorität folgte Mayer, dessen Ausführungen ganz offenbar mehr der Stimmungslage der Demokraten entsprachen. Die Ursache hatte wohl Becher artikuliert, der, Mayer unterstützend, erklärte, die *Stärke* der Partei beruhe vor allem auf ihren *moralischen* Erfolgen – und darauf hatte Mayer ja vor allem gezielt. Obwohl man in abschließenden Toasten die Hoffnung auf Vermeidung einer Spaltung betonte[102], sollte dieser Prozess nun unaufhaltsam fortschreiten.

Zunächst wurde Oesterlen jedoch erneut ins Landeskomitee gewählt, er erhielt 163, Mayer 170 Stimmen[103]. Sein Ansehen in der Partei war also ungebrochen; man hoffte, der Konflikt sei beigelegt. Mehrfach plädierte das Parteiblatt mit den Argumenten Mayers für die Nichtbeteiligung an den Wahlen[104]. Als sich jedoch das Landeskomitee Mitte Februar 1868 konstituierte – Mayer wurde zum Vorsitzenden gewählt –, verließ Oesterlen das Gremium[105].

Wenig später gab er seinen Entschluss bekannt, in Übereinstimmung mit den *entschiedensten Gegner*[n] *der Verpreußung in Süddeutschland* an den Wahlen teilzunehmen, um in *Berlin den großpreußischen Tendenzen* […] *vom particularistischen und ultramontanen* sowie *vom deutschen und demokratischen Standpunkte entgegenzuwirken.* Seiner Erklärung schlossen sich die demokratischen Abgeordneten Breuning, Deffner, Nägele, Tafel und Wolbach[106] an[107]. Scheinbar resignierend quittierte der ‚Beobachter' diesen Schritt mit der Erklärung, man werde den *abenteuerlichen Marsch* nach Berlin nicht verhindern[108].

---

[100] Alle Aussagen Oesterlens in: Beob. Nr. 6 vom 9.1. und Nr. 9 vom 12.1.1868.

[101] Vgl. RUNGE, Volkspartei, S. 136.

[102] Alle Berichte zur Landesversammlung in Beob. Nr. 5–9 vom 8.–12.1.1868.

[103] Beob. Nr. 12 vom 16.1.1868.

[104] Vgl. RAPP, Württemberger, S. 269.

[105] Beob. Nr. 40 vom 18.2.1868.

[106] Vgl. zu den Genannten die – z.T. bereits erwähnten – Kurzbiographien bei RABERG, Handbuch, S. 101 f., 130-132, 599 f., 918-920, 1032.

[107] Beob. Nr. 45 vom 23.2.1868.

[108] Beob. Nr. 46 vom 24.2.1868. Allerdings wurde betont, dass aus der *Abweichung* vom Beschluss der Mehrheit zu gegebener Zeit noch Lehren zu ziehen seien. Vgl. BRANDT, Parlamentarismus, S. 776.

In dem nunmehr einsetzenden Wahlkampf[109] befanden sich die demokratischen Bewerber in einer „unheiligen Allianz"[110] mit der Regierung gegen die „preußische" Deutsche Partei. Oesterlen, in dem wie anderswo eigens gebildeten, von Hall bis Vaihingen reichenden Wahlkreis kandidierend, fand überall große Zustimmung[111]. Er errang so bei den am 24. März 1868 nach dem demokratischen Wahlrecht des Norddeutschen Bundes stattfindenden Wahlen einen überragenden Sieg über seinen deutschparteilichen Gegenkandidaten. Ähnlich günstig schnitten auch seine Mit-Dissidenten und die Kandidaten der Regierung ab. Die Deutsche Partei errang kein einziges Mandat; man zählte 154.000 „deutsche" gegen 46.000 „preußische" Stimmen[112].

Während die Berliner Verhandlungen und die Aktivitäten der Demokraten[113] hier nicht behandelt werden, soll vielmehr die Eskalation des Konfliktes zwischen Mayer und Oesterlen verfolgt werden. An einer von letzterem mitunterzeichneten Erklärung der süddeutschen Abgeordneten[114] übte der ‚Beobachter' bereits Kritik, da dort von nationale[n] Pflichten und deren Erfüllung die Rede war[115]. Später, bei der noch zu behandelnden Etablierung der DVP in Stuttgart im September, war Oesterlen nur noch als schweigender Besucher anwesend. Im Vorfeld bzw. zu Beginn der Kammerverhandlungen im Dezember 1868 – Oesterlen hatte sein Haller Mandat behauptet, Mayer kam erstmals in die Kammer – folgte die Trennung der Linken. Neben dem Club der von Mayer geführten Volkspartei formierte sich ein solcher der Großdeutschen, an dessen Spitze Oesterlen, Probst und Fricker[116] traten. Wie Oesterlen seinen Haller Wählern erläuterte, wolle man eine mehr parlamentarische und praktische als agitatorische und ideale Aufgabe erfüllen[117] – das unterschiedliche Streben beider Seiten war so klar definiert.

Obwohl der ‚Beobachter' betont hatte, beide Clubs wollten trotz der Absonderung in den meisten Fragen einverständlich handeln[118], kam es wenig später bereits zum Streit. Das Parteiblatt machte insbesondere Oesterlen dafür verantwortlich,

---

[109] JANSEN (Einheit, S. 557) und EGELHAAF (Mayer, S. 277) sehen diesen von Mayer organisiert. Tatsächlich unterstützte das Parteiblatt, dem ja keine Alternative blieb, die eigenständigen Wahlkämpfe der Bewerber (vgl. dazu vor allem RAPP, Württemberger, S. 270 ff.) nur sozusagen ‚zähneknirschend'.

[110] BRANDT, Parlamentarismus, S. 776.

[111] Vgl. dazu etwa Haller Tagblatt Nr. 60 vom 12.3.1868.

[112] RAPP, Württemberger, S. 286.

[113] Vgl. dazu ebd., S. 289 ff.; SCHÜBELIN, Zollparlament, S. 103 ff.

[114] Beob. Nr. 122 vom 27.5.1868.

[115] Beob. Nr. 126 vom 31.5.1868.

[116] Vgl. zu Carl Fricker (1830–1907) die Kurzbiographie bei RABERG, Handbuch, S. 223.

[117] Haller Tagblatt Nr. 4 vom 6.1.1869.

[118] Beob. Nr. 286 vom 8.12.1868 – auch zur Etablierung der beiden Clubs. Auch Oesterlen betonte seine fortbestehende Übereinstimmung mit den volksparteilichen Grundprincipien. Haller Tagblatt Nr. 4 vom 6.1.1869.

dass die besonders von Mayer betriebene parlamentarische Adresse – die Antwort auf die königliche Thronrede – mit einem Misserfolg endete[119].

Dieser Vorwurf wurde auf der Landesversammlung vom Januar 1869 in Abwesenheit Oesterlens wiederholt. Zugleich konstatierte man dort, die aus der Fraktion Ausgeschiedenen hätten *sich der unerlässlichen und vollberechtigten Parteidisciplin* schon seit längerem entzogen und so der Partei geschadet. Daher stelle ihr *Ausscheiden [...] einen Gewinn* dar, die Partei könne *keine Ministerkandidaten oder sonstige Stellenjäger* dulden[120]. Nach diesen harten Vorwürfen wurde Oesterlen wenig später unterstellt, *Verzicht auf den Widerstand gegen die preußische Vergewaltigung* geleistet zu haben[121].

Der Höhepunkt des Konfliktes folgte dann im Sommer 1869. Mayer nahm eine Rede Oesterlens in Tübingen zum Anlass, ihm vorzuwerfen, *in unversöhnlichem Widerspruch* zu den Parteibestrebungen zu stehen[122]. Anschließend publizierte Mayer unter dem Titel *Falsche Fragen* eine Generalabrechnung, die sich über drei Ausgaben des Parteiblattes erstreckte[123]. Sein im Interesse der *Klarheit* erstelltes Sündenregister, die alten Streitpunkte neu aufrollend, bezichtigte den Angegriffenen einer *Gesinnung [...], die alles eher sein kann als volksparteilich*. Der *innere Zwiespalt* sei *am deutlichsten* in der Kammer während der – noch zu behandelnden – Adressdebatte[124] deutlich geworden, als Oesterlen *Liebedienerei gegen den preußischen Vergewaltiger und [...] Dienstgefälligkeit gegen das [...] Ministerium* betrieben habe. In seiner chronologischen Auflistung bezeichnete Mayer die Wahl zum Zollparlament *als erste offene Differenz* mit der Partei. Ungeachtet seiner Minderheitsposition und trotz *inständigsten Bitten* habe Oesterlen, die drohende Spaltung ignorierend, seinen Willen durchgesetzt und das Landeskomitee verlassen. In diesem und anderen Ämtern habe er keineswegs *eine dienstliche Berufung*, sondern vielmehr *eine Art von Ministerium* gesehen und damit den *Unterschied zwischen constitutioneller und demokratischer Auffassung* demonstriert.

Nächster Kritikpunkt war dann die Berliner Erklärung der süddeutschen Zollparlamentarier, die, von Oesterlen wesentlich beeinflusst, *als ein eigenmächtiges und ganz unnöthiges Aufgeben der Parteiposition* galt. Als *entscheidende Erweiterung* sah Mayer dann die Absonderung Oesterlens und seiner Freunde vom parlamentarischen Club der Partei. Obwohl sie ihre fortbestehende Parteimitgliedschaft

---

119 Beob. Nr. 300 vom 24.12.1868. Vgl. dazu auch ADAM, Verfassung, S. 146 f.

120 Beob. Nr. 9 vom 13.1.1869.

121 Beob. Nr. 23 vom 29.1.1869. Oesterlens sachliche und konziliante, mit schlüssigen Argumenten versehene Erwiderungen bleiben hier ausgespart. Vgl. dazu MÜLLER, Oesterlen, S. 73 ff.

122 Versammlungsbericht im Beob. Nr. 168 f. vom 22.7.1869 f. Oesterlen hatte sich dort u.a. versöhnlich über seine *Differenz* mit den *Freunden des Beobachters* geäußert und seine fortbestehende Parteimitgliedschaft betont. Das Zitat aus einer redaktionellen Anmerkung in Nr. 169.

123 Beob. Nr. 175–177 vom 30.7.–1.8.1869. Daraus das Folgende.

124 Siehe S. 74.

betonten, gelte dort der Grundsatz, der Partei *von der Sohle bis zum Wirbel* anzugehören und *verpflichtende Beschlüsse* mitzutragen. Daher habe die *peinliche Untersuchung* zum Ziel, Gefahren für die Partei wie etwa die *Lockerung* ihrer Prinzipien abzuwehren. Bezogen auf seine Ausführungen in Tübingen attestierte Mayer Oesterlen Monarchist zu sein, obwohl die Partei diese Frage bewusst offen lasse.

Schließlich wurde dem Angegriffenen vorgeworfen, sich während der Adressdebatte *auf die Seite* der Parteigegner in und außerhalb der Regierung gestellt und so ein System *des constitutionellen Scheinapparats* gestützt zu haben. Oesterlens Verbindung mit seinem *neue[n] Freund* Mittnacht[125], dem Justizminister, sei mehr als ein *harmloses Verkehren zweier Gegner,* vielmehr sei der Eindruck entstanden, der Minister habe *selbst bis in die Volkspartei hineingewirkt,* während Oesterlen seine *Pflicht der Rechenschaft gegen die Partei* ignoriere.

Das Fazit der Abrechnung lautete dann, der so massiv Angegriffene sei dort *von der Partei abgekommen,* [...] *wo aufrichtiger und Scheinconstitutionalismus sich scheiden.* Er habe das Ministerium *gerettet* und ganz Süddeutschland *Schaden* zugefügt.

Wenige Tage später erfolgte die Antwort von Oesterlens Haller Wählern, die Mayer zur Entscheidung aufgerufen hatte. Der dortige Volksverein sprach seinem Abgeordneten nicht nur sein *fortdauerndes unerschüttertes Vertrauen* aus, sondern betonte auch die *Gefahr* einer solchen *Polemik* [...] *gegen erprobte Volksmänner* für Partei und Volk[126]. Oesterlen hatte in Hall die Vorwürfe unter großem Beifall widerlegt und den *versteckte[n] Bezicht,* Opposition *nur zum Schein* zu treiben als niederträchtig bezeichnet. Sein Ausscheiden aus dem volksparteilichen Abgeordnetenclub begründete er mit dem gegen ihn und Nägele durch einen Dritten – gemeint war Haußmann – gesäten *Mißtrauen*[127].

Der *Bannstrahl des* ‚Beobachters‘[128] hatte vor ihm wie angedeutet auch Nägele getroffen[129]. Vordergründig schien die Abrechnung mit den beiden Parteiveteranen eine Neuauflage der Parteischeidung von 1864 zu sein. Tatsächlich bestand jedoch ein erheblicher Unterschied: Weder Oesterlen noch Nägele, beide allerdings keine ‚braven Parteisoldaten', vertraten preußische, d.h. deutschparteiliche Positionen. Vielmehr orientierte sich vor allem Oesterlen an den realen Verhältnissen, ohne dabei seine demokratischen Grundüberzeugungen aufzugeben[130]. Für die Parteigeschichte markierte der Konflikt eine Zäsur. Es sollte sich zeigen, ob die durch Re-

---

[125] Vgl. zu Hermann von Mittnacht (1825–1909) etwa die Kurzbiographie bei RABERG, Handbuch, S. 568–570.

[126] Beob. Nr. 181 vom 6.8.1869.

[127] Haller Tagblatt Nr. 178 f. vom 3. und 4.8.1869.

[128] So Oesterlen im Landtag, VKdA vom 12.3.1870, S. 316.

[129] Vgl. BRANDT, Parlamentarismus, S. 783 f. Es erstaunt, dass Brandt den Konflikt mit dem ungleich wichtigeren Oesterlen nicht erwähnt.

[130] Für ihn stand fest, die Volkspartei könne auf dem Kurs Mayers (und Haußmanns) *wohl für die Zukunft, aber nicht für die Gegenwart wirken.* Rede in Hall, Haller Tagblatt Nr. 104 vom 6.5.1869.

volutionserfahrungen und einen moralisch-ideologischen Rigorismus geprägte Idealpolitik der beiden Parteiführer den kommenden Herausforderungen standhalten konnte. Parteipolitisch hatte dieser Kurs zur Konsequenz, die Abweichler und vom wahren „Volksgeist" Abgekommenen[131] mit eiserner Faust zu bekämpfen. Schließlich sollte die Fraktion als „Arm der Parteiorganisation in der Kammer" fungieren[132]. Dies beinhaltete das imperative Mandat und somit die Unterwerfung unter die Gralshüter der Parteiräson – für Oesterlen war dies völlig inakzeptabel.

Friedrich Payer[133] hat diese Verhältnisse im Rückblick prägnant beschrieben: Die *alten Führer* – Mayer und Haußmann – hätten *in den sechziger Jahren* [...] *strengste Subordination* verlangt. Für ihn stand fest, dass die Partei *darunter gelitten hatte, dass allmählich eine Anzahl bedeutender Männer aus derselben gedrängt wurde, weil sie ihre Selbständigkeit behaupteten*[134].

Es erscheint im Kontext des dargestellten Konfliktes pikant, dass Mayer das Resultat der von ihm so vehement bekämpften Teilnahme an den Zollwahlen später mehrfach geradezu glorifizierte[135]. In seiner Neujahrsbetrachtung für 1869 konstatierte er, die Schwaben hätten damit Bismarck, *dem Erschütterer Europa's*, dem *pommer'sche*[n] *Junker mit dem dämonischen Blick* [...] *einen Strich durch seine Rechnung* gemacht, die auf *Ueberbrückung des Mains* zielte[136]. Letztlich gestand er damit indirekt seine ursprüngliche Fehleinschätzung ein.

4. *Gegen die Elendigkeit der vaterländischen Zustände*[137] – Die Entwicklung bis zum Kriegsbeginn 1870

Nach dieser Konfliktschilderung gilt es, die Betrachtung des volksparteilichen Kampfes an verschiedenen Fronten wieder aufzunehmen. Wie bereits angedeutet hatte die Landesversammlung Anfang Januar 1868 die Agitation gegen das in Vorbereitung befindliche Kriegsdienstgesetz und die Regierungspläne zur Verfassungs- und Verwaltungsreform beschlossen. Die von Mayer begründete Petition an die Kammer gegen das Kriegsdienstgesetz forderte dessen Verwerfung, weil es Württemberg *zum Verderben seiner Selbständigkeit und Freiheit an Preußen* fessele, eine viel zu lange Präsenz verlange, im *Widerspruch* zur allgemeinen Wehrpflicht stehe und die Reichen privilegiere[138]. Innerhalb kürzester Zeit gelang es,

---

[131] Vgl. dazu RAPP, Württemberger, S. 324 ff.

[132] RUNGE, Volkspartei, S. 110.

[133] Vgl. zu Friedrich von Payer (1847–1931) etwa die Kurzbiographie bei RABERG, Handbuch, S. 648–650.

[134] PAYER, Friedrich: Autobiographische Aufzeichnungen und Dokumente, bearbeitet von Günther BRADLER, Göppingen 1974, S. 127 f.

[135] Vgl. dazu auch seine anschließend behandelten Reden in Besigheim und Wien von 1868.

[136] Beob. Nr. 1 vom 1.1.1869.

[137] Beob. Nr. 35 vom 12.2.1868 aus dem wohl von Mayer stammenden Leitartikel *Ein deutsches Wort an Deutschöstreich*.

[138] Der Wortlaut der Petition im Beob. Nr. 6 vom 9.1.1868.

etwa 27.000 Unterschriften für die Petition zu erlangen. Während die Kammer jedoch die Regierungsvorlage annahm, konnte die Volkspartei einen Teilerfolg verbuchen, war doch die Präsenszeit von drei auf zwei Jahre reduziert worden[139].

Die auf den 8. Juli 1868 ausgeschriebenen Kammerwahlen fanden unter neuen Bedingungen statt. Sozusagen als Abschlagszahlung auf die geforderte Verfassungsrevision war das allgemeine, gleiche, unmittelbare und geheime Männerwahlrecht eingeführt worden. Das demokratische Wahlprogramm[140] erhob die erwähnten Forderungen und griff den mit dem Schutz- und Trutzbündnis unvereinbaren Südbundgedanken wieder auf[141]. Damit stand man, anders als bei den Zollwahlen, wieder im Gegensatz zur Regierung.

„Hauptsächlich" auf die „Bitten" Haußmanns[142] bemühte sich auch Mayer um ein Mandat. Später begründete er diesen Schritt auf den *ihm fremden und seiner Natur nicht zusagenden parlamentarischen Boden* mit dem Verhalten Oesterlens[143]. Seine Bewerbung erfolgte im Oberamt Besigheim und war insofern symbolträchtig, als der Bezirk zuvor von Hölder vertreten wurde, der nun – erfolgreich – in Göppingen kandidierte.

Seine Wahlrede in Besigheim – er sprach auch in anderen Bezirksorten und warb zusätzlich in anderen Bezirken für die Partei – behandelte das gesamte Spektrum des Programms. Zudem lobte er seinen *ehemaligen Freund* Hölder für dessen frühere Verdienste; nunmehr verfolge dieser jedoch das *Trugbild der Einheit durch Blut und Eisen*. Die jetzige Entscheidung fordere das Urteil über Preußens Politik von 1866, nachdem die Wahl zum Zollparlament – der Streit innerhalb der Partei blieb unerwähnt – bereits den *unbeugsamen Sinn der Schwaben*, die nicht *in die Machtsphäre* des Nordbundes wollten, bewiesen habe.

Gegen den *unerträglichen Zustand*, dass *10 Millionen Oestreicher aus unserer Gemeinschaft hinausgestoßen* seien und gleichzeitig Süddeutschland *bei der geringsten Kriegsgefahr allen möglichen Einflüssen preisgegeben* wäre, propagierte er den Südbund unter Einbeziehung Österreichs[144]. Damit solle jedoch *kein Trutz-*

---

[139] Vgl. dazu Brandt, Parlamentarismus, S. 753 f.; Rapp, Württemberger, S. 263 ff.; Runge, Volkspartei, S. 137.

[140] Beob. Nr. 133 vom 10.6.1868. Es wurde von Haußmann verfasst, die Kandidatenaufstellung erfolgte auf dem Asperg, wo sich das Landeskomitee mit dem dort einsitzenden Mayer traf. Rapp, Württemberger, S. 304, Anm. 2. Aus nationalliberaler Sicht war das Programm nicht nur eine *brüske Kriegserklärung gegen Preußen* (Grenzboten II, I, 1868, S. 150), sondern auch *das Werk einiger Doctrinäre*, die die Partei mit ihrem *terroristischen Fanatismus* beherrschten. Grenzboten I, II, 1868, S. 507.

[141] Mayer (und Oesterlen) hatten zuvor auf der Landesversammlung das Projekt als gescheitert bezeichnet. Vgl. auch zum Folgenden Runge, Volkspartei, S. 127 f. Nunmehr war es vor allem Mayer, der sich erneut dafür einsetzte. Vgl. S. 76, Anm. 144.

[142] Vgl. dessen Rede in Mühlacker vom 21.6., abgedruckt bei Henning, Die Haußmanns, hier S. 232.

[143] Beob. Nr. 181 vom 6.8.1869, Anm. 8.

[144] Die Idee der Verbindung (Deutsch)Österreichs mit dem Südbund wurde indirekt in einem *Beobachter*-Mahnruf Mayers (*Ein deutsches Wort an Deutschöstreich*) formuliert:

preußen entstehen. Vielmehr würden Verträge zwischen Nord- und Südbund und Österreich preußische *Uebergriffe* und ausländische Einmischung verhindern und zugleich ein *Bindeglied* für ganz Deutschland schaffen. Erst danach gelte es, gesamtdeutsche Bündnisse und Handelsverträge abzuschließen. Mayer verurteilte dann das Kriegsdienstgesetz, das *zu große Opfer verlange und die [...] Jugend zur Auswanderung treibe* und wies gegnerische Verdächtigungen seiner Partei als vertragsbrüchig, isolationistisch und republikanisch zurück.

Im zweiten Teil seiner Rede thematisierte Mayer vor allem die württembergische Verfassungsreform. Während er das neue Stimmrecht als *großen Fortschritt* sah, reklamierte er, dass die weiteren alten Forderungen wie die *Beseitigung der Privilegierten* aus der zweiten Kammer und der Wegfall der fortschrittshemmenden ersten Kammer noch immer unerfüllt seien. Er forderte für die Kammer das Recht auf Gesetzesvorschläge und *parlamentarische Untersuchungen*, ihre Dauer sei auf drei Jahre zu beschränken. Zur Forderung einer volksnahen Verwaltung gehöre die Beseitigung lebenslänglicher Ortsvorsteher[145].

Mayers Gegner waren mit zahlreichen Leserbriefen (*Eingesendet)* und Aufrufen aktiv. Zwar bescheinigten sie ihm eine gemäßigte Sprache, für sie stand jedoch fest, dass seine Ziele *zuletzt zum Umsturz* führten, schließlich seien seine *Hetzereien [...] über die Grenzen Württembergs bekannt und berüchtigt*[146]. Dagegen wurde sein Gegenkandidat, der Stuttgarter Stadtrat Single, als *Mann, der Vorwärts will, ohne alles Bestehende über den Haufen zu werfen* gelobt[147]. Allerdings plädierten auch Gegner Mayers für Hölder und ließen so erkennen, dass sie den Regierungsmann Single als Mayer nicht ebenbürtig ansahen, zumal er auch an dessen Eloquenz nicht heranreichte.

Mayer konnte schließlich einen glänzenden Erfolg verbuchen. Er erhielt 2.417, Single nur 774 Stimmen, während 213 Wähler sich für den nicht kandidierenden Hölder entschieden[148]. Mit landesweit insgesamt 45 Mandaten hatte sich die Linke, Volkspartei und Großdeutsche, gegen Regierung und Deutsche Partei durchgesetzt[149]. Mit der Einberufung der Kammer im Dezember sollte sich zeigen, wie sich das neue Kräfteverhältnis auswirkte.

Inzwischen sah Mayer, wie schon 1865 in Bremen, mit dem Wiener Schützenfest vom Sommer 1868 eine Gelegenheit zur Agitation, die über den ‚Beobachter' hin-

---

Deutschland wird unfrei unter Preußen, wenn Deutschöstreich sich seiner Pflicht entzieht. Beob. Nr. 35 vom 12.2.1868.

[145] Neckar- und Enzbote vom 27. und 30.6.1868.

[146] Ebd. vom 7.7.1868.

[147] Ebd.

[148] Ebd. vom 11.7.1868. Frau Eisele vom Stadtarchiv Bietigheim-Bissingen sei für die Beschaffung der Quellen herzlich gedankt.

[149] Zu den Wahlen ausführlich RUNGE, Volkspartei, S. 141 ff.; vgl. auch RAPP, Württemberger, S. 303 ff.

aus auch in der heimischen Provinzpresse ihren Niederschlag fand. Während er zunächst bei einem Bankett im Namen der DVP für die Wiederherstellung des ganzen Vaterlandes eintrat[150], nutzte er, *stürmisch begrüßt*, eine Volksversammlung der DVP um in einer „großdeutsche[n] Verbrüderungsrede"[151] für den Südbund zu werben. Er allein sei das Mittel, um *aus dem Elende der Zerstückelung herauszukommen* und entstamme der *reinen Brust des Volkes*.

Wiederum beklagte er die traurigen Verhältnisse Süddeutschlands, das, geknebelt durch einen *nachträglich* zu einem *Erpressungsvertrage für den preußischen Militarismus* verfälschten Zollvertrag sowie ein Bündnis in den Stand preußischer *Heloten* versetzt worden sei. In dieser Situation benötige es den *Schutz* Österreichs, um sich selbst mit einem Volksheer nach Schweizer Vorbild schützen zu können. Voraussetzung dazu sei eine militärische Einigung sowie eine *parlamentarische Vertretung des Südens* durch einen *Reichstag*, der die *auswärtigen Angelegenheiten* regele.

In und mit dem *so verketzerte[n] Südbund*, der ja *ursprünglich ein preußischer Gedanke* gewesen sei, werde weder die Einmischung Frankreichs gesucht noch widerstrebe man der Verbindung *mit dem großen preußischen Volke*. Er solle vielmehr den *Cäsarismus* überwinden, *neues Blutvergießen* verhindern und allein der deutschen Einheit dienen. Zudem sei es der Weg, auch Österreich wieder nach Deutschland zurückzuführen[152]. Gemäß der utopischen Gedankenwelt Mayers sollten die Reichstage Nord- und Süddeutschlands sowie Österreichs durch ein *Zusammentreten* Gemeinsames regeln; die *Bildung eines einheitlichen Reichsrathes* würde zusätzlich im Sinne der Einheit wirken. Er warb für seine Pläne um *ein starkes Echo der Zustimmung*, das es ermöglichen sollte, den ministeriellen *Widerstand* zu überwinden. Dieser Wunsch erhielt jedoch sogleich einen Dämpfer, sprachen sich doch Wiener Arbeiterführer dort dafür aus, den *Anschluß an die Bestrebungen der europäischen Social-Demokratie* zu suchen[153].

Unverdrossen schrieb Mayer anschließend noch ein euphorisches Loblied auf Wien (*Stätte der Freiheit*), dessen Ausschluss aus Deutschland nicht vorstellbar sei[154]. Seine Hoffnungen auf Österreich wie auf die süddeutschen Nachbarn blieben jedoch utopisches Wunschdenken, das von den Demokraten allerdings vorerst nicht aufgegeben wurde.

Etwa vier Wochen nach seiner Rückkehr aus Wien konstituierte sich „auf einem glänzenden Parteitag" die DVP und gab sich ein „meisterhaftes Programm"[155]. Die

---

[150] Beob. Nr. 177 vom 1.8.1868.
[151] Rapp, Württemberger, S. 309.
[152] Vgl. in diesem Zusammenhang Mayers *deutsches Wort an Deutschöstreich* (Beob. Nr. 35 vom 12.2.1868), in dem er Österreich an dessen deutsche Pflicht erinnerte.
[153] Beob. Nr. 181 vom 6.8.1868.
[154] Beob. Nr. 185 vom 11.8.1868. Zur Wien-Reise vgl. auch Rapp, Württemberger, S. 308 ff. und Runge, Volkspartei, S. 118 f.
[155] So Payer, Vor 50 Jahren, S. 45.

lange Vorbereitungsphase[156] kulminierte in der Bamberger Versammlung vom September 1867. Ein dort eingesetzter Ausschuss, dem auch Mayer und Haußmann angehörten, war anschließend vor allem mit der Formulierung des Programms beschäftigt. Dieses, maßgeblich beeinflusst durch Johann Jacoby[157], bekannte sich zum demokratischen Freiheits- und Gleichheitsprinzip, formulierte das Recht auf Selbstbestimmung für jeden Volksstamm und erstrebte einen freiheitlichen Bundesstaat für alle Deutschen – also auch den Einschluss Österreichs.

Wie bei seinem Wahlkampf in Besigheim und beim Wiener Schützenfest warb der Versammlungsvorsitzende Mayer erneut für den *aus der Noth* geborenen Südbund, der allein einen *Wall gegen die Gewalt* biete. Mit diesem Gedanken sei der *Volksboden* im Interesse der ganzen Nation zu pflügen. Ähnlich wie in Wien betonte er, dass man Preußen keineswegs *feindselig und herausfordernd* entgegentrete, sondern nur erstrebe, *zu Oestreich in dasselbe Verhältniß* [...] [*zu*] *treten wie zu Preußen,* um so *das nationale Band* beizubehalten.

Es gelang ihm, die Südbundidee, wenn auch gegen Widerstand, als Programmergänzung durchzusetzen. Damit hatten die Württemberger „ihr nationalpolitisches Konzept" der Gesamtpartei „aufgezwungen"[158].

Ein weiteres wichtiges Ergebnis des Parteitages war die Klärung des Verhältnisses zu den Arbeitervereinen. Das Programm postulierte die untrennbare Verbindung staatlicher und gesellschaftlicher Fragen, indem es erklärte, dass sich *die wirtschaftliche Befreiung der arbeitenden Klassen und die Verwirklichung der politischen Freiheit gegenseitig bedingen*[159]. Diese sozialpolitische Zäsur erfordert einen kurzen Rückblick auf die nicht unproblematische „Bundesgenossenschaft"[160].

Mayer, der im September 1865 am Stuttgarter Vereinstag der Arbeitervereine für die Ziele der Volkspartei warb[161], hatte bereits vorher im ,Beobachter', der als Verbandsorgan der württembergischen Arbeitervereine diente, *Anspruch* [...] *auf die Gefolgschaft* der Vereine erhoben. Er war bemüht, den Einfluss der werdenden

---

[156] Vgl. dazu etwa Langewiesche, Liberalismus und Demokratie, S. 358 ff.
[157] Der *geistige Führer der Partei* hatte ein Telegramm geschickt und war so *im Geiste* anwesend. Beob. Nr. 222 vom 23.9.1868.
[158] Langewiesche, Liberalismus und Demokratie, S. 361. Die Dominanz der Württemberger kam auch dadurch zum Ausdruck, dass Stuttgart „Vorort" wurde und Mayer als Vorsitzender fungierte. Ebd.
[159] Das Parteiprogramm bei Salomon, Felix: Die deutschen Parteiprogramme, H. 1: Von 1848–1871, Leipzig/Berlin 1907, S. 88 f. Zur Gründungsversammlung Beob. Nr. 221–225 vom 22.9.1868 ff., Zitate aus Nr. 225.
[160] Vgl. dazu Runge, Volkspartei, S. 155 ff.; Schmierer, Wolfgang: Von der Arbeiterbildung zur Arbeiterpolitik. Die Anfänge der Arbeiterbewegung in Württemberg 1862/63–1878, Hannover 1970, S. 83 ff.
[161] August Bebel (Bebel, August: Aus meinem Leben, Berlin 1980, S. 98) zeichnete ein plastisches Bild seines Auftritts: Der *damals* [...] *gefeierteste Volksredner Württembergs* habe mit *Stentorstimme* gesprochen und mitunter *mit der Faust auf den Tisch* geschlagen, *daß Gläser und Teller tanzten.* Die mit Beifall bedachte Rede wurde allgemein als Plädoyer für die demokratische Republik verstanden.

Deutschen Partei abzuwehren, gegen den das Blatt eifrig agitierte[162]. Der volksparteiliche Anspruch war dabei keineswegs durch „eine sozialpolitische Konzeption"
Mayers und seiner Partei begründet. Vielmehr sahen die Demokraten ihre politischen Ziele auch als solche der Arbeiterschaft[163]; Mayer hatte 1866 erklärt, die Arbeitervereine zielten *nur auf Bildung*[164].

Als sich während des Nürnberger Vereinstages der Arbeitervereine Anfang September 1868 die Arbeiterbewegung spaltete, trat das Gros der württembergischen
Vereine zum großdeutsch-demokratischen Verband Deutscher Arbeitervereine
und damit an die Seite der Volkspartei[165]. Zu Recht sah Mayer hier einen großartigen Sieg, den es zu honorieren galt. Nachdem man *ein ganzes neues Heer von Bun-
desgenossen und Brüdern* gewonnen habe, werde die Partei demnächst *durch* [...die]
Entwicklung ihres Programms beweisen, dass sie *auch den vermehrten Schaaren
Raum* gewähren könne. Zugleich begrüßte er, dass nunmehr die Jugend in den Vereinen die angeblich überparteilichen *politischen Eunuchen* abgelöst habe[166]. Nachdem nun die DVP in ihrem Programm der sozialen Frage Raum gegeben hatte,
setzte Mayer hier einen Akzent. *Mit voller Ueberzeugung* könne man allerdings
nur zum eigenen Programm stehen, was umgekehrt auch für die Arbeiter gelte.
Indirekt versuchte er, die bisherige sozialpolitische Abstinenz zu kaschieren:
Schließlich habe *die Gleichheit* seit jeher auf dem *Banner* der Partei gestanden,
Freiheit und [...] *Bruderliebe* seien ihre *leitenden Grundsätze*[167]. Dennoch hatte er
inzwischen ein neues Bild der Arbeiterbewegung gewonnen. Beim Stiftungsfest
des Arbeiterbildungsvereins Esslingen lobte er die Emanzipation der Arbeiter und
betonte die Verpflichtung der Demokraten zu *ernstlicher Betheiligung an der soci-
alen Verbesserungsarbeit*. Als nächstes gemeinsames Kampfziel proklamierte er
den Widerstand gegen indirekte Steuern und das stehende Heer[168].

Nachdem das Ergebnis und die Konsequenzen der Adressdebatte vom Dezember 1868 bereits behandelt wurden[169], gilt es, das Agieren Mayers in der Kammer zu
betrachten. Er, der parlamentarische Neuling, nutzte die Debatte, um den von ihm
eingebrachten dringlichen Antrag auf Verabschiedung einer Antwort auf die königliche Thronrede zu Formulierungen, „wie man sie in der Kammer bisher nicht
gewohnt war"[170]. So betonte er etwa angesichts der *im Namen der Gleichheit* und
der *menschlichen Vernunft* erhobenen Forderungen auf Abschaffung der ersten

---

162 Vgl. dazu SCHMIERER, Arbeiterbildung, S. 96 (Zitat) ff. und Beob. Nr. 75 vom 1.4.1866.
163 SCHMIERER, Arbeiterbildung, S. 99, vgl. auch RUNGE, Volkspartei, S. 156.
164 Beob. Nr. 7 vom 11.1.1866.
165 Ausführlich dazu SCHMIERER, Arbeiterbildung, S. 115 ff.
166 Beob. Nr. 214 vom 13.9.1868.
167 Beob. Nr. 223 vom 24.9.1868.
168 Beob. Nr. 263 vom 11.11.1868.
169 Vgl. S. 73 f.
170 RAPP, Württemberger, S. 319 (zur Debatte insgesamt S. 316 ff.). Ähnlich auch ADAM, Albert Eugen: Ein Jahrhundert Württembergischer Verfassung, Stuttgart 1919, S. 146.

und der Privilegierten aus der zweiten Kammer, es sei ein Akt demokratischer *Verträglichkeit und Versöhnlichkeit*, dass man trotz aller *Bedenken* [...] *überhaupt* [...] *diesen Boden noch einmal* betreten habe[171]. Solche Aussagen zielten ganz eindeutig auf das „Volk"; Mayer sah in der Kammer eine Art Agitationsbühne. Dies traf auch zu, wenn er an seine Verfolgung durch die von Preußen angestrengten Presseprozesse erinnerte[172], das Nichtreagieren der Regierung auf die Forderung der 43.000 auf Wiederherstellung des Gesetzes vom 1. Juni 1849 kritisierte[173], in seinem Plädoyer gegen die Privilegierten die *Kirche als eine Verknöcherung der Religion* bezeichnete, Bismarck als den *Hecker* des Jahres 1866 charakterisierte[174] oder von der Ablösung der *Monarchieen* [...] *wie die Feudallasten* sprach[175].

Seine Rede vom 19. Dezember 1868 galt zunächst der Werbung für den Südbund als Instrument zur deutschen *Wiedervereinigung*. Man stehe damit auf dem *Boden des Prager Friedens*; zugleich sei der Bund die *Garantie* gegen einen Rheinbund und suche keineswegs *die gewaltsame Zertrümmerung Preußens* oder des Nordbundes. Für die Süddeutschen gelte es, mit einer *deutschen That voran*[zu]*gehen* und so *den Grundstein zur Herstellung des Ganzen* zu legen. Dabei sei weder eine Hegemonie Österreichs im Süden, das ohnehin *scheel* auf den Südbundplan blicke[176], noch eine solche Preußens im Norden zu akzeptieren. Der Werbung für den Südbund, *aus dem die Blume der Einheit sich entfalten* könne, fügte Mayer noch eine bemerkenswerte, an die Adresse der *starren Republikaner* in seiner Partei gerichtete Komponente hinzu: Dieser stelle *keinen Hemmschuh für die republikanische Entwicklung Europas* dar. Schließlich sprach er Außenminister von Varnbüler *das Mißtrauen des schwäbischen Volkes* aus. Nachdem er das Land in den Krieg geführt und den Allianzvertrag geschlossen habe, sei es *nicht gut*, dass er weiterhin Minister bleibe[177].

Die großen Hoffnungen der Demokraten, schon bei den anfänglichen Kommissionswahlen enttäuscht – Mayer wurde nicht in die Adresskommission gewählt –, endeten schließlich in dem schon erwähnten Fiasko[178]. Die Adresse an den König, vom Stuttgarter Oberbürgermeister von Sick[179] „fast in [ihr] Gegenteil verkehrt"[180], fand keine Mehrheit. Damit war auch das Misstrauensvotum gescheitert. Darauf

---

171 VKdA vom 17.12.1868, S. 78 f.
172 VKdA vom 7.12.1868, S. 68.
173 VKdA vom 17.12.1868, S. 78 f.
174 Ebd., S. 79 f.
175 VKdA vom 19.12.1868, S. 162. Diese Aussage wurde vom Präsidenten als ungeziemend gerügt.
176 Diese Erkenntnis Mayers markierte das Ende seiner Hoffnungen auf Österreich.
177 VKdA vom 19.12.1868, S. 161–164. Vgl. zur Adressdebatte insbesondere Rapp, Württemberger, S. 315 ff.; Runge, Volkspartei, S. 108 f.
178 Vgl. S. 74.
179 Vgl. zu Heinrich von Sick (1822–1881) etwa die Kurzbiographie bei Raberg, Handbuch, S. 865.
180 Adam, Verfassung, S. 147.

folgten dann die bereits erwähnten Vorwürfe an Oesterlen. Der Misserfolg seines parlamentarischen Debüts war nicht zuletzt auf Mayers „taktische Ungeschicklichkeit"[181] zurückzuführen, die er später indirekt sogar eingestand: Es werde wohl nicht sein *letzte[r] Fehltritt* im Parlament gewesen sein. Oesterlen hatte ihm vorgeworfen, man dürfe nicht *von der Ablösung der Monarchie* sprechen, *wenn man ein Ministerium stürzen wolle*[182]. Er hätte hinzufügen können, dass auch die Erwähnung des republikanischen Potentials im Südbund keineswegs taktisch klug war, sprach doch Varnbülers Antwortrede von der süddeutschen Republik als Konsequenz der Pläne Mayers[183].

In einer überaus skeptischen Vorschau auf das Jahr 1869 prognostizierte Mayer, angesichts allseitiger Kriegsvorbereitungen sei wohl *nichts Gutes* zu erwarten. Zwar meinte er, die *Schatten* einer Revolution in Frankreich zu erkennen, die *den Hochmuth der Junker beugt und bändigt.* Man dürfe jedoch nicht auf die *Freiheitsarbeit* anderer bauen. Sofern die Volkspartei Einfluss nehmen könnte, würde dieser auf die Erhaltung des Friedens zielen, drohe doch Süddeutschland für den Kriegsfall, auf welcher Seite es auch stehe, das Schicksal der *Beute.* Dieser schon zuvor geäußerten Sorge setzte er erneut den Südbundplan entgegen. Als *Rettungsruf* des Volkes werde er allerdings von den süddeutschen Regierungen kaum verstanden[184]. So drohe die Abwendung der Menschen von den Regierenden – dagegen werde seine Partei am Volk *nie verzagen*[185].

In der politischen Windstille des Jahres 1869 – der Landtag wurde nicht einberufen – wirkte die Schrift eines sächsischen Offiziers unter dem Decknamen „Arkolay" wie ein Paukenschlag. Sie trug den alarmierenden Titel *Der Anschluß Süddeutschlands an die Staaten der preußischen Monarchie, sein sicherer Untergang bei einem französisch-preußischen Krieg.* Dieses vehemente Plädoyer für eine süddeutsche Neutralität[186] war dem ‚Beobachter' natürlich hochwillkommen. Über mehrere Ausgaben veröffentlichte das Blatt ausführliche Auszüge und forderte die Parteigenossen zur Lektüre auf. Die Schrift wirke *wie ein Gewitter* und reinige *die Luft von preußischen Großmachtsdünsten*[187].

Als auf diesen *zerschmetternden Hammerschwang* eine Gegenschrift durch einen süddeutschen Offizier (*Borussomane*) folgte, wetterte das Parteiblatt gegen die dort eingestandene Preisgabe Süddeutschlands zur *französischen Occupation und*

---

[181] RUNGE, Volkspartei, S. 109.

[182] Beob. Nr. 181 vom 6.8.1869 (mit Anm. 8).

[183] VKdA vom 19.12.1868, hier nach dem Abdruck der Rede im Haller Tagblatt Nr. 12 ff. vom 16.1.1869 ff.

[184] Auch während der anschließenden Landesversammlung bekräftigte Mayer das Festhalten seiner Partei am Südbundgedanken. Beob. Nr. 8 vom 12.1.1869.

[185] Beob. Nr. 1 vom 1.1.1869. Weitere Beispiele für die Berufung des Parteiorgans auf das von ihm „als Diener der öffentlichen Meinung" zu leitende Volk bei RAPP, Württemberger, S. 326.

[186] Zum Inhalt der Schrift RAPP, Württemberger, S. 328 f.

[187] Beob. Nr. 48 vom 27.2.1869.

Ausraubung zu Kriegsbeginn und zog zudem gegen die hohen Kriegslasten, die Bindung an Preußen und insbesondere gegen das Kriegsdienstgesetz (*Fluchgesetz*) zu Felde[188].

Nachdem die Südbundhoffnungen sich immer mehr als unrealistisch erwiesen hatten[189], beschloss die demokratische Landesversammlung am 18. April 1869 die Konzentration auf ein innenpolitisches Programm zur Reform der Verfassung, der Verwaltung und des Steuerwesens; in *der Freiheit der Einzelstaaten* liege *die einzige Hoffnung* zur *Wiederherstellung des [...] zerrissenen Vaterlandes*. Mayer, inzwischen erneut zum Vorsitzenden des Landeskomitees gewählt, begründete diese Strategie als Widerstand gegen die 1866 geschaffenen Verhältnisse; der zu artikulierende Volksprotest sollte zugleich der um sich greifenden *verderblichen Gleichgiltigkeit* entgegenwirken. So präsentierte er der Regierung ein umfangreiches und schonungsloses Sündenregister, habe sie doch nur beim Bahnbau *rastlose Thätigkeit* entfaltet und die Besoldung der Staatsdiener verbessert. Ansonsten seien vor allem Millionen für ein Heeressystem verschwendet worden, das *eine sklavische und geistlose Nachahmung des preußischen* darstelle und dem Land *die schwersten Entbehrungen* auferlege.

Mayers Kritik gipfelte in dem Vorwurf jahrzehntelanger Untätigkeit, die das Land *in überlebten, beengenden Formen* belassen und so jede *fortschrittliche Entwicklung* gehemmt habe. Die Verwaltung sei unverändert, Selbstbestimmung und –verwaltung unerfüllt geblieben, die Lebenslänglichkeit der Ortsvorsteher bestehe als eine der *Plagen* des Landes fort. Zum Steuerwesen sei zwar ein Gesetzentwurf vorhanden, der jedoch das von der Wissenschaft geforderte System direkter Steuern ignoriere, höhere Lasten für die Armen bringe, mit neuen *Complicationen* verbunden sei und so den Charakter eines *bureaukratischen Bastards* besitze.

Wie schon früher warb er für die überfällige Verfassungsreform als Verwirklichung der angeborenen Rechtsgleichheit, sie sei zugleich *Voraussetzung aller übrigen reformierenden Thätigkeit* und bedinge die Aufhebung aller Standesrechte. Zudem sei das einzelstaatliche Einkammersystem *Voraussetzung* für einen wie auch immer gearteten Bundesstaat. In diesem Zusammenhang kritisierte er die fraglos vorhandene *Kammerscheu* der Regierung, die durch seltene und kurzzeitige Einberufungen den *Ständesaal zu einer Antichambre* degradiert habe. Von einem wahren parlamentarischen Leben könne daher nicht gesprochen werden. Mayer rief seine Parteigenossen zu Aktivitäten wie Vereinsgründungen und Versammlungen auf und konstatierte, Württemberg habe jetzt *viel in seiner Hand*, um der *Verpreußung* entgegenzuwirken. Sein Schlussappell lautete: *Arbeiten wir zunächst auf unserem eigenen Boden [...], aber die Augen immer gerichtet auf das hehre Ziel des ganzen Deutschlands*[190].

---

[188] Beob. Nr. 83 vom 11.4.1869, Artikel *Was Süddeutschland durch die Verträge zugemuthet ist*.

[189] Dennoch sah Mayer das Projekt weiterhin als *Wiege* zu Deutschlands Erneuerung. Beob. Nr. 90 vom 20.4.1869.

[190] Beob. Nr. 90 und 91 vom 20.4.1869 f.

Im September 1869, anlässlich der 50-Jahr-Feier der württembergischen Verfassung, wiederholte Mayer seine Kritik an der Behandlung der Kammer durch die Regierung. Diese habe versäumt, zu diesem *denkwürdigen Anlaß* die Kammer einzuberufen und setze so ihre Politik fort, die Parlamentarier *nicht zu Athem kommen* [zu] *lassen*[191]. Sein Artikel war auf dem Hohenasperg geschrieben, wo er eine seiner erwähnten Haftstrafen verbüßte, für die er zuvor vergebens wegen eines *Gichtleidens* um Aufschub gebeten hatte. Nun folgte eine für die württembergischen Verhältnisse bezeichnende Groteske: Mayer erhielt eine Einladung zum königlichen Galadiner, zu dem ihm, statt der allseits erwarteten Amnestie völlig taktlos eine zweitägige Haftunterbrechung gewährt wurde. Darauf teilte er Justizminister Mittnacht mit, eine Teilnahme sei ihm nicht möglich, da er nicht den Eindruck erwecken wolle, dem König durch seine *Gegenwart einen Gnadenact abzunöthigen.* Er fügte hinzu, man müsse *kein Republikaner* sein, um unter solchen Umständen der königlichen Tafel fernzubleiben[192].

Die Versuche seiner Parteifreunde und vor allem der solidarischen Großdeutschen, durch Ministerbesuche doch noch eine Amnestie zu erreichen, blieben erfolglos. Daraufhin beschloss ein Großteil der Linken, dem Festmahl fernzubleiben. Während unklar blieb, ob der König, wie der ,Beobachter' meinte, *nur in preußischer Vasallenschaft* eine Begnadigung ablehnte, stand fest, dass ein „Kapitalbock [...] geschossen, ein großer Teil der Abgeordneten und des Volkes vor den Kopf gestoßen" wurde[193].

Auch wenn Württemberg der von Mayer und seiner Partei erstrebten Modernisierung *durch ein demokratisches Heilbad*[194] keinen Schritt näher gekommen war, sahen sich die Demokraten zum Jahresende in einer komfortablen Position. Ihr Verhältnis zu den Großdeutschen war nach dem gemeinsamen Handeln bei der Verfassungsfeier entspannt, die Allianz mit der Arbeiterbewegung wurde durch den große Resonanz findenden Besuch Bebels im November in Stuttgart gestärkt. Nach dessen Rede während einer Volksversammlung dankte ihm Mayer namens der Volkspartei für seine *Belehrung* und stellte fest, man gehe mit der Überzeugung auseinander, *auch ferner vereint an der politischen wie an der gesellschaftlichen Befreiung arbeiten zu können*[195].

Mayer eröffnete das Jahr 1870 mit einem Paukenschlag im Parteiblatt, der einen Vorgeschmack auf die kommenden dramatischen Ereignisse lieferte. Er kündigte

---

[191] Beob. Nr. 225 vom 26.9.1869.
[192] Beob. Nr. 226 vom 28.9.1869 auch zum Folgenden.
[193] ADAM, Verfassung, S. 149.
[194] Beob. Nr. 225 vom 26.9.1869.
[195] Beob. Nr. 273 vom 23.11.1869. Unter den Demokraten kursierten zuvor Bedenken wegen der Beschlüsse des internationalen Arbeiterkongresses in Basel, deren Umsetzung eine Zusammenarbeit vereitelt hätte. Bebel beschwichtigte diese Vorbehalte sowohl in Vorgesprächen mit Demokraten als auch während der Versammlung. Vgl. dazu SCHMIERER, Arbeiterbildung, S. 147 f.; BEBEL, Leben, S. 261.

an, dass seine Partei, die sich *lange Zeit* [...] *organisirt und gerüstet* habe, nunmehr *den Kampf* suche. Er werde auf dem *günstigsten* [...] *Schlachtfeld*, dem des Kriegs-dienstgesetzes, geführt. Man beherrsche die *Stellung* und setze *auf den Sieg*. In der gleichzeitig veröffentlichten Einladung zur Landesversammlung wurde eine lan-desweite Agitation gegen das Gesetz von 1868 angekündigt[196].

Während des stärker als je zuvor besuchten Landestreffens bezeichnete Mayer das Gesetz als *Waffenstillstand*, den es jetzt zu brechen gelte. Er unterstellte der Regierung und der *preußischen Partei* das Vorhaben, *die Pickelhaube dem schwä-bischen Volke vollends über den Kopf* zu stülpen. Das Volk werde jedoch den *Kampf gegen den Militärteufel wieder aufnehmen*, sich dem *Ruin des Landes* ent-gegenstellen und das *Joch* abwerfen. Beim Zusammentritt der Stände gelte es, das landesverderbliche *Fluchgesetz* zu Fall zu bringen. Dessen *Unhaltbarkeit* werde von den einfachen Soldaten, den Unteroffizieren und sogar einem *großen Theil* der Offiziere verdammt; *militärische Ansprüche* könne es nicht befriedigen. Nahezu einstimmig wurde beschlossen, dass allen Abgeordneten eine von ihren Wählern unterzeichnete Adresse übergeben werde, die sie aufforderte, sich für die rasche Vorlage eines neues Gesetzes einzusetzen[197].

Zur Agitation erschien ein Flugblatt[198], dessen langer Text in drastischer Sprache zunächst die bisherigen *traurigen Folgen* und *unsäglichen Opfer* des Gesetzes be-klagte. Diese *Regierungskunst* habe Auswanderung und Verarmung, eine steigende Staatsschuld, Abnahme von Vermögenswerten, eine defizitäre Staatskasse und Steuererhöhungen bewirkt. Zugleich sei *die Militärfrage* [...] *das A und O der soci-alen Frage*, indem sie *das Proletariat* [...] *zur Zwangsarbeit* in den Kasernen zwin-ge. Die Forderungen an das neue Gesetz verlangten keineswegs die *Abschaffung des stehenden Heeres* und die *sofortige Einführung* des Milizsystems. Vielmehr werde *allgemeine Wehrpflicht, militärische Jugendvorbereitung und kurze Präsenz* erwartet. Ein solches Gesetz würde einen *Freudenschrei* auslösen, dem Frieden dienen und die *Vernunft* wieder etablieren. Es sei die Aufgabe Württembergs, *ein Beispiel* zu geben und einen *Friedensfeldzug* einzuleiten.

Für diese äußerst populären Ziele wurden von Januar bis März landesweit Volks-versammlungen abgehalten und Unterschriften gesammelt. Häufig traten dabei Abgeordnete oder Mitglieder des für die Gesamtorganisation verantwortlichen Landeskomitees auf; auch Großdeutsche unterstützten die Aktion. Mayer war etwa in Oberschwaben aktiv und erfuhr auch in seinem Wahlkreis lebhaften Zu-spruch[199].

---

[196] Beob. Nr. 1 vom 1.1.1870.
[197] Beob. Nr. 9 vom 13.1.1870. Vgl. dazu sowie zum anschließenden „Agitationssturm" RUN-GE, Volkspartei, S. 138 f.
[198] Beilage zum Beob. vom 26.1.1870, Artikel *Zur Abwehr gegen das Kriegsdienstgesetz*. Vgl. dazu RAPP, Württemberger, S. 335 f.
[199] Vgl. RAPP, Württemberger, S. 338 f.

Der März brachte den Höhepunkt und Abschluss der großen Kampagne. Für den zum 8. des Monats einberufenen Landtag bot der zu beratende Haushalt vor allem dank gestiegener Militärkosten und dem forcierten Eisenbahnbau „ein betrübtes Bild" und Mayer sah sich erneut zu einem Misstrauensvotum gegen die Regierung veranlasst[200]. Am 11. März erklärten 45 Abgeordnete der Linken – die Kammermehrheit – im Vorgriff auf die laufende Unterschriftenaktion, die vorgesehenen Militärausgaben nicht bewilligen zu können. Sie erbaten eine neue Vorlage, die insbesondere durch Reduzierung der Präsenz Ersparnisse bringen sollte. Dieses Vorgehen stellte ein Novum in der württembergischen Parlamentsgeschichte dar[201]. Allerdings wurde hier deutlich, dass die weitergehenden Forderungen der Demokraten durch die Großdeutschen sozusagen entschärft worden waren[202]. Eine Initiative Mayers, den Antrag der 45 von einer zu wählenden Militärkommission begutachten zu lassen, fand keine Zustimmung. Er monierte daraufhin, dass nun die Volkswünsche in der Finanzkommission verkümmerten[203].

Bei der Landes- bzw. Delegiertenversammlung der Volkspartei am 20. März konnte die Partei einen großartigen Erfolg präsentieren: 141.000 Unterschriften lagen inzwischen vor, ausstehende Adressen ließen sogar eine noch höhere Zahl erwarten. Damit war es den Demokraten gelungen, sich zum Sprachrohr der Volksmeinung zu machen und den Höhepunkt ihrer Zustimmung im Lande – ihr Wahlergebnis von 1868 übersteigend – zu erreichen[204]. Mayer konnte der Versammlung, dem *schönste*[n] *Fest, das die württembergische Volkspartei je gefeiert hat*[205], enthusiastische Perspektiven präsentieren. Er begrüßte, dass in Bayern eine ähnliche Initiative begonnen hatte, und sah so neue Impulse für den Südbund. Zugleich betonte er, dass auch eine *Spitze* gegen den *fluchwürdigen* Schutz- und Trutzvertrag gerichtet worden sei. Schließlich setzte er Hoffnungen auf Österreich, von wo *vielleicht* ein *Signal zur Einführung der Miliz* komme und sprach von günstigen Nachrichten aus Frankreich. Die Versammlung solle *ein* […] *Zeichen für alle Völker sein, ihr Gedanke* […] *auch den Rhein überschreiten*[206].

Die großen Erwartungen erfuhren jedoch wenig später einen Dämpfer. Mit der Ernennung von drei neuen Ministern etablierte der König das eindeutig gegen die

---

[200] ADAM, Verfassung, S. 149 (auch zum Folgenden).

[201] Vgl. dazu BRANDT, Parlamentarismus, S. 792.

[202] Der ‚Beobachter' kritisierte zwar die Großdeutschen (Nr. 67 vom 22.3.1870), man wollte sich jedoch einem erwarteten großdeutschen Ministerium unterordnen. Beob. Nr. 72 vom 27.3.1870.

[203] Vgl. BRANDT, Parlamentarismus, S. 790, Anm. 238.

[204] Die von der Deutschen Partei erfolglos bekämpfte Kampagne ließ die ‚Grenzboten' eine Unterwühlung des Landes konstatieren, gegen die ein *Damm* zu errichten sei. Das Blatt sprach sogar von einer *Nebenregierung der Volkspartei*; Grenzboten Nr. I, II 1870, S. 23 und 27.

[205] Beob. Nr. 67 vom 22.3.1870. Dort auch die einstimmig gefassten Resolutionen und die Bekanntgabe der Zahl der Unterschriften.

[206] Beob. Nr. 69 vom 24.3.1870.

Demokratie gerichtete „Ministerium der Energie"; Mittnacht und Varnbüler[207] blieben im Amt. Zugleich wurde die Kammer vertagt und damit ein altes Kampfmittel gegen die Opposition erneut eingesetzt.

Am 29. März verkündete der *Staatsanzeiger*, der König wolle auf die Wünsche des Landes eingehen und habe eine *erneute Prüfung des Finanzetats behufs der Erzielung möglichster Ersparnisse insbesondere im Kriegsetat* veranlasst. Demzufolge sei die Beratung des Antrags der 45 Abgeordneten nicht mehr erforderlich. Zudem wurde betont, dass die neue Vorlage den *Forderungen und Zielen* der volksparteilichen Agitation nicht Rechnung tragen könne. Vielmehr würden die Verträge mit Preußen *aufrichtig und loyal* erfüllt[208].

Die Stuttgarter Mitglieder des Landeskomitees[209] reagierten auf die so nicht erwartete Kampfansage mit einem zornigen Protest. Die Vertagung habe die Präsenzfrage *übergangen*, die angekündigten Ersparnisse könnten *unmöglich genügen*, um die Volksforderungen zu erfüllen. Folglich müsse *der Kampf* in der Kammer geführt werden. Varnbüler und Mittnacht wurden belehrt, es sei ihre *Pflicht* gewesen, das Kriegsdienstgesetz dort zu verteidigen und im Fall der Niederlage *einem Ministerium der Majorität Platz zu machen* oder aber Neuwahlen auszuschreiben. Stattdessen sei der *Schein der Nachgiebigkeit* erweckt worden, während die neuen reaktionären Minister – Gessler[210], Scheurlen[211] und Suckow[212] – für die weitere *militärische Verpreußung* des Landes ständen. So sei dieses Vorgehen *ein Schlag in's Gesicht* des Volkes, das zum Widerstand aufgerufen wurde[213]. Zusammen mit einer Kundgebung der Großdeutschen, die die *brutale Zurückweisung* einer *dargebotenen Hand* brandmarkten, erschienen die Texte auch als Flugblätter[214].

In Erwartung der bevorstehenden Kraftprobe begann seit April ein Agitations- und Propagandakrieg zwischen der Volkspartei auf der einen, der Regierung und der Deutschen Partei[215] auf der anderen Seite. Die Demokraten machten in zahlrei-

---

[207] Dessen Entlassung am 30.8.1870 erregte im Siegesrausch um Sedan dann kaum noch Aufsehen.

[208] Zitiert nach Haller Tagblatt Nr. 73 vom 30.3.1870.

[209] An dessen Spitze war inzwischen Wolbach getreten (vgl. RUNGE, Volkspartei, S. 106), Mayer gehörte dem Gremium weiterhin an.

[210] Vgl. zu Theodor von Gessler (1821–1886) etwa die Kurzbiographie bei RABERG, Handbuch, S. 265 f.

[211] Vgl. zu Karl von Scheurlen (1824–1872) ebd., S. 782 f.

[212] Vgl. zum Kriegsminister Albert von Suckow (1828–1893) SCHÖN, Theodor, in: ADB 37 (1894), S. 107–109.

[213] Aufruf im Beob. Nr. 72 vom 27.3.1870. Dort auch eine Ministerschelte in dem Artikel *Der Ministerwechsel und seine Bedeutung*.

[214] Kreisarchiv Schwäbisch Hall 1/1195.

[215] Sie war mit der Regierung zunächst keineswegs zufrieden und sprach im April von einer durch deren „Schwanken" herbeigeführten „haltlosen Lage" des Landes. LANG, Deutsche Partei, S. 101.

chen Versammlungen, bei denen Mayer eine führende Rolle spielte, deutlich, dass sie ihren Widerstand fortsetzen würden. Während einer von etwa 1.200 Personen besuchten Volksversammlung in Heilbronn, an der Mayer teilnahm, wurde u.a. die Vertagung der Kammer als *Umgehung einer aufrichtig constitutionellen Entscheidung* gegeißelt[216]. Wenig später wurde der Protest auch in Stuttgart artikuliert, wo Mayer wiederum mitwirkte. Dort verurteilte man die *Hetzereien und Drohungen der Regierungspresse und der preußischen Partei* gegen die Volksbestrebungen als *Attentat auf die Grundlagen aller politischen Freiheit*[217].

Die Regierung sah sich so in einer prekären Lage und erwartete beim nächsten Zusammentritt der Kammer einen *schwere*[n] *Konflikt* [...] *und eine abermalige Ministerkrise*[218]. Sie inszenierte nun eine in der Heilbronner ‚Neckar-Zeitung‘ gestartete Kampagne und ließ deren Artikel über die Oberämter zwecks landesweiter Verbreitung an die Bezirkspresse weiterleiten[219]. So wurde die Regierungshaltung erläutert und verteidigt, der *Meinungsterrorismus* der Demokratie, der das Ziel verfolge, *die Bevölkerung in einem Zustande fortwährender Beunruhigung zu erhalten*, gebrandmarkt oder die nicht kontrollierbare Zahl der volksparteilichen Unterschriften in Frage gestellt[220]. Der ‚Beobachter‘ sprach daraufhin von *officiöse*[r] *Dienstmanns-Schreiberei*[221]; die ‚Neckar-Zeitung‘ galt ihm als *Flügelmann der Reaktion*[222].

5. Das Scheitern demokratischer Politik: Krieg und Reichsgründung 1870/71

Seit Anfang Juli änderte sich angesichts der drohenden Gefahr eines Krieges mit Frankreich die Stimmung in Württemberg wie im übrigen Deutschland dramatisch. Bismarck hatte die spanische Thronfolgefrage souverän instrumentalisiert; der aufgeputschten Öffentlichkeit galt Frankreich als Kriegstreiber[223]. Dieses Szenario ließ den innerwürttembergischen Konflikt völlig in den Hintergrund treten und entzog so der Volkspartei ihre politische Operationsbasis. Zornig konstatierte der ‚Beobachter‘, die Thronambition der Hohenzollern bedeute für das nicht involvierte Württemberg Krieg, der seine *schönen Fluren* treffe, seine *guten Gulden zu*

---

[216] Haller Tagblatt Nr. 113 vom 18.5.1870.

[217] Beob. Nr. 119 vom 24.5.1870.

[218] MITTNACHT, Hermann von: Rückblicke, Stuttgart/Berlin 1909, S. 75. Vgl. zur Entwicklung im Frühjahr 1870 insbesondere BRANDT, Parlamentarismus, S. 791 f.; RAPP, Württemberger, S. 334 ff.; RUNGE, Volkspartei, S. 137 ff.

[219] Vgl. dazu etwa Kreisarchiv Schwäbisch Hall 1/1195.

[220] Neckar-Zeitung Nr. 107 vom 8.5., Nr. 111 vom 13.5.1870. Vgl. auch RAPP, Württemberger, S. 350 f.

[221] Beob. Nr. 114 vom 18.5.1870.

[222] Beob. Nr. 119 vom 24.5.1870.

[223] Dazu ausführlich GALL, Bismarck, S. 426 ff.

Kriegskosten und seine *Söhne zu Futter für Pulver* fordere. Daher gelte es, eine *internationale und neutrale Stellung* zu gewinnen[224] – eine ganz und gar unrealistische Hoffnung. Die in der ersten Jahreshälfte das politische Geschehen weitgehend dominierende Partei, die den Sturz der Regierung erhoffte, geriet fast über Nacht in die Defensive[225]. An ihre Stelle trat nun die Deutsche Partei, die für den ‚Beobachter‘ der Berliner Kriegshetze im Verein mit dem ‚Merkur‘ *wie auf Commando Folge* leistete, das Volk über die Konsequenzen im Unklaren lasse und *mit der Phrase des nationalen Kriegs* allein *der Dynastie Hohenzollern zur Verfügung* stehe[226].

Wilhelm Lang beschrieb aus deutschparteilicher Sicht die Auswirkungen des inszenierten Chauvinismus triumphierend derart, dass nunmehr die demokratischen *Verführungskünste [...] versagten* und an deren Stelle *das Gefühl der nationalen Ehre* und das *erwachte Volksgewissen* traten. Er frohlockte, die demokratischen Führer würden *von ihrem Anhang verlassen*; vielerorts träten Volksparteiler mit der Deutschen Partei bei *gemeinsamen Kundgebungen* auf. *Die Macht des großen Augenblicks* habe bewirkt, dass *das ganze Land sich von der preußenfeindlichen Demokratie* abwende[227]. Auftakt zu dieser Entwicklung war die von der Deutschen Partei organisierte große Volksversammlung vom 15. Juli in Stuttgart, deren Teilnehmer „aus allen Parteien und Ständen“ die Devise vom zukunftsentscheidenden „nationalen Krieg“ bejubelten[228]. Diese Kundgebung wurde zum Vorbild für zahlreiche lokale Versammlungen.

Mayer war inzwischen, offenbar keine dramatische Zuspitzung erwartend, zur Kur nach Gastein gereist, von wo er dann jedoch zurückgerufen wurde[229]. Zuvor hatte der ‚Beobachter‘ sein *Misstrauen* gegen die *nationale Begeisterung* ausgesprochen und die Devise ausgegeben: *Für Deutschland Gut und Blut! Für Hohenzollern keinen Mann und keinen Gulden!*[230] Zwei Tage später wurde erklärt, um Deutschlands Integrität zu retten, gelte es namentlich im Interesse Süddeutschlands, Österreich einzubeziehen. Das *verblendete Vorgehen* der Deutschen Partei habe diesen Weg jedoch bereits verbaut und dem vom Osten drohenden *Verderben [...] Thür und Thor geöffnet*[231].

Am 21. Juli erschien ein Artikel Mayers, der der zunehmenden Verunsicherung *im eigenen Lager* – so die Überschrift – entgegenwirken sollte. Er sprach sich gegen

---

[224] Zitiert nach RAPP, Württemberger, S. 364.
[225] Ein letztes Zeichen für die demokratische Resonanz im Lande war der glänzende Sieg des von Mayer unterstützten Retters bei der Landtagswahl in Ellwangen. Vgl. Beob. Nr. 151 vom 2.7., Nr. 154 vom 6.7.1870. Der *berühmte Mayer* hatte auch im Herbst 1869 in Öhringen dem volksparteilichen Landtagskandidaten Neuffer erfolgreich Wahlhilfe geleistet. Hohenloher Bote Nr. 129 vom 28.10.1869.
[226] Beob. Nr. 165 vom 19.7.1870.
[227] LANG, Deutsche Partei, S. 55 ff.
[228] Vgl. RAPP, Württemberger, S. 369 f.
[229] Beob. Nr. 165 vom 19.7.1870.
[230] Beob. Nr. 164 vom 17.7.1870, Artikel *Der Krieg ist erklärt.*
[231] Beob. Nr. 165 vom 19.7.1870.

eine *unmittelbare* Kriegsbeteiligung der Süddeutschen an der Seite Preußens aus und plädierte erneut für die *Mithülfe* Österreichs. Der Süden könne kein Interesse daran haben, *in einen dynastischen und Cabinettskrieg* einzutreten. Daher gelte es, zunächst *eine Stellung bewaffneter Neutralität ein*[zu]*nehmen*, die auch für Österreich erstrebenswert sei, werde es doch bei sofortiger süddeutscher Kriegsteilnahme *in Frankreichs Arme gedrängt*. So aber könne der Krieg lokalisiert und damit Preußens Siegesaussichten gestärkt werden. Sollte jedoch Preußen in Not geraten, was er weder glaube noch hoffe, sei es für Süddeutschland und Österreich geboten, in den dann *beginnenden nationalen Krieg* einzutreten. Der so erfolgende und so sehr erhoffte *Wiedereintritt* Österreichs nach Deutschland werde die *Zerreißung des Reichskörpers* von 1866 revidieren. Mayer sah in seinen unrealistischen Hoffnungen die Konsequenz der seit 1864 verfolgten *Grundsätze*. Gleichzeitig musste er zugestehen, dass *da und dort* bereits Parteigenossen *leichtgläubig* gegnerischen Parolen folgten[232].

Mayers Vorstellungen, wohl eher ein chancenloser Ad-hoc-Notbehelf, waren aus seiner Sicht durchaus konsequent; sie dokumentieren letztmalig sein Festhalten an der großdeutschen Variante des Südbundgedankens. Gleichzeitig unterschätzte er nicht nur die wachsende Woge der Kriegsbereitschaft in der Öffentlichkeit, er ignorierte zudem, dass König und Minister, getrieben vom Druck aus Berlin und der Stimmung im Lande, nach anfänglichem Zaudern den sofortigen Bündnisfall, wenn auch widerwillig als gegeben betrachten mussten[233].

Dass Mayer dann sozusagen über Nacht seine Haltung radikal änderte, mag zunächst auf eine allerdings späte realistische Einschätzung der Lage zurückzuführen sein. Dabei mögen Diskussionen im Landeskomitee, die offenbar jedoch keine Festlegung brachten[234], mitgespielt haben. Schließlich dürfte ihn auch ein Brief des Besigheimer Volksvereins beeinflusst haben. Dieser bedauerte zwar den Wahnwitz des von Frankreich zu verantwortenden Krieges, betonte jedoch, dass angesichts der bedrohten deutschen *Integrität* Parteikämpfe nun ruhen müssten, *patriotische Pflicht* und *Klugheit* schlössen eine Neutralität aus. Vielmehr sei *aufrichtige Waffenbrüderschaft* mit Preußen geboten. Die Mehrheit seiner Wähler erwarte, dass er in der Kammer für die Bewilligung der Kriegsmittel stimme. Dem im Parteiblatt veröffentlichten Brief fügte Mayer eine Erklärung bei, in der er versprach, sich mit seinen Wählern zu verständigen. Sollte dies nicht gelingen, werde er sein Mandat niederlegen. Unmittelbar vor Beginn der Kammersitzung sprach zudem eine De-

---

[232] Beob. Nr. 167 vom 21.7.1870 auch für das Folgende. Vgl. auch die dort abgedruckte Erklärung des Volksvereins Rottweil und die Antwort des Parteiorgans. RAPP (Württemberger, S. 374) sah in Mayers Vorstellungen einen „für den Kriegsfall [...] ausgesonnenen" Plan, „aufgebaut [...] auf die Niederlage Preußens". Dieses sollte „an den Rand des Verderbens kommen, dann könnten seine deutschen Gegner einspringen, um den Kampf durchzuführen für eine der preußischen entgegengesetzten Politik."
[233] Vgl. dazu MITTNACHT, Rückblicke, S. 45 ff.
[234] Vgl. RUNGE, Volkspartei, S. 164.

putation aus Besigheim bei ihm vor, die ihn aufforderte, diesen Schritt *vorerst* nicht zu tun[235].

Auf dem Weg zur Kammersitzung am 21. Juli erfuhr dann Mayer am eigenen Leib die Skrupellosigkeit der politischen Gegner. Vor dem Betreten der Kammer wurde er mit *Pfui und Pfiffen* empfangen und sogar bedroht – für ihn eine *wohlarrangirte Scene*, die die *Volkswut* demonstrieren sollte[236]. In seiner Rede, dem „Ereignis des Tages"[237] betonte er, noch am Vortag gehofft zu haben, seine Partei könne ihren Prinzipien auch hinsichtlich Österreichs treu bleiben und durch die Neutralität des Südens *ein großes Unglück* vermieden werden. Nun habe jedoch das Kriegsvotum der bayerischen Kammer diese Entwicklung vereitelt. So gebe es jetzt auch für die *consequentesten* Vertreter des großdeutschen und demokratischen Standpunktes nur noch die *Pflicht* [...], *unter den preußischen Oberbefehl zu treten* und sich am Krieg zu beteiligen. Bisherige *Vorwürfe* müssten *verstummen*, es gelte allein die *Waffenbrüderschaft* und der Wunsch eines deutschen Sieges. Konsequent plädierte er für den kürzesten Weg zur folgenden Abstimmung[238]. Bei dieser wurde die Regierungsvorlage mit nur einer Gegenstimme angenommen. 38 Demokraten und Großdeutsche, darunter auch Mayer, begründeten ihr Votum mit der *Rücksicht auf die bedrohte Unversehrtheit* Deutschlands und deutscher Solidarität. Zugleich brandmarkten sie den Krieg *als Folge* [...] *von 1866* und gaben ihrem *Schmerz* Ausdruck, dass nun *nicht mehr das ganze Deutschland* für seine *Unversehrtheit* einstehe[239].

Mayer ergänzte seine Landtagsrede durch einen Artikel im Parteiblatt, in dem er seine am Vortag dort geäußerten hoffnungsvollen Vorstellungen als *Testament* bezeichnete. Zusätzlich zu seinen Ausführungen im Landtag kritisierte er die Indolenz der süddeutschen Regierungen und begründete seine Kehrtwende mit einem *doppelte[n] Druck* – einerseits dem *natürliche[n] der Ereignisse*, andererseits dem *künstliche[n], den der Terrorismus der preußischen Partei* erzeugt habe. Letzterer habe auch das nicht erwartete Votum der Münchener Kammer beeinflusst. Nunmehr sei *das Schicksal entschieden*, sei doch *Neutralität* [...] *ohne Bayern* [...] *für Württemberg eine Unmöglichkeit*. Resigniert beklagte er das totale Scheitern demokratischer Volks- und Friedenspolitik sowie der *Wiedervereinigung* mit Österreich, also der Ziele, für die seine Partei jahrelang gekämpft habe[240].

---

235 Beob. Nr. 168 vom 22.7.1870. Vgl. auch eine dort abgedruckte Erklärung des Volksvereins Esslingen mit ähnlicher Tendenz wie die Zuschrift aus Besigheim, ferner die Erwähnung eines Hetzartikels der ‚Schwäbischen Volkszeitung', der ‚Beobachter' und Volkspartei den absurden Vorwurf einer Mitschuld am Krieg machte.

236 Beob. Nr. 169 vom 23.7.1870.

237 RAPP, Württemberger, S. 383; GRUBE, Landtag, S. 543.

238 VKdA vom 21.7.1870, S. 440f.

239 Zitiert nach Beob. Nr. 169 vom 23.7.1870.

240 Beob. Nr. 168 vom 22.7.1870, Artikel *Die Neutralität ist nicht mehr möglich!*

In der Folgezeit verharrte die Partei in politischer Tatenlosigkeit, obwohl die fehlende *Sicherheit* für Württembergs zukünftige *Selbständigkeit* konstatiert wurde[241]. Im Parteiblatt blieben richtungsweisende Leitartikel über einen längeren Zeitraum aus[242], zugleich proklamierte man den *Waffenstillstand;* man wolle *den Streit der Partheien ruhen* [...] *lassen*[243] und sich *der Theilnahme an öffentlichen Kundgebungen* [...] *enthalten*[244]. Diese nachvollziehbare Haltung bescherte der Deutschen Partei die Möglichkeit, unangefochten das Monopol in Sachen Patriotismus zu behaupten. So agitierte sie etwa auf einer Stuttgarter Versammlung Anfang September gegen einen „faulen Frieden" und forderte die Annexion von Elsass-Lothringen[245] – der von der Volkspartei proklamierte parteipolitische Waffenstillstand wurde von ihr ignoriert.

Immerhin kritisierte der ‚Beobachter', dass Johann Jacoby wegen seiner Ablehnung einer Einverleibung Elsass-Lothringens inhaftiert wurde, während Kaiser Napoleon standesgemäß auf Schloss Wilhelmshöhe Aufnahme fand[246]. Auch Moriz Mohls erneutes Plädoyer *für die Erhaltung der süddeutschen Staaten* fand Aufnahme im Parteiblatt und wurde zur Lektüre empfohlen[247]. Solche dezenten Unmutsäußerungen genügten den politischen Gegnern, insbesondere gegen Mayer Front zu machen. Er erhielt nicht nur anonyme Drohbriefe, während einer Versammlung der Deutschen Partei wurde ihm gar eine *Katzenmusik,* also eine lärmende Demonstration, in Aussicht gestellt[248].

Erst mit einer Sitzung des Landeskomitees am 9. Oktober 1870, zu der auch Vertreter der Großdeutschen erschienen, beendete die Parteiführung ihre bisheriges Schweigen. Man wollte *die Anwendung der alten Grundsätze auf die neuen Verhältnisse* [...] *erproben.* Trotz gegnerischer *Hetzerei* und einer ungünstigen Zeitströmung kam man zu einer erstaunlich günstigen Lageeinschätzung: *namhafte* Mitgliederverluste seien nicht zu beklagen. Während die *aufrichtige Bereitschaft* für ein *näheres Bundesverhältniß* mit dem Norden betont wurde, war man sich einig, *dass ein bloßer Eintritt in den Nordbund diesem ächten Einheitsstreben nicht entspreche.* Dieser bringe weder einzelstaatliche Selbständigkeit noch erfülle er die *Sehnsucht* nach einer *Wiedervereinigung* mit Deutschösterreich. Unterschiedliche Meinungen wurden zum Thema Elsass-Lothringen geäußert. Aus der *hoffnungsreich* gestimmten Versammlung wurde eine Kommission gebildet, der auch Mayer angehörte. Sie formulierte eine Erklärung, die die deutschen Siege würdigte, den vorläufigen Verzicht auf Österreich aussprach, den inneren Frieden proklamierte und den Fürsten die *hohe Aufgabe* der Führung zuerkannte. Kompromisslos blieb

---

[241] Beob. Nr. 177 vom 2.8.1870.
[242] Vgl. RAPP, Württemberger, S. 375; RUNGE, Volkspartei, S. 162.
[243] Beob. Nr. 170 vom 24.7.1870.
[244] Beob. Nr. 217 vom 14.9.1870, ähnlich auch Beob. Nr. 209 vom 6.9.1870.
[245] Vgl. RAPP, Württemberger, S. 408.
[246] Vgl. ebd., S. 413.
[247] Vgl. ebd., S. 426 f.
[248] Beob. Nr. 235 vom 5.10.1870.

man jedoch hinsichtlich des Nordbundes. Das zu schaffende Einigungswerk sei nur als *wahrhaft bundesstaatlich* und *constitutionell* akzeptabel. Sollte dies nicht gelingen, gelte es, den derzeitigen Zustand *möglichst zu erhalten*[249].

Am 22. Oktober genehmigte die zweite Kammer ohne Aussprache mit nur drei Gegenstimmen die weiteren Kriegskosten. Großdeutsche und Demokraten verwahrten sich allerdings wiederum mit begründeten Abstimmungen gegen die sich abzeichnende Entwicklung; letztere erteilten der *Unterwerfung Deutschlands unter Preußen* eine Absage[250]. Anschließend erfolgte die Auflösung der Kammer, wenig später wurden Neuwahlen zum 5. Dezember ausgeschrieben. Der ‚Beobachter' zog daraus das Fazit, die Regierung habe so dem *Vorgehen der preußischen Partei die Autorität ihrer Billigung* verliehen und den *Kampfplatz* bereits vor dem Kriegsende eröffnet[251]. Zudem kritisierte das Blatt die bisher nur in Württemberg ausgeschriebenen Wahlen angesichts noch laufender Verhandlungen als überstürzt – den Wählern fehle die notwendige Klarheit. Verwiesen wurde auch darauf, dass 1866 ein solcher Schritt nicht erfolgt sei, obwohl die damalige Kammer im Gegensatz zur jetzigen die *unmittelbare Fühlung mit dem Volke* nicht mehr besessen hätte. So sei zu vermuten, die Regierung glaube angesichts der *Mehrheit der 45* nicht daran, auf die jetzige Kammer bauen zu können[252]. Dass hier auch volksparteiliche Bedenken bezüglich des eigenen Abschneidens mitspielten, liegt auf der Hand.

Für den Wahlkampf gab die Partei die Devise aus: *Das Volk wählt die alten Abgeordneten wieder*[253]. Allerdings vermochte sie nur noch Kandidaten für etwa die Hälfte der Bezirke zu nominieren[254]. Der von dem erneut in Besigheim kandidierenden Mayer geführte Wahlkampf illustriert beispielhaft den Verlauf der Wahlschlacht. Wie er in einem Schreiben an die Wähler ausführte, habe die preußische Partei dort – und auch in anderen Bezirken – *unsittliche[n] Druck* ausgeübt, indem vorab Verpflichtungserklärungen unter Nutzung von Abhängigkeitsverhältnissen gesammelt wurden. Unter *Mißbrauch des Versammlungsrechts* habe man einige seiner Versammlungen durch *Massenzüge der Gegenpartei [...], vorbereitete Unterbrechungen, beleidigende Ausrufe und wüstes Geschrei* gestört, die freie Meinungsäußerung sei *zum Spott* geworden. So sei er *weiteren Ueberfällen [...] ausgewichen*.

Um sich Gehör zu verschaffen, erläuterte er mit langen Ausführungen unter Hinweis auf seine Bewilligung der Kriegsmittel seine Haltung. Inzwischen sei der *Notbehelf* eines Südbundes überholt, und man wolle bei der Errichtung eines *neuen* Bundes von der Einbeziehung Österreichs *zunächst* absehen. Der Nordbund sei

---

[249] Beob. Nr. 245 vom 16.10.1870. Rapp (Württemberger, S. 429) nennt die Sprache der Erklärung „maßvoll und versöhnlich", betont jedoch zu Recht ihren illusionären Charakter in der Bundesfrage.

[250] Zitiert nach Rapp, Württemberger, S. 431.

[251] Beob. Nr. 268 vom 12.11.1870.

[252] Beob. Nr. 265 vom 9.11.1870, Artikel *Den Wählern zur Erwägung*.

[253] Zitiert nach Rapp, Württemberger, S. 441.

[254] Vgl. Runge, Volkspartei, S. 171.

jedoch trotz einiger Modifikationen *weit entfernt von allem* [...], *was dem Wesen eines wirklichen Bundes* entspreche. Das Werk des alles dirigierenden Bismarck bezwecke, *ganz Deutschland unter Preußen zu bringen* und *Reaction zu machen.* Er prognostizierte höhere Steuerlasten sowie eine Verkümmerung der einzelstaatlichen Entwicklung und warnte diejenigen, die eine *goldene Zeit* erwarteten. Wer *Hals über Kopf* in den Nordbund wolle, werde *blindlings ins Verderben* rennen. Erneut forderte er wahrhaft konstitutionelle Verhältnisse mit Budgetrecht, Ministerverantwortlichkeit, Grundrechten und Abgeordnetendiäten und betonte trotzig, *auch in dieser traurigen Stellung der Verneinung* dürfe seine Partei *nicht verzagen.* Er äußerte sogar die vage Hoffnung, dass Preußen angesichts der süddeutschen *Leistungen* [...] *der Freiheit einen Schritt* entgegenkomme. Für den Fall seiner Nichtwahl – mit der er wohl rechnete – bleibe ihm der *Trost,* sich *redlich bemüht* zu haben, einen *unheilvollen* Schritt abzuwenden[255].

Wie in Besigheim war der Wahlkampf der siegesgewissen Deutschen Partei auch andernorts häufig durch ein hemmungsloses Verhalten geprägt[256]. Im ‚Beobachter‘ vom 11. Dezember wurde etwa über Wahlunterstützung durch Schultheißen und Geistliche und absurde Verleumdungen – Kriegsverlängerung und preußische Einquartierung für den Fall einer ‚falschen‘ Abstimmung –, ferner die Instrumentalisierung von Abhängigen berichtet[257]. Vielfach traten auch die Bezirksblätter auf die Seite der voraussichtlichen Wahlsieger.

Vor diesem Hintergrund war absehbar, dass die demokratische Politik „prinzipienstarre[r] Negation"[258], deren Problematik Mayer ja durchaus sah, am 5. Dezember in einem Fiasko endete. Nicht nur er verlor sein Mandat, die Linke konnte insgesamt nur noch 17 Sitze erringen, während 30 an die Deutsche Partei fielen. Damit war der dramatisch gewandelte Zeitgeist manifest geworden. Die Regierung besaß nun eine komfortable Mehrheit zur Annahme der Einigungsverträge, die am 23. Dezember erfolgte, obwohl inzwischen auch in den Reihen der Befürworter da und dort Ernüchterung eingetreten war.

Der tiefe Sturz der Volkspartei bildete nach 1849 die zweite Katastrophe im politischen Leben Mayers. Die seit seiner Rückkehr aus dem Exil maßgeblich von ihm beeinflusste Politik schien in der ersten Jahreshälfte 1870 auf einen spektakulären Erfolg zuzusteuern, die dann folgende Entwicklung entzog der Partei jedoch die scheinbar sichere Basis. Schon vor Kriegsbeginn „wandte sich die Mehrheit, die

---

[255] Beob. Nr. 283 vom 30.11.1870.
[256] Vgl. zum Wahlkampf RAPP, Württemberger, S. 438 ff. Allerdings werden dort die negativen Aspekte der Kampagne der Nationalliberalen weitgehend ausgeblendet.
[257] In den Grenzboten (II, II 1870, S. 473) berichtete Wilhelm Lang mit offenbar gutem Gewissen sowohl vom *erebliche*[n] *Antheil* der evangelischen Geistlichen am Wahlsieg der Nationalliberalen als auch von Mayers *fortgesetzt*[r] *Flucht* vor seinen entfesselten Gegnern.
[258] LANGEWIESCHE, Liberalismus und Demokratie, S. 455.

bisher hinter ihr gestanden war, ebenso entschieden von ihr ab"[259]. Das geschürte und hemmungslos instrumentalisierte Gefühl einer französischen Bedrohung setzte eine Welle nationaler Leidenschaft frei. Die zuvor mehrheitlich empfundene Angst vor einer Verpreußung Württembergs war verflogen, Preußen zur Schutzmacht deutscher Integrität avanciert.

Mayers späte Befürwortung des Kriegseintritts an der Seite Preußens sowie der alternativlose Verzicht auf Österreich markierten die äußerste Konzessionsbereitschaft der Demokraten. Ein bedingungsloses Einschwenken auf den Einheitskurs der Regierung und der Deutschen Partei hätte den jahrelangen antipreußischen Feldzug der Partei desavouiert und damit ihre Glaubwürdigkeit total zerstört. Schon 1868 war im ‚Beobachter' ein wohl aus Mayers Feder stammendes Credo eiserner Prinzipientreue und Kampfbereitschaft formuliert worden: *Wir fragen [...] nicht nach dem Ausgang, wir stehen unter dem Gebot der Pflicht, und diese Pflicht kennt keine Rücksichten, auch nicht die des Erfolgs; wir kämpfen, weil wir eben müssen*[260]. So war das Dilemma von 1870 vorprogrammiert. Man trat unter Wahrung eherner Prinzipien sozusagen gegen den Zeitgeist in die Wahlarena, ahnend, dass dafür ein hoher Preis zu zahlen war.

Mayer zog aus dem Wahldesaster eine zweifellos schmerzhafte und radikale Konsequenz: Nachdem sich in der Partei hinsichtlich der Fortführung des *Freiheitskampf*[es] unterschiedliche Ansichten gebildet hätten, sei er zur Überzeugung gelangt, *dass die bisherigen Mittel des Kampfes verbraucht und ohne Schaden für die Sache der deutschen Freiheit vorerst nicht anwendbar* seien. Zugleich mit dieser Erklärung trat er von der Beteiligung am ‚Beobachter' und der Redaktion des Blattes zurück[261]. In seinem Nachruf in der ‚Schwäbischen Kronik/Merkur' war fast zwanzig Jahre später noch der triumphierende Satz zu lesen: *Mayers Herrlichkeit war zu Ende!*[262].

---

[259] PAYER, Vor 50 Jahren, S. 45.
[260] Beob. Nr. 35 vom 12.2.1868. Zwar bezog sich diese Aussage auf Deutschösterreich, ihre generelle Gültigkeit ist jedoch ganz offensichtlich.
[261] Beob. Nr. 308 vom 30.12.1870. Sein Name war bereits seit Ende September aus dem Impressum der Parteizeitung verschwunden.
[262] Schwäbische Kronik/Merkur Nr. 246 vom 16.10.1889.

VII. Im Deutschen Reich

1. Der volksparteiliche Regenerationsprozess bis zum Beginn der 1880er Jahre

1.1. Abwarten und auf gegnerische Fehler hoffen

Die geschilderte Niederlage stürzte die Partei in eine tiefe und langanhaltende Krise und ließ ihre siegreichen Gegner jubeln. Wilhelm Lang sah Württemberg *als lebendiges Glied* im neuen Reich, konstatierte das Ende *der langen fruchtlosen Fehde, die jede Besserung seiner Zustände vereitelt* habe und begrüßte natürlich das parlamentarische Ausscheiden der *politischen Fanatiker* vom Schlage Mayers[1]. Die Volkspartei habe *zu existieren aufgehört*, der ‚Beobachter‘ *so ziemlich allen Credit [...] verloren*[2]. Auch der Stuttgarter Gesandte Preußens berichtete 1872, *das demokratische Element* im Lande sei *niedergeschlagen*[3].

Während die Volkspartei zunächst eigentlich nur im Parteiblatt ‚Der Beobachter‘ präsent war, geriet dieses in eine existenzbedrohende Dauerkrise mit rapide sinkender Abonnentenzahl, die über Jahre die Landesversammlungen beschäftigte[4]. So war es für die Deutsche Partei und mit ihr *die reactionärliberale und nationalservile Gesellschaft*[5] leicht, die politische Meinungsführerschaft im Land zu behaupten. Während die Demokraten über Jahre als Reichsfeinde an den Pranger gestellt wurden, zelebrierte das politische Establishment alljährliche Fest- und Gedenktage wie etwa den Geburtstag des Kaisers oder die Sedanfeiern, gleichzeitig wurde Bismarck zur Kultfigur erhoben. Diesen Geist pflegte man etwa in den fast überall entstehenden Kriegervereinen, er fand seinen Niederschlag auch in großen Teilen der Bezirkspresse[6].

In Übereinstimmung mit seinem Rückzug vom Dezember 1870 plädierte Mayer im Februar 1871 während einer Delegiertenversammlung seiner Partei für die Nichtteilnahme an den bevorstehenden Reichstagswahlen. Seine Position blieb zwar nicht ohne Widerspruch, es wurde jedoch beschlossen, dass die Partei als solche sich enthalte, den Lokal- bzw. Bezirksorganisationen jedoch freie Hand bleibe. In fünf Fällen wurden so Kandidaten aufgestellt, die jedoch erfolglos blieben[7]. Mayers weder mit *Unmuth noch Entmuthigung* vorgetragenes Plädoyer

---

[1] Grenzboten I, I, 1871, S. 275.

[2] Grenzboten II, II, 1871, S. 942.

[3] PHILIPPI, Hans: Das Königreich Württemberg im Spiegel der preußischen Gesandtschaftsberichte 1871–1914, Stuttgart 1972, S. 33.

[4] Zur Parteientwicklung und ihrem Umfeld bis 1890 und zur Krise des Parteiblatts vgl. MÜLLER, Hans Peter: Die württembergische Volkspartei zwischen Krise und Wiederaufstieg (1870/71–1890), in: ZWLG 69 (2010), S. 320ff.

[5] So der Beob. Nr. 296 vom 18.12.1873.

[6] Vgl. etwa LANG, Deutsche Partei, S. 64f.

[7] Vgl. MÜLLER, Volkspartei, S. 310; RAPP, Württemberger, S. 464f. Zu den Reichstagswahlen vom Januar 1874 wurden Kandidaten nominiert, die jedoch erwartungsgemäß ohne

98

prognostizierte, *die Nemesis werde sich an denjenigen, welche die Kraft und Begeisterung des Volkes mißbraucht hätten, vollziehen.* Dies geschehe *um so früher, je ungestörter wir sie ihre Fehler begehen lassen.* Demgegenüber erfordere die mit Sicherheit erfolglose Wahlteilnahme *große Concessionen* auf Kosten demokratischer Prinzipien, stifte Verwirrung und Demoralisation beim Volk und in der Partei. Zudem sei keineswegs sicher, *dass es überhaupt zu einer zweiten Reichstagswahl komme.* Zunächst müsse das Volk seine Erfahrungen mit der neuen Ordnung machen, derzeit verfinstere allein die *Idee der Nationalität* dessen Denken. Er wandte sich gegen eine Sanktionierung der neuen Gegebenheiten und beschwor die Erfahrungen der Zollwahlen von 1868, bei denen die Partei sich habe *majorisiren* lassen[8].

Während sich der ‚Beobachter‘ kritisch zu den Verhältnissen im Reich äußerte und etwa die *Beflissenheit des Byzantinismus* im Reichstag, die fortschreitende *Verpreußung* und den herrschenden *Scheinconstitutionalismus* anprangerte[9], verharrten die Parteiführer zunächst weitgehend in selbstgewählter Zurückhaltung. Wie sich Friedrich Payer erinnerte, hatte Mayer in Stuttgart *eine Art demokratischen Familienkranz* gegründet, dem auch er (Payer) – der kommende ‚junge Mann‘ in der Führungsriege der Partei – angehörte[10]. Mayer soll in jenen Jahren einmal geäußert haben: *Wir sind die Partei derer, die sich gegenseitig begraben*[11]. Andererseits vermittelte seine oben besprochene Rede auch Hoffnungen auf bessere Zeiten; man sah sich als *Partei der Zukunft*[12]. Letztlich sind weder die Feststellung Egelhaafs, Mayer habe sich über Jahre „von aller politischen Thätigkeit" zurückgezogen[13], noch der Befund Simons, die Demokraten hätten 1870/71 „kleinlaut den Rückzug" angetreten[14], zutreffend.

Die demokratischen Führer trafen vielmehr eine strategische Entscheidung, indem sie, wie es Mayer formulierte, der fortdauernden *patriotischen Ekstase* [...] *der großen Volksmehrheit* Rechnung trugen. Während einer Rede zum Gedenken an die Märzereignisse von 1848 im Frühjahr 1873 in Frankfurt wiederholte er die schon zuvor proklamierte Devise des Abwartens, die den Gegnern *Raum für ihre Fehler* biete. Ein Hervortreten mit *Freiheitsforderungen* eine nur die Gegner und werde auch von den *uns befreundeten* Volkskreisen noch verkannt. *Jetzt alle Uebel der Verfolgung über uns zu nehmen, ohne Nutzen und der Uebermacht gegenüber, dazu sind wir nicht verpflichtet.* Allerdings bestehe auch kein Grund *zur gänzli-*

Mandat blieben. Allerdings gelang dem jungen Payer ein Achtungserfolg, während das gewählte Parteimitglied Schwarz in Berlin zur Fortschrittspartei übertrat. Vgl. MÜLLER, Volkspartei, S. 311.

[8] Beob. Nr. 40 vom 17.2.1871.
[9] Beob. Nr. 298 vom 22.12.1871.
[10] PAYER, Aufzeichnungen und Dokumente, S. 128.
[11] So ohne Beleg und Datum SCHMIDT-BUHL, Volksmänner, S. 4.
[12] Beob. Nr. 1 vom 1.1.1874.
[13] EGELHAAF, Mayer, S. 278.
[14] SIMON, Demokraten, S. 12.

chen Unthätigkeit. Vielmehr gelte es, die alte *Lehre der Demokratie* zu pflegen, deren fortbestehende Gültigkeit das Volk *zuletzt doch noch erkennen* werde[15].

Nachdem bereits die Landesversammlung vom März 1872 *die formelle Legalität der neuen Zustände* anerkannt hatte[16], bekräftigte Mayer mit konzilianten Worten diese Haltung: Man sei *an das Reich gebunden und es ist uns nicht mehr erlaubt, gegen dessen Bestand anzukämpfen.* Allerdings sei Kritik an der *Schöpfung von Versailles*, an den offenkundigen *Lücken und Mängel*[n] *in der Verfassung* durchaus angebracht[17].

Während Mayer 1872 wieder in das Landeskomitee gewählt wurde[18], blieb er im Folgejahr offenbar dem Parteitreffen fern und hatte auch keinen Anteil an den Versuchen zur Wiederbelebung der DVP[19]. Allerdings absolvierte er andere öffentliche Auftritte. Der zu Besuch in Deutschland weilende Friedrich Hecker traf sich im Sommer 1873 mit Mayer und Haußmann. Bei einer Feier mit Vertretern des Landeskomitees in Cannstatt ließ Mayer den Freiheitskämpfer hochleben[20]. Demgegenüber stellte die Rede Mayers beim Tübinger Uhlandfest im Juli 1873 für den ‚Beobachter‘ einen *Glanz- und Höhepunkt* dar. Er verwies dabei auf persönliche Verbindungen, vor allem aber lobte er den Dichter als *Mann des Friedens.* Zugleich bescheinigte er den ‚Nationalen‘, sie ständen *in der Freiheitsarbeit erst am Anfang* und sollten mit den Demokraten gemeinsam wirken[21]. Neben den *gelungenen* Märzfeiern stellten das Uhlandfest und der Heckerbesuch für das Parteiblatt den *Beweis* dar, *dass der Funken der Freiheitsliebe* noch immer präsent sei und nur *eines frischen Hauches* bedürfe[22].

Im Frühjahr 1874 lieferte Mayer einen eindrucksvollen Beweis für seinen ungebrochenen Kampfeswillen. Unter dem Titel *Stuttgarter Klatsch*[23] würdigte er zunächst den verstorbenen berühmten Theologen David Friedrich Strauß. Nach der Grabrede eines Kollegen von Strauß veröffentlichten Pietisten eine Erklärung gegen die angeblich den Sozialismus fördernden Lehren des Verstorbenen (*Zerstörung der* [...] *Grundlagen von Staat, Familie und Sittlichkeit*[24]). Diese Aktion *gegen Glaubens- und Gewissensfreiheit* durch eine *Handvoll religiöser Ultras*[25] rief

---

[15] Beob. Nr. 79 vom 4.4.1873.
[16] Beob. Nr. 72 vom 27.3.1872.
[17] Beob. Nr. 79 vom 4.4.1873.
[18] Beob. Nr. 80 vom 7.4.1872.
[19] Vgl. dazu MÜLLER, Volkspartei, S. 311 f.
[20] Beob. 156 vom 8.7.1873. Allerdings berichtete Payer, Mayer und Haußmann hätten *eine Kluft* zu dem alten 1848er empfunden und seien froh gewesen, *dass das vorbei sei!.* BRADLER, Günther: Politische Unterhaltungen Friedrich Payers mit Theodor Heuss. Ein Fund aus dem Hauptstaatsarchiv Stuttgart, in: ZWLG 32 (1973), S. 173.
[21] Beob. Nr. 162 vom 16.7.1873, Mayers Rede in Nr. 165f. vom 18.7.1873f.
[22] Beob. Nr. 226 vom 27.9.1873.
[23] Veröffentlicht in dem der Politik und Literatur gewidmeten Wochenblatt ‚Die Wage‘ Nr. 2, 1874, S. 202-208, 216-224, 233-235. Der Artikel war mit C.M. gekennzeichnet.
[24] MAYER, Stuttgarter Klatsch, S. 206.
[25] Ebd., S. 216.

Mayer auf den Plan, fiel doch eine im ‚Merkur' veröffentlichte Gegenerklärung für ihn zu mild aus, da sie sich auf ein *weinerliches Bedauern* beschränkte[26]. Als Grund dafür sah er *Rücksichten auf politische Alliierte,* mit denen der ‚Merkur' *seit 1866 durch dick und dünn gegangen* sei[27]; nur gegen Demokraten agiere das Blatt *grob und verletzend*[28].

Während Mayer hervorhob, dass der ‚Beobachter' diese Farce mit den *zürnendsten Artikel*[n] begleitet habe[29], geißelte er die *herrschende Epidemie der Charakterlosigkeit,* verursacht von einer fehlerhaften *Erziehung durch einen Staat, der von der Kirche nicht getrennt ist*[30]. Nach dieser Schelte artikulierte er die demokratische Forderung einer *Trennung von Kirche und Staat*[31]. Dann entfiele die anerzogene *Verbiegung;* ehrliche *Agitation* sei *auf den politischen Boden* zu verlegen[32]. Abschließend stellte er fest, derzeit sei es nicht Sache der Volkspartei, *in öffentlichen Dingen eine Führerrolle zu übernehmen.* Er verband diese Aussage jedoch mit der rhetorischen Frage: *Wer wagt's aber sonst*[33]?

1.2. Der Wiedereintritt in die Agitation 1875/76

Das Jahr 1875 brachte das Ende des volksparteilichen Abwartens und den *Wiedereintritt [...] in die Agitation*[34]. Auch Mayer beendete die Phase *stille[r] Zurückgezogenheit,* die er im Rückblick noch einmal charakterisierte. Anlässlich einer Wahlversammlung für den in Stuttgart zum Reichstag kandidierenden *Freiheitsmann* Diefenbach wandte er sich an die politischen Gegner: Man habe sie weder in ihrer *ersten Begeisterung für die neugeschaffene Einheit* gestört noch *belästigt mit [...] Kritik,* sondern *still und gefaßt die Stunde abgewartet, bis es Zeit war, dass alle die sich wieder zusammenthun, die von jeher für deutsche Freiheit eingestanden.* Nunmehr gelte es, ein bis nach Berlin wirkendes *Zeichen gegen das jetzt [...] herrschende System* zu setzen. Mayer verwies darauf, dass man die Entwicklung bereits 1870 vorausgesehen und erfolglos *gemahnt und gewarnt* habe, man sei jedoch *verspottet und sogar des Verraths geziehen* worden. Er richtete zudem scharfe Angriffe gegen den Gegenkandidaten Hölder, dem er den Verrat alter Prinzipien etwa bezüglich der in der Verfassung fehlenden Grundrechte vorwarf. Realistisch be-

---

[26] Ebd., S. 219.
[27] Ebd., S. 221.
[28] Ebd., S. 219.
[29] Ebd., S. 223.
[30] Ebd.
[31] Ebd., S. 234. Dafür hatte er bereits 1872 während einer Landesversammlung plädiert. Beob. Nr. 73 vom 28.3.1872.
[32] MAYER, Stuttgarter Klatsch, S. 235.
[33] Ebd.
[34] So ein Bericht über die Landesversammlung vom September 1875. Beob. Nr. 226 vom 28.9.1875.

zeichnete er Siegeshoffnungen als *noch zu kühn*, konstatierte jedoch, die Agitation werde als *erstes Zeichen einer veränderten Volksstimmung* wirken[35].

Während der wenige Tage später stattfindenden Landesversammlung interpretierte Mayer die wie erwartet verlorene Wahl dennoch als *Zeichen der wachsenden Unzufriedenheit*. Elegisch kommentierte er die Stimmen für die Sozialdemokraten so, dass die Massen bereits glaubten, den Demokraten fehlten die Rezepte gegen die *Krankheit unserer Zeit*. Dennoch gelte für sie, *Bildungsinteressen der Nation* und deren *ideelle[...] Güter* um jeden Preis *zu wahren und zu retten*[36].

Wie sehr man sich diesem Ziel verpflichtet fühlte, zeigte die vom Stuttgarter Volksverein gestartete landesweite Kundgebungswelle gegen die dem Reichstag vorliegende unpopuläre und schließlich gescheiterte Strafgesetz-Novelle vom November 1875. Eine Resolution geißelte die freiheitsfeindliche Initiative der Reichsregierung als *vom Geist mittelalterlicher Strenge und Gewalt* geprägt[37]. Wie ein Provinzblatt schrieb, habe Mayer während der Versammlung *in donnernder Rede die Freiheit gegen die Tyrannei in Schutz* genommen[38]. Er konnte auf Bedenken selbst innerhalb der Deutschen Partei verweisen, während *die Frommen* und die Ultramontanen schwiegen. Auf die drohende Schmälerung *der freien Meinungsäußerung* sei eine *deutliche Antwort* des Volkes nötig[39].

Während die Landesversammlung vom Januar 1876 dem ‚Beobachter‘ als *erster Sonnenblick der bessern Zukunft* galt[40], hatte Mayer dort den Einsatz gegen die Diätenlosigkeit der Reichstagsabgeordneten als fortbestehende Aufgabe der Partei bezeichnet. Als Kampfmittel sah er die Wahl *charakterfester Männer* in den Landtag, der *dann* der Regierung aufzeigen werde, *wie sie im Bundesrath zu stimmen habe*[41].

Der wieder voll im politischen Leben stehende Mayer absolvierte inzwischen zahlreiche öffentliche Auftritte. Im Februar stattete er dem plötzlich verstorbenen Hermann Niethammer am Grabe den Dank der Partei ab und würdigte dessen politisches *Ringen* sowie die verbindende *Geistesverwandtschaft*[42]. Einige Wochen später feierte er Ferdinand Freiligrath an dessen Grab als *Sänger der Freiheit*[43]. So war es nicht erstaunlich, dass Preußens Gesandter in Stuttgart nach Berlin berichtete, der *berüchtigte* Mayer habe sich *wie ein Sturmvogel* wieder in das politische Geschehen eingemischt[44].

---

[35] Beob. Nr. 222 vom 23.9.1875.
[36] Beob. Nr. 227 vom 30.9.1875.
[37] Beob. Nr. 276 vom 26.11.1875.
[38] Haller Tagblatt Nr. 277 vom 27.11.1875.
[39] Beob. Nr. 277 vom 27.11.1875.
[40] Beob. Nr. 8 vom 12.1.1876.
[41] Beob. Nr. 7 vom 11.1.1876.
[42] Beob. Nr. 45 f. vom 21.2.1876 f.
[43] Dies erschien sogar einem Provinzblatt berichtenswert. Haller Tagblatt Nr. 70 vom 24.3.1876.
[44] PHILIPPI, Gesandtschaftsberichte, S. 34 (27.3.1876).

Seit Sommer 1876 waren die Demokraten mit der Vorbereitung der kommenden Landtags- und Reichstagswahlen beschäftigt. Im Juli erschien ein Aufruf, der entsprechende Aktivitäten forderte und zur Abwehr der fortdauernden Vorwürfe der Reichsfeindschaft das revidierte und den neuen Verhältnissen Rechnung tragende Programm der DVP von 1873 erneut veröffentlichte. Zugleich wurde eine Landesversammlung zur Erörterung der Wahlen angekündigt[45].

Der wieder an der Spitze des Landeskomitees stehende Mayer trug der Versammlung unter Beifall den Programmentwurf vor, von dem er sich ein *Eindringen in die tiefsten Schichten des Volkes* erhoffte[46]. Zur Reichspolitik wurde eine Liste von Forderungen und Kritikpunkten erstellt. Sie enthielt etwa die fehlenden Grundrechte, die mit drei Jahren zu lange Präsenzzeit beim Militär und die fehlenden Abgeordnetendiäten, die das Parlament auf die Vertretung der Reichen beschränke. Befürchtungen wurden bezüglich des Vereins- und Versammlungsrechtes und der Pressefreiheit geäußert, zudem sprach man sich gegen Reichseisenbahnen aus. Die *Unverantwortlichkeit des Reichsregiments* sah man darin, dass die *Entscheidung über Krieg und Frieden* ohne Parlamentsbeteiligung erfolge.

Das langatmige Landtagswahlprogramm konstatierte, dass Württemberg auf vielen Gebieten *stehen geblieben* sei. So wurden zahlreiche alte Forderungen wiederholt, vor allem die nach einer umfassenden Verfassungsrevision und nach einer Verwaltungsreform. Darüber hinaus wurde besonders auch das Fehlen eines eigenen Besteuerungsrechts für die Gemeinden bemängelt. Kritisiert wurden zudem das *verfehlte* Eisenbahnnetz, die Sonderstellung und Sonderrechte der Staatsdiener, schließlich fehlerhafte, reaktionäre oder verschleppte Gesetze. Auch das Alter der Wählbarkeit in den Landtag sei mit 30 Jahren zu hoch, dessen sechsjährige Dauer zu lang. Das demokratische Ziel sei *eine große Vereinfachung* des Staates – dies bedeute *wahrhaft conservative Politik*[47]. Mit Sicherheit trug das Programm die Handschrift Mayers. Ein nationalliberal orientiertes Provinzblatt wollte sogar wissen, er habe es *entworfen* und dann von der Landesversammlung annehmen lassen[48].

1.3. Wieder im Landtag 1876/77 – 1882

Es lag nahe, dass Mayer nun erneut ein politisches Mandat anstrebte. Seine Bewerbung um den Esslinger Landtagssitz stand unter günstigen Vorzeichen. In seiner Geburtsstadt verfügte er über zahlreiche persönliche und politische Freunde. Vor allem aber verzichtete die Arbeiterpartei auf die Aufstellung eines eigenen Kandidaten und unterstützte Mayer[49], der im Wahlkreis belehrend und aufmunternd agierte und auf seine Tätigkeit als Freiheitsmann verweisen konnte. Seinen farblo-

---

[45] Beob. Nr. 158 vom 9.7.1876.
[46] Beob. Nr. 230 vom 3.10.1876.
[47] Beob. Nr. 232 vom 5.10.1876.
[48] Kocherbote (Gaildorf) Nr. 128 vom 26.10.1876.
[49] Vgl. SCHMIERER, Arbeiterbildung, S. 201, 237; TIESSEN, Industrielle Entwicklung, S. 267.

sen nationalliberalen Gegenkandidaten Weiß erwähnte er kaum[50]. Er konnte so ein fulminantes Ergebnis erzielen und beinahe 1.200 Stimmen mehr als Weiß gewinnen[51]. Nach seiner Niederlage von 1870 dürfte ihn seine Rückkehr in den Halbmondsaal des Stuttgarter Landtags mit Genugtuung erfüllt haben. Während eines Wahlfestes äußerte er sich positiv zur Zusammenarbeit mit den Sozialdemokraten[52], um wenig später festzustellen, trotz bestehender Unterschiede sei die Arbeiterpartei die *uns zunächst stehende Partei*[53].

Während des Wahlkampfes hatte Mayer auch den XII. Reichstagswahlkreis bereist, wo er in Gerabronn und Crailsheim auftrat. Der *berühmte Agitator* stieß dort auf großes Interesse; ein Provinzblatt sprach allerdings von der Präsentation eines *demokratische*[n] *Eldorado*[s][54]. In einigen Jahren sollte sich zeigen, dass er hier eine Investition für die Zukunft getätigt hatte[55]. Sein persönlicher Triumph[56] in Esslingen ging jedoch nicht mit einem solchen für seine Partei einher. Sie konnte insgesamt nur acht Mandate erringen und schnitt so schlechter ab als 1870.

Mayers erster Auftritt in der Kammer zum Thema des von ihm abgelehnten Gesandtschaftswesens enthielt eine realistische Einschätzung bestehender Wirkungsmöglichkeiten: Da die Demokraten nur *schwach vertreten* seien, sähen sie sich *genöthigt* [...], *in höchst bescheidener Weise aufzutreten*[57]. Mehrmals äußerte er sich auch positiv zur Regierung, so als er dieser *Dank und Anerkennung* für das Projekt der Albwasserversorgung aussprach, in dem er gar einen *demokratischen Zug* erkannte[58]. Ende 1878 erkannte er die bisherige Förderung des Cannstatter Volksfestes an und lobte dessen Stiftung durch König Wilhelm[59]. Auch bei der Beratung des Gesetzentwurfs zur Erbschafts- und Schenkungssteuer 1881 beglückwünschte er die Regierung zu diesem Schritt[60]. Dagegen kritisierte er die Reichsjustizorganisation als kostspieligen und traurigen *Rückschritt* und warf der Regierung vor, sich nicht energisch genug für die heimische Gerichtsorganisation eingesetzt zu haben[61].

---

[50] Vgl. zum Wahlkampf etwa Beob. Nr. 248 vom 24.10, Nr. 279 vom 29.11., Nr. 285 vom 6.12.1876.

[51] Beob. Nr. 294 vom 16.12.1876.

[52] Beob. Nr. 296 vom 19.12.1876.

[53] Zitiert nach RIEBER, Christof: Das Sozialistengesetz und die Sozialdemokratie in Württemberg 1878–1890, Stuttgart 1984, Bd. 1, S. 85.

[54] Haller Tagblatt Nr. 283 vom 3.12.1876.

[55] Siehe S. 109–111.

[56] Dazu gehörten auch mehrere Angebote einer Reichstagskandidatur, die er jedoch ablehnte. Beob. Nr. 298 vom 21.12.1876.

[57] VKdA vom 17.5.1877, hier S. 92.

[58] VKdA vom 19.6.1877, hier S. 573.

[59] VKdA vom 18.12.1878, hier S. 1654.

[60] VKdA vom 22.2.1881, hier S. 1115.

[61] VKdA vom 10.12.1880, hier S. 120 ff.

Insgesamt markierten die zahlreichen Reden Mayers eine große Bandbreite an Themen. Ohne Anspruch auf Vollständigkeit seien hier noch einige weitere Beispiele angeführt. So setzte er sich für die Belange der Volksschullehrer ein und kritisierte die geistliche Schulaufsicht[62]. Erfolglos blieb sein Antrag auf Errichtung eines weiteren Landgerichts für Esslingen, das 1868 seinen Kreisgerichtshof verloren hatte[63]. Schließlich sprach er sich als Kulturinteressierter für den besseren Schutz der Altertümer aus[64], schaltete sich in die Debatte um den Bau der Kunstschule ein[65] und beklagte eine *gewisse Halbheit und Lahmheit* auf dem Gebiet der Kunst[66]. 1880 brachte Mayer die als ungesetzlich eingestufte polizeiliche Überwachung der vergangenen Landesversammlung zur Sprache. Sowohl dieser Schritt als auch das gerichtliche Vorgehen der Partei blieben ohne Erfolg[67] – das Sozialistengesetz warf seine Schatten auch auf die Volkspartei.

Drei Initiativen Mayers verdienen besondere Beachtung. Im Juni und Juli 1877 forderte er im Einklang mit dem Parteiprogramm die Beseitigung der indirekten Steuern auf Gemeindeebene. An deren Stelle sollte ein System direkter Steuern mit Progressivsätzen treten. Er berief sich auf wissenschaftliche Erkenntnisse und positive Erfahrungen in Neuenburg; sein Ziel war es, vor allem die Geringverdienenden zu entlasten[68]. Mayer blieb mit seinem Anliegen jedoch weitgehend isoliert.

Obwohl die Zeiten für „höhere Politik“ im Landtag vorüber waren, initiierte er am 6. Februar 1879 eine „ziemlich gereizte Aussprache“ des Hauses[69]. Anlass war ein Gesetzentwurf der Reichsregierung, der eine Verschärfung der Strafgewalt des Reichstages gegen dessen Mitglieder vorsah. Mayer sah darin auch einen Eingriff gegen den württembergischen Landtag und wollte erreichen, dass die Landesregierung im Bundesrat gegen das Vorhaben votierte. Seine Rede enthielt eine lange Liste demokratischer Beschwerden zu Fragen der Reichspolitik und entsprach keineswegs der früher angekündigten Bescheidenheit. Er wies den Vorwurf demokratischer Reichsfeindlichkeit zurück und betonte, seine *eminent friedliche* Partei finde im Reich *ihren genügenden Spielraum*, auch wenn dieses nicht ihren Wünschen entsprechend geschaffen worden sei. Dementsprechend bemängelte er wiederum die fehlenden Grundrechte, sprach von einem *Bundesstaat nur dem Namen*

---

[62] VKdA ab 22.11.1877, hier S. 801 f., 828 f., 844, 852, 856, 899.

[63] VKdA vom 22.11.1878, hier S. 1256 ff. Vgl. dazu auch das Plädoyer im Beob. Nr. 23 f. vom 27.1.1878 f.

[64] VKdA 27.1.1879, hier S. 1962 f.

[65] Vgl. dazu die Berichte im Fränkischen Grenzboten Nr. 87 vom 26.7.1879 und im Haller Tagblatt Nr. 26 vom 1.2.1870.

[66] VKdA vom 31.1.1881. Vgl. dazu Haller Tagblatt Nr. 27 vom 3.2.1881.

[67] Vgl. zur Überwachung (und zur fortdauernden Krise des Parteiorgans) Beob. Nr. 5 vom 8.1.1880. Zum Gesamtvorgang MÜLLER, Volkspartei, S. 319, Anm. 92; RIEBER, Sozialistengesetz, S. 87 f. mit Anm.

[68] Vgl. dazu vor allem Mayers Rede vom 6.6.1877 (VKdA, S. 312–320); auch LANGEWIESCHE, Tagebuch Hölders, S. 43, Anm. 7 mit Hinweisen auf begleitende Artikel im Parteiblatt.

[69] ADAM, Verfassung, S. 164 f.

nach, kritisierte als *allerschlimmste*[s] Gebrechen den Zustand *der Hegemonie* Preußens sowie die Tatsache, dass *statt eines Staatenhauses,* in dem auch *die Volksvertretungen* repräsentiert seien, nur ein Bundesrat existiere. Trotz dieser Vorbehalte sehe seine Partei *im Reiche ihre Zukunft* dadurch, *dass die Volkssouveränität* [...] *in der Reichsverfassung* verankert sei. Inakzeptabel war nun für ihn, dass *dem Reichstag seine eigene Souveränität beschnitten und beschränkt,* sein *großes Gut* der *Unverletzlichkeit* von Person und Wort gefährdet sei[70].

Den Misserfolg seiner Initiative voraussehend – die Partei sei *an die Erfolglosigkeit gewöhnt* – betonte er deren Verpflichtung, *zum Schutze der bedrohten Freiheit* zu wirken. So geißelte er erneut das Sozialistengesetz als *großes Unglück, weil es dem Rechtsbewusstsein der deutschen Nation einen Stoß versetzt* und *Paria's* geschaffen habe[71]. Gleichzeitig kritisierte er das drohende System indirekter Steuern, die *fast ein*[en] *Krieg gegen die Nichtbesitzenden* darstellten sowie die zu erwartenden Eingangszölle, die *eine allgemeine Lebensvertheuerng* erwarten ließen. So kam er zum Fazit, das Reich befinde sich auf einem *schlimme*[n] *Weg.* Seinem engagierten Plädoyer – der demokratischen Positionsbestimmung zur Reichspolitik – folgte die *innigste Bitte* an die Regierung, *dieses Unheil* zu verhüten[72].

Im Juni 1882 interpellierte Mayer die Regierung bezüglich der überfälligen Verfassungsrevision, die ja bereits während der demokratischen Landesversammlungen von 1876 und 1882 gefordert worden war. Die von ihm allein gestellte Anfrage erfolgte letztlich aus wahltaktischen Gründen und war angesichts des bevorstehenden Endes des Landtags im Grunde aussichtslos, auch wenn er durch den erklärten Verzicht auf das Gesetz vom 1. Juli 1849 Konzessionsbereitschaft signalisierte. In der Kammer blieb ihm die Unterstützung versagt. Mittnacht und der inzwischen zum Innenminister ernannte Hölder[73] antworteten mit dilatorischen Erklärungen[74].

Die der Vorbereitung der kommenden Landtagswahl dienende Landesversammlung vom 1. Oktober 1882 setzte dennoch die Verfassungsrevision an die Spitze demokratischer Forderungen; sie sei zugleich *Voraussetzung* zur Verwaltungsreform. Ein weiterer Hauptpunkt war die Ablehnung einer *Vermehrung oder Neu-*

---

[70] VKdA vom 6.2.1879, S. 2089 ff.

[71] Schon während der Landesversammlung im Januar hatte er ähnlich argumentiert. Beob. Nr. 6 vom 9.1.1879.

[72] VKdA vom 6.2.1879, S. 2089 ff.

[73] Die zwischen Hölder und Mayer eingestellten persönlichen Kontakte waren 1877 bei einem Treffen der Tübinger Burschenschaft „wieder notdürftig geflickt" worden. LANGEWIESCHE, Tagebuch Hölders, S. 33. Beide saßen dort zusammen mit Oesterlen „friedlich an einem Tisch". CAMERER, Burschenschaft, S. 237.

[74] Vgl. dazu ADAM, Verfassung, S. 167 f.; MENZINGER, Rosemarie: Verfassungsrevision und Demokratisierungsprozess im Königreich Württemberg. Ein Beitrag zur Entstehungsgeschichte des parlamentarischen Regierungssystems in Deutschland, Stuttgart 1969, S. 120 f. (mit Belegstellen).

Abb. 3: Carl Mayer als älterer Mann.

schaffung indirekter Steuern. Während das Parteiblatt eine günstige Bevölkerungs-
stimmung konstatierte, sprach Mayer vom *Opfer einer Candidatur*[75].
Seinem Selbstverständnis als Anwalt des Volkes entsprechend nahm er dieses
Opfer mit einer erneuten Kandidatur in Esslingen auf sich. Allerdings waren die
Voraussetzungen wesentlich ungünstiger als 1876: Er hatte gegen einen gemeinsamen Kandidaten von Deutscher Partei und Konservativen sowie einen Sozialdemokraten anzutreten. Sein bisheriges Wirken, zu dem inzwischen auch ein Reichs-
tagsmandat gehörte[76], wurde jedoch am 20. Dezember nicht honoriert. Er
vermochte nur einen Bruchteil der Stimmen des ‚nationalen' Siegers zu erreichen[77],
seine Landtagslaufbahn war damit beendet. Während ein Parteifreund meinte, er
sei *der Geldmacht erlegen* – der Wahlgewinner war Direktor der Maschinenfabrik
Esslingen –, urteilte Mayer differenzierter. Er sprach von einem *seltsamen*[n]
Kampf, bei dem *nicht Programm gegen Programm, nicht Mann gegen Mann gestanden* habe. Vielmehr habe er *gestritten gegen eine unfaßbare Macht, die mollusken-
artig überall zurückgewichen* [...,] *um wie ein Polyp* [...] *die besten Kräfte des Ange-
fallenen auszusaugen*[78] – der Volksmann war dem Establishment unterlegen.

2. Reichspolitik

2.1. Erste demokratische Reichstagsmandate – Wiederbelebung der Deutschen Volkspartei

Nachdem die württembergischen Demokraten zunächst kaum Erfolge erzielen
konnten – ihr Mitglied Schwarz[79] hatte sich im Reichstag der Fortschrittspartei
angeschlossen –, zogen 1877 Retter[80] und Payer in das Reichsparlament ein. 1878
kandidierte dann auch Mayer im IV. württembergischen Wahlkreis (Oberämter
Böblingen, Leonberg, Maulbronn und Vaihingen). Allerdings waren die Chancen
nur gering, galt der Bezirk doch als nationalliberale Hochburg, zudem reduzierte
das bevorstehende, von der Volkspartei bekämpfte Sozialistengesetz die Aussichten zusätzlich. Der wiederum kandidierende Payer schrieb über die *wüste Wahl,*
man habe sich mitunter so gefühlt, *als ob man selbst direkt an dem (Kaiser-)Atten-
tat beteiligt gewesen sei*[81]. Dies hinderte Mayer nicht, den Sozialdemokraten zu
bescheinigen, sie würden weder *die öffentliche Ordnung* noch den *Frieden* gefähr-
den, da sie allein auf den *gesetzlichen Weg* setzten. Dementsprechend behaupteten
die Gegner, die Volkspartei mache *gemeinschaftliche Sache* mit der Arbeiterpar-

---

[75] Beob. Nr. 230 vom 3.10.1882.
[76] Siehe S. 111 ff.
[77] Vgl. etwa RIEBER, Sozialistengesetz, Bd. II, S. 711; TIESSEN, Industrielle Entwicklung,
   S. 271.
[78] Beob. Nr. 6 vom 10.1.1883.
[79] Vgl. zu Louis Schwarz (1819–1889) die Kurzbiographie bei RABERG, Handbuch, S. 849 f.
[80] Vgl. zu Friedrich Retter (1816–1891) die Kurzbiographie ebd., S. 718.
[81] PAYER, Aufzeichnungen und Dokumente, S. 145.

tei[82]. Während Mayer erwartungsgemäß durchfiel, konnten die Württemberger – neben Schwarz – nur noch Härle[83] durchbringen, der sich in einer Stichwahl durchsetzte. Ansonsten hatte Sonnemann[84], der die Partei seit 1871 im Reichstag vertrat, sein Mandat in Frankfurt behaupten können.

Dennoch war 1878 das Jahr der Konsolidierung der DVP. Seit ihrem Parteitag im Juni in Würzburg – dort wurde gegen die skeptischen Württemberger ein neues Parteistatut beschlossen[85] – fanden alljährlich Versammlungen statt, an denen Mayer zunächst regelmäßig teilnahm. Er stellte später fest, dass die *Reorganisation* der Partei letztlich dem Drängen der Württemberger gegenüber dem Frankfurter Vorort zu verdanken sei[86]. Während der Generalversammlung im Oktober 1879 in Coburg beantragte er eine Abänderung des neuen Statuts im föderativen Sinn und konnte sich nach langen Debatten jedenfalls teilweise durchsetzen. Die nunmehrige Parteispitze bestand aus einem engeren Ausschuss – den Frankfurtern mit Sonnemann an der Spitze – sowie einem weiteren Ausschuss Auswärtiger, in dem Mayer Württemberg vertrat[87]. Er war mit der formellen Führung durch die Frankfurter offenbar zufrieden, plädierte er doch 1881 für deren Wiederwahl; Frankfurt galt ihm als *Hauptstadt von Deutschland in unserem Sinne*[88] – es war schließlich die Stadt der Nationalversammlung.

2.2. Mayer im Reichstag (1881–1887)

Seit dem Sommer 1881 beschäftigten die auf den 27. Oktober angesetzten Reichstagswahlen Parteien und Öffentlichkeit. Während der Mainzer Generalversammlung der DVP beklagte der bereits als Kandidat benannte Mayer die in Württemberg herrschende *Kandidatennoth*, versprach jedoch den vollen Einsatz seiner Partei[89]. Im September erschien ein kämpferischer Wahlaufruf, der angesichts der *hochernst*[en] Lage die Wähler zur *Entscheidung [...] zwischen dem Absolutismus mit parlamentarischen Formen* und einem wirklichen *Konstitutionalismus* aufrief.

---

[82] Zitiert nach RIEBER, Sozialistengesetz, Bd. I, S. 162 f. auch Anm. 29. – Das Wahlprogramm der DVP forderte u.a. die *Abkürzung* der militärischen Präsenzzeit, *Ersparnisse* im Reichshaushalt, Maßnahmen zur *Hebung des Volkswohlstandes*, darunter verbesserte Gesetze zur Frauen- und Kinderarbeit und wandte sich kategorisch gegen *jede Ausnahmeregel* zu Lasten von Parteien oder Teilen der Gesellschaft. Beob. Nr. 150 vom 29.6.1878.

[83] Vgl. zu Georg Härle (1821–1894) die Kurzbiographie bei RABERG, Handbuch, S. 310.

[84] Vgl. zu Leopold Sonnemann (1831–1909) etwa GERTEIS, Leopold: Sonnemann, Ein Beitrag zur Geschichte des demokratischen Nationalstaatsgedankens in Deutschland, Frankfurt a.M. 1970.

[85] Zur Würzburger Versammlung Beob. Nr. 135 vom 12.6.1878.

[86] Beob. Nr. 6 vom 9.1.1879.

[87] Zur Coburger Versammlung Beob. Nr. 245 vom 21.10. und insbesondere Nr. 246 vom 22.10.1879.

[88] Zur Generalversammlung in Mainz, Beob. Nr. 136 vom 15.6.1881.

[89] Ebd.

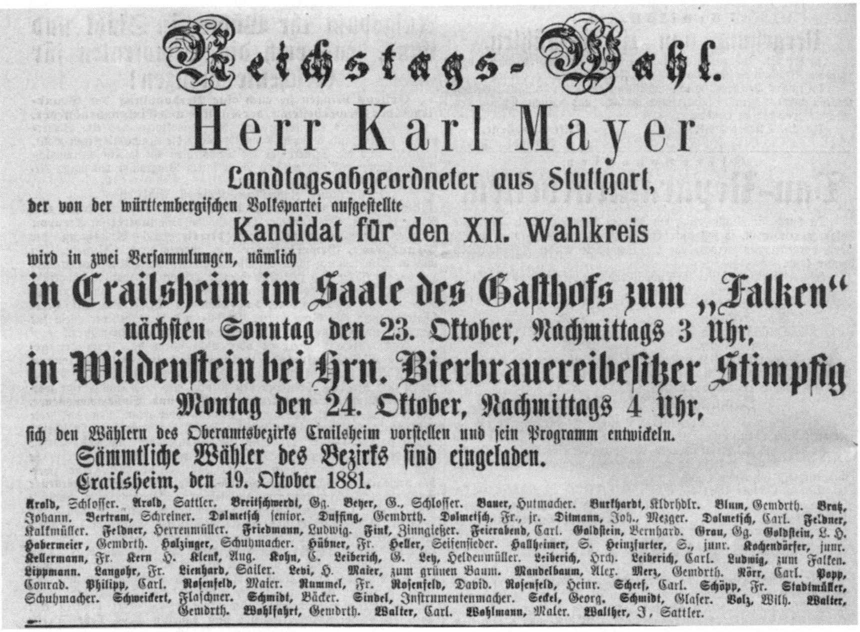
Reichstags-Wahl.
Herr Karl Mayer
Landtagsabgeordneter aus Stuttgart,
der von der württembergischen Volkspartei aufgestellte
Kandidat für den XII. Wahlkreis
wird in zwei Versammlungen, nämlich
in Crailsheim im Saale des Gasthofs zum „Falken“
nächsten Sonntag den 23. Oktober, Nachmittags 3 Uhr,
in Wildenstein bei Hrn. Bierbrauereibesitzer Stimpfig
Montag den 24. Oktober, Nachmittags 4 Uhr,
sich den Wählern des Oberamtsbezirks Crailsheim vorstellen und sein Programm entwickeln.
Sämmtliche Wähler des Bezirks sind eingeladen.
Crailsheim, den 19. Oktober 1881.

Arold, Schlosser. **Arold**, Sattler. **Breitschwerdt**, Gg. **Beyer**, G., Schlosser. **Bauer**, Hutmacher. **Burkhardt**, Kldrhdlr. **Blum**, Gemdrth. **Bratz**, Johann. **Bertram**, Schreiner. **Dolmetsch** senior. **Duffing**, Gemdrth. **Dolmetsch**, Fr., jr. **Ditmann**, Joh., Mezger. **Dolmetsch**, Carl. **Feldner**, Kalkmüller. **Feldner**, Herrenmüller. **Friedmann**, Ludwig. **Fink**, Zinngießer. **Feierabend**, Carl. **Goldstein**, Bernhard. **Grau**, Gg. **Goldstein**, L. H. **Habermeier**, Gemdrth. **Holzinger**, Schuhmacher. **Hübner**, Fr. **Heller**, Seifensieder. **Hallheimer**, S. **Heinzfurter**, S., junr. **Kochendörfer**, junr. **Kellermann**, Fr. **Kern** H. **Klenk**, Aug. **Kohn**, C. **Leiberich**, G. **Ley**, Heldenmüller. **Leiberich**, Hrch. **Leiberich**, Carl. **Ludwig**, zum Falken. **Lippmann**. **Langohr**, Fr. **Lienhard**, Sailer. **Levi**, H. **Maier**, zum grünen Baum. **Mandelbaum**, Alex. **Merz**, Gemdrth. **Nörr**, Carl. **Popp**, Conrad. **Philipp**, Carl. **Rosenfeld**, Maier. **Rummel**, Fr. **Rosenfeld**, David. **Rosenfeld**, Heinr. **Scheef**, Carl. **Schöpp**, Fr. **Stadtmüller**, Schuhmacher. **Schweickert**, Flaschner. **Schmidt**, Bäcker. **Sindel**, Instrumentenmacher. **Seckel**, Georg. **Schmidt**, Glaser. **Volz**, Wilh. **Walter**, Gemdrth. **Wohlfahrt**, Gemdrth. **Walter**, Carl. **Wohlmann**, Maler. **Walther**, J., Sattler.

Abb. 4: Versammlungsanzeige aus dem Crailsheimer Fränkischen Grenzboten für die Reichstagswahl 1881.

Scharf wurde dort gegen die „Ausnahmegesetzgebung“, die wohlfahrtsbedrohende *Interessenpolitik*, zu befürchtende Maßnahmen wie die Verlängerung der Legislaturperioden, indirekte Abgaben und ein Tabakmonopol, schließlich die Störung des sozialen und konfessionellen Friedens zu Felde gezogen. Der letzte Punkt dieses der *Reaction* präsentierten Sündenregisters richtete sich vor allem gegen den die *Gunst leitender Kreise* findenden Antisemitismus. Das kürzere Wahlprogramm nahm diese Argumente auf und forderte zusätzlich Diäten für die Abgeordneten, wandte sich gegen *jede Vergewaltigung der Einzelstaaten*, erhob die alten Forderungen zum Militärwesen und wollte eine *gesunde Sozialpolitik*[90].

Schon im April 1881 beschloss eine demokratische Wählerversammlung im XII. Wahlkreis (Crailsheim, Gerabronn, Künzelsau, Mergentheim), Mayer als Kandidaten zu gewinnen[91]. Mitte September wurde dann Mayers Zusage bekannt, gegen

[90] Aufruf und Programm im: Wahl-Katechismus der Deutschen Volkspartei für die Reichstagswahl 1881, S. 6–13. In Württemberg erschien zusätzlich eine von Ludwig Pfau verfasste 65seitige Broschüre (Historisch-philosophische Betrachtungen eines Reichswählers, Stuttgart ²1881), eine geharnischte Fundamentalkritik vor allem am System Bismarck und der Junkerherrschaft.

[91] Vaterlandsfreund (Gerabronn) Nr. 47 vom 21.4.1881, Fränkischer Grenzbote (Crailsheim) Nr. 47 vom 23.4.1881.

den Fürsten von Hohenlohe-Langenburg[92], der den Wahlkreis seit 1871 vertrat, anzutreten; ein Angebot aus dem Wahlkreis Gmünd-Schorndorf hatte er abgelehnt[93]. Mit dem wie erwähnt im Bezirk bereits persönlich bekannten Mayer hatten die Wähler eine wirkliche Alternative zu dem von der Deutschen Partei unterstützten Fürsten, gegen den die Demokraten seit 1871 vergeblich gekämpft hatten[94].

Mayer bereiste nun intensiv den gesamten Wahlkreis. Seit Anfang Oktober brachten die Bezirksblätter laufend Berichte über Versammlungen beider Kandidaten sowie z.T. polemische Pro- und Contra-Erklärungen beider Lager. Die journalistische Berichterstattung war dabei höchst unterschiedlich. Während etwa einem Auftritt Mayers in Crailsheim, von über 800 Personen besucht und häufig mit Beifall und zum Schluss mit Hochrufen bedacht, bescheinigt wurde, er habe *mit Ernst und Würde ohne alle Bissigkeit* die gegnerischen Angriffe zurückgewiesen[95], kritisierte ein Bericht aus Braunsbach dessen Äußerungen als s*onderbar,* das demokratische Programm als *flau*[96]. Deutlich wurde vor allem, dass hier ein Kampf gegen das scheinbar allmächtige Establishment zu führen war. So war ein Pro-Hohenlohe-Aufruf im Crailsheimer Amtsblatt von den Spitzen der bürgerlichen Gesellschaft unterzeichnet. Neben dem evangelischen Dekan waren zahlreiche Staats- und Gemeindebeamte vertreten, darunter der Oberamtmann, der Kameralverwalter, der Oberamtsrichter, der Oberamtsarzt, der Postmeister und der Oberamtsbaumeister, schließlich Förster, Schultheißen und der Crailsheimer Stadtpfleger[97]. Zudem betonten die Anhänger Mayers, dass neben dieser Phalanx von Unterstützern auch fürstliche Angestellte *bis herab zum Holzhauer* zur Loyalität verpflichtet seien[98]. *Höhepunkt* des unvergesslich bleibenden Wahlkampfes war das Aufeinandertreffen der beiden Kandidaten in Brettheim im Oberamt Gerabronn. Etwa 1.200 Teilnehmer, auch die Hohenlohe unterstützenden Oberamtmänner aus Crailsheim und Gerabronn waren anwesend, vernahmen etwa die Zurückweisung seiner *Verleumdungen* durch Mayer und dessen scharfe Kritik am Abstimmungsverhalten des Fürsten. Dieser habe schließlich Brettheim bereits „geschlagen" verlassen[99], während Mayer mit *stürmischen Hochrufen* bedacht worden war[100].

Die für die Region wohl einmalige Auseinandersetzung führte zunächst zu einem Patt, das eine Stichwahl und damit die Fortsetzung des Kampfes erforderlich machte. Während dabei Hohenlohe etwa als Vaterlandsfreund und Freund von Re-

---

[92] Vgl. zu Fürst Hermann zu Hohenlohe-Langenburg (1832–1913) etwa die Kurzbiographie bei RABERG, Handbuch, S. 382–384.

[93] Haller Tagblatt Nr. 214 vom 14.9.1881.

[94] Vgl. dazu MÜLLER, Volkspartei, S. 310 f.

[95] Fränkischer Grenzbote Nr. 126 vom 25.10.1881.

[96] Haller Tagblatt Nr. 248 vom 25.10.1881.

[97] Vgl. MÜLLER, Volkspartei, S. 310 f.

[98] Vaterlandsfreund Nr. 124 vom 20.10.1881.

[99] So der euphorische Bericht von SCHMIDT-BUHL, Volksmänner, S. 4 f.

[100] Haller Tagblatt Nr. 250 vom 27.10.1881.

Abb. 5: Am linken Bildrad ist das Gasthaus „Falken" in Crailsheim zu sehen, in dem 1881 eine Wahlveranstaltung Mayers stattfand.

ligion und Kirche gerühmt[101], Mayer dagegen als *Maulheld* tituliert wurde[102], entlarvte eine Einsendung *vom Lande* das ganze Ausmaß der Wahlbeeinflussung: Am 30. Oktober, einem Sonntag, hätten einige evangelische Kirchen einer *Wahltribune* geglichen, auf der die Pfarrer gegen Mayers Wähler wetterten. Empört kritisierte der Einsender, mancher der *gottesgelehrten Männer* habe sich *zum Parteimann degradirt*, was *nicht wenige* veranlasst habe, die Kirche zu verlassen[103].

Trotz dieser Umtriebe konnte Mayer einen glänzenden Sieg mit einer Mehrheit von etwa 2.700 Stimmen erzielen, der landesweit Aufsehen erregte. Er bedankte sich bei seinen Wählern und Unterstützern, die den *vereinten Angriff so vieler mächtige*[r] *Gegner* zurückgewiesen hätten[104]; sein Crailsheimer Wahlkomitee begrüßte, dass nunmehr *der Geist unabhängigen Mannessinnes* eingekehrt sei und *fortwirken* möge[105]. Ein Provinzblatt stellte schließlich nüchtern fest, die Katholi-

---

101 Vaterlandsfreund Nr. 135 vom 12.11.1881 (Wahlanzeige).
102 Haller Tagblatt Nr. 134 vom 12.11.1881 (gegnerische Wahlanzeige).
103 Vaterlandsfreund Nr. 135 vom 12.11.1881.
104 Vaterlandsfreund Nr. 139 vom 22.11.1881.
105 Ebd.

ken hätten *den Ausschlag* gegeben[106]. Der Aufwärtstrend der Demokraten, der allerdings bei den Landtagswahlen von 1882 nicht erkennbar war, hatte auch Härle, Payer, Retter und Schott[107] Mandate beschert. Hinzu kamen der wieder gewählte Schwarz sowie der parteilose von Bühler[108], der von der Volkspartei unterstützt worden war. Demgegenüber konnte die krisengeschüttelte Deutsche Partei[109] in Württemberg keinen einzigen Sitz erringen.

In seiner ersten Reichstagsrede am 29. November 1881 sprach sich Mayer für das alte Parteiziel der Gewährung von Diäten aus. Er bezeichnete die Einwendungen dagegen als *Künstlereien [...], die Diätenlosigkeit ist ein Privilegium der besitzenden Klasse,* die das Wahlrecht beschränke und den Mangel an Kandidaten bewirke. Während fast alle Parteien für Diäten seien, könne er als Schwabe feststellen, dass man dort diesen Mangel *sehr bitter* empfinde; die Parteien könnten ihre Kandidaten *nur mit Ach und Krach* rekrutieren. Einleitend hatte er die Regierungspläne zu einer Verlängerung der Legislatur- und Budgetperioden als *Verkürzung der Volksrechte* kritisiert und das Kanzlerwort vom *neu aufgehenden Gestirn* der Volkspartei mit dem sarkastischen Hinweis verbunden, dieses könne mit Diäten noch besser gedeihen[110].

Am 11. Januar 1882 unterstützte Mayer einen jedoch gescheiterten Antrag auf Vermehrung der Abgeordneten als *Sache der Gerechtigkeit,* gelte es doch, allen *Faktoren des allgemeinen Stimmrechts zu ihrer proportionalen Vertretung* [zu] *helfen.* Sollten dann *einige Sozialdemokraten mehr* eintreten, gebe es dennoch *keinen Grund zu Befürchtungen*[111].

Auf seiner Heimreise von Berlin gab er, eingeladen vom Bamberger Volksverein, einen Bericht über die Demokraten im Reichstag. Er sprach von einem *Fortschritt,* dass sich die Abgeordneten zu *einer eigenen Gruppe* konstituiert hätten – Fraktionsstatus besaßen sie nicht. Nachdem alle Mitglieder mindestens einmal geredet hatten, zog er eine befriedigende Bilanz, betonte allerdings, es sei schwierig gewesen, *überhaupt zum Worte* [zu] *kommen.* Insofern sei *Bescheidenheit* angesagt, man werde *nicht allzu oft* hervortreten können[112].

---

[106] Haller Tagblatt Nr. 268 vom 17.11.1881. So auch LANG, Deutsche Partei, S. 75. (Die Bezirke Künzelsau und Mergentheim hatten einen beträchtlichen katholischen Bevölkerungsanteil).

[107] Vgl. zu Sigmund Schott (1818–1895) die Kurzbiographie bei RABERG, Handbuch, S. 832 f.

[108] Friedrich von Bühler (1817–1892), ursprünglich hohenlohischer Domänendirektor, hatte als Friedensaktivist einen hohen Bekanntheitsgrad erreicht. Vgl. ALEXANDRE, Philippe: Haller für den Frieden 1870–1914, in: Württembergisch Franken 82 (1998), hier insbesondere S. 225–242.

[109] Vgl. dazu LANGEWIESCHE, Tagebuch Hölders, passim, besonders S. 25, 28, 30.

[110] Zitiert nach der DVP-Broschüre Reden der demokratischen Abgeordneten, in der ersten Session der V. Legislaturperiode des Deutschen Reichstags (17. November 1881 bis 30. Januar 1882), hg. vom Engeren Ausschuß, Frankfurt/M. 1882, S. 7 f. Dort (S. 6) auch die Wahlergebnisse.

[111] Zitiert nach ebd., S. 36 f.

[112] Beob. Nr. 25 vom 31.1.1882.

Mit einer langen Rede und für ihn typischen Abweichungen bekämpfte Mayer am 12. Mai 1882 das geplante und schließlich gescheiterte Projekt eines Tabakmonopols und betonte, *ausdrücklich gegen das Monopol gewählt* zu sein. Er müsse ablehnen, weil es *die kleinen Leute schärfer* belaste als die Reichen, zudem wäre *das Chaos von Abgaben* und die *bestehende Steueranarchie* zuvor zu ordnen. Während die Volkspartei grundsätzlich gegen indirekte Steuern sei, bekämpfe man ein *System [...], [das] die Einzelstaaten vom Reich und die Kommunen von den Einzelstaaten in eine unmäßige Abhängigkeit* führe. Zudem habe er verfassungsrechtliche Bedenken – sie richteten sich gegen die Aushöhlung des Steuerbewilligungsrechts aller Einzelparlamente, die Schaffung einer *Masse abhängiger Existenzen* und *Nester politischer Korruption,* begleitet von einer *Hörigkeit der Regiearbeiter.* Schließlich befürchtete er eine Gefährdung des Föderalismus: *Mit der Bundesnatur des Reichs [...] ist das Wesen des Monopols unverträglich [...]. Freie Länder, freie Völker, Rechtsstaaten vertragen kein Monopol.* Er prognostizierte schließlich den Untergang einer *blühende[n] Industrie* und den Ruin zahlreicher Existenzen; letztlich stelle das Monopol die Frage nach *Freiheit oder Absolutismus,* diese *Allmacht* sei dem Reichskanzler zu verweigern. Während er in diesem Zusammenhang an 1848 erinnerte, war es besonders bemerkenswert, dass Mayer sogar die Militärfrage in seine Argumentation einbezog: Er lobte die Effizienz des Heeres, kritisierte jedoch dessen hohe Kosten. Es müsse zwar *kriegstüchtig* sein, jedoch *so haushälterisch und bürger- und bauernfreundlich* wie von den Reformern erstrebt[113].

Schon vor dieser Rede hatte die Volkspartei eine große Kampagne gegen das Monopol initiiert. So sprach Mayer bereits Anfang April vor einer großen Zuhörerschaft in München beifallumrauscht gegen das Projekt[114], einige Tage später wandte er sich während einer Volksversammlung in Eckartshausen im Oberamt Hall gegen die Pläne der Regierung. Seine mit großem Beifall bedachten Äußerungen schlossen mit den Worten: *Gegen den eisernen Kanzler ein stählernes Volk!*[115].

Im Februar 1883 sprach Mayer im Reichstag gegen den Entwurf zur Abänderung des Militärpensionsgesetzes. Er betonte seine *hohe Vorstellung* vom Heer und machte deutlich, dass volksparteiliche Kritik an militärischen Missständen aus dem erwünschten *Ideale eines Volksheeres* resultierten. Derzeit verlangten jedoch die Notstände am Rhein und in seiner Heimat andere Prioritäten. Ganz Anwalt der Landleute schilderte er ausführlich die Probleme in Württemberg – Hagelschlag, Überschwemmungen, schlechte Wein- und Kartoffelernten – und prognostizierte die Gefahr einer Verarmung. Daher sei er *mindestens jetzt* genötigt, gegen neue Reichsausgaben zu plädieren; die Militärpensionäre sollten sich *behelfen,* wie dies auch das Volk unter weitaus *traurigeren Umständen* müsse. Sein Gerechtigkeitsgefühl bewog ihn, ein weiteres Argument – den Unterschied zwischen militä-

---

113 Stenographische Berichte über die Verhandlungen des Deutschen Reichstages, 12.5.1882, S. 141–144. Vgl. zum Tabakmonopol etwa EGELHAAF, Gottlob: Geschichte der neuesten Zeit vom Frankfurter Frieden bis zur Gegenwart, Stuttgart 1918, S. 176 ff.
114 Haller Tagblatt Nr. 82 vom 7.4.1882.
115 Haller Tagblatt Nr. 92 vom 21.4.1882.

rischer und ziviler Pensionierung – anzuführen. Diene der Zivilbeamte bis zum Ende seiner Kraft, sei dies bei den Militärs nur der Fall, solange *die Kräfte unverändert* blieben. Wenn dort ein *höhere[r] Posten* nicht mehr erreichbar sei, werde der derzeitige aufgegeben. Unter Verweis auf diesen grundsätzlichen Konflikt sah er für die Zukunft einen drohenden Kampf um die Frage *Militärstaat oder [...] Kulturstaat*[116].

Im Frühjahr des folgenden Jahres sprach Mayer erneut über Militärpensionen. Im Interesse des *Steuerbeutel[s] des Volkes* sowie des *inneren Friedens* plädierte er für gleiche Pensionsbedingungen für Zivilisten und Offiziere; für letztere sei statt des frühen Ausscheidens durchaus *noch eine ehrenvolle und nützliche Verwendung* zu finden. Seine Ausführungen spiegelten wiederum eine grundsätzlich positive Einstellung zum Militär, unterstrich er doch das Wort des früheren Kriegsministers vom Heer als *Palladium des europäischen Friedens*[117].

Im Juni 1883 betätigte er sich als Wächter der parlamentarischen Rechte. Anlässlich der *vorzeitigen Etatsberathung* kritisierte er diesen Schritt als *verhängnisvolle Nachgiebigkeit* des Reichstages sowie als *Machtfrage*, bei der der *Rechtsbestand des einjährigen Budgetrechts* verletzt werde. Diese *Fügsamkeit* bringe *spätere Schwierigkeiten*, seine Partei werde daher jeden Einzelposten wie auch den gesamten Etat ablehnen[118].

Mayer bereiste regelmäßig seinen Wahlkreis, um so in Kontakt mit seinen Wählern zu bleiben. Dazu gehörte etwa sein schon erwähnter Auftritt in Eckartshausen. Etwas früher besuchte er Künzelsau, wo er von dem *großartigen* Eindruck sprach, den der Reichstag auf ihn gemacht habe. Während er das Wirken der volksparteilichen Abgeordneten beleuchtete, bescheinigte ihm der Berichterstatter nicht nur eine *gemäßigte* Sprache, sondern stellte auch fest, dass er *manches Vorurtheil* abgelegt habe, darunter teilweise auch jenes *gegen alles "Preußische"*[119]. Im Frühjahr 1883 erstattete er einer aus dem ganzen Wahlkreis gut besuchten Versammlung in Crailsheim Bericht. Dort erhielt er mehrfach *lauten Beifall,* zudem wurde ihm der

---

116 Stenographische Berichte über die Verhandlungen des Deutschen Reichstages, 10.2.1883, S. 1407–1409. In einer anschließenden Auseinandersetzung mit seinem reichsparteilichen Landsmann von Wöllwarth bescheinigte ihm dieser, in Militärfragen zu einer *besseren Einsicht* gelangt zu sein, warf ihm jedoch seine frühere Haltung vor. Mayer entgegnete, als von konservativen Bauern Gewählter vertrete er keine maßlosen Ziele, werde jedoch, falls wieder gewählt, zu gegebener Zeit wieder für eine verkürzte Präsenz wirken. Ebd., S. 1409ff.

117 Stenographische Berichte über die Verhandlungen des Deutschen Reichstages, 24.4.1884, S. 306 f. Diese Haltung kam auch darin zum Ausdruck, dass er während der Landesversammlung von 1885 nicht nur die Mobilmachungseinrichtungen des Heeres als musterhaft bezeichnete, sondern verkündete, *auch Demokraten dürfen von den Soldaten lernen*; Beob. Nr. 6 vom 9.1.1885.

118 Stenographische Berichte über die Verhandlungen des Deutschen Reichstages, 12.6.1883, S. 2999.

119 Fränkischer Grenzbote Nr. 39 vom 1.4.1882.

Dank *für die treue Erfüllung seines Mandates* ausgesprochen[120]. Im Herbst 1883 sprach er auf einer wiederum gut besuchten Versammlung in Niederstetten im Oberamt Gerabronn. Ihm sei es zwar nicht gelungen, *viel zu erreichen,* er konnte jedoch unter Beifall von der Ablehnung des Tabakmonopols und des Militärpensionsgesetzes berichten[121]. Für die enge Verbindung mit seinen Wählern sprach auch ein Telegramm, mit dem ihm der Gerabronner Bezirks-Volksverein anlässlich einer Versammlung einen *demokratischen Gruß* entbot[122].

Wie bereits angedeutet vollzog sich bei Mayer seit Beginn seiner Tätigkeit im Reichstag ein auffälliger Wandel in seiner Sicht des Reiches und auch Preußens, jedoch nicht in seiner Haltung zu Bismarck. Er, *von dem man sich scherzweise in Berlin erzählte, er verzehre jeden Morgen wenigstens einen Preußen*[123], hatte bereits während seiner ersten Reichstagsrede von dem *tiefen Eindruck* gesprochen, den die kaiserliche Botschaft auf ihn machte, indem sie die Reichsregierung als *Friedenregierung* bezeichnete[124]. Ein Passus seiner schon erwähnten Bamberger Rede von 1882 war dann sogar einem Provinzblatt zitierenswert, schien es doch einen gewandelten Mayer zu präsentieren. Er hatte dort ausgeführt, es gäbe nach seiner Meinung nicht mehr *viele Deutsche,* die Berlin als Hauptstadt in Frage stellten. Sein erster Besuch habe ihn überzeugt, *dass dort eine große demokratische Verwaltung besteht, eine Gemeinde in musterhafter Selbstverwaltung,* die *durch sich selbst regierende Bürger* beispielhaft sei[125].

Seine geradezu euphorische Aussage fand auch bei der Deutschen Partei Beachtung. Während einer Versammlung wurde festgestellt, dass nunmehr Preußen auch in den Augen der demokratischen Führer *Gnade* gefunden habe. Die *Berliner Luft* habe als *vorzüglicher pädagogischer Kursus* gewirkt[126]. Nach Egelhaaf hatte er inzwischen „rückhaltlos seinen Frieden" mit den neuen Verhältnissen gemacht, ohne allerdings seine demokratischen Überzeugungen aufzugeben[127]. Er wusste zudem zu berichten, man habe Mayer *förmlich zügeln müssen,* um ihn vor dem *Ruf eines gänzlich Umgefallenen* zu bewahren[128]. Auch Ludwig Bamberger, Mayers Freund aus Exilzeiten, der sich nach 1866 an die Seite Bismarcks stellte und von Mayer bekämpft wurde, konstatierte Mayers Wandlung in Berlin: Er sei bei seinen *Schwabenbrüdern* [...] *sehr in Verdacht erschütterter Gesinnungstüchtigkeit* gekommen[129].

---

[120] Ebd. Nr. 37 vom 28.3.1883.
[121] Haller Tagblatt Nr. 273 vom 22.11.1883.
[122] Ebd. Nr. 49 vom 28.2.1882.
[123] So BEBEL, Leben, S. 588.
[124] Reichstag vom 29.11.1882, hier zitiert nach der DVP-Broschüre ‚Die Deutsche Volkspartei im Reichstage. Reden der demokratischen Abgeordneten', Frankfurt/M. 1882, hier S. 8.
[125] Fränkischer Grenzbote Nr. 16 vom 7.2.1882.
[126] Haller Tagblatt Nr. 34 vom 10.2.1882.
[127] EGELHAAF, Mayer, S. 278.
[128] DERS., Lebenserinnerungen, S. 75.
[129] Nach Bambergers „Erinnerungen", hier zitiert nach Hartmannsbuch 1913, S. 71 f. Ungeachtet unterschiedlicher politischer Ansichten lebte die alte Freundschaft der beiden wieder auf.

Ende Februar 1884 kündigte Mayer während einer Versammlung in Ellrichshausen im Oberamt Crailsheim seine Bereitschaft zu einer erneuten Reichstagskandidatur an. Seine Mitteilung erweckte *große Freude,* zugleich wurde sein Wirken im Reichstag mit einem *Lebehoch* bedacht[130]. Im September widmete sich dann die Heilbronner Generalversammlung der DVP vor allem der Beratung des Programms für die Reichstagswahl am 28. Oktober. Der dort gegebene Rückblick auf das volksparteiliche Wirken im Reichstag stellte fest, man habe *neue Belastungen* abgewandt und dabei geholfen, *nicht unerhebliche Ersparnisse am Militäretat* zu erzielen, wichtige *Anträge und Anregungen* initiiert sowie *berechtigten Anforderungen* wie etwa der Sozialgesetzgebung zugestimmt. Auch gegenüber dem neuen Thema der Kolonialpolitik sei man aufgeschlossen, behalte sich jedoch, fern vom *Uebereifer gewisser Colonialchauvinisten,* eine jeweilige Prüfung vor. *Entfernt [...] von einer starren Negation* habe man *nirgends ein Jota* der Wählerinteressen preisgegeben und könne so *beruhigt* dem Wahlkampf entgegensehen[131].

Mayer, dem inzwischen mit dem Dörzbacher Revierförster Keller[132] ein gemeinsam von der Deutschen Partei und den Konservativen nominierter Gegenkandidat gegenüberstand – Hohenlohe hatte sich aus der Politik zurückgezogen –, veröffentlichte Mitte Oktober seinen Wahlaufruf. Dabei versprach er, sich auch weiterhin für *das Wohl und die Geltung* Deutschlands in der Welt einsetzen, er bleibe jedoch bemüht, *weitere Belastungen* wo irgend möglich abzuwenden. Im Heerwesen erstrebe er *Vereinfachungen,* die allerdings nicht der *deutschen Wehrkraft* schaden dürften. Die *Selbstbestimmung des Volkes* in jeglicher Hinsicht sei ebenso wie die *Wahrung der parlamentarischen Rechte* sein fortbestehendes Anliegen. Er werde daher weiterhin sowohl gegen die Verlängerung des Sozialistengesetzes als auch für die Aufhebung der die Katholiken *bedrängenden Gesetze* wirken und der sozialen Gesetzgebung Aufmerksamkeit widmen. Bei letzterer sei allerdings *sorgfältige Prüfung* erforderlich. Die Sozialgesetze dürften weder eine *Einbuße an Freiheit und Selbstbestimmung* für die Versicherten noch eine *Belastung der [...] Steuerträger* bringen[133]. Der nunmehr 65-jährige versprach, sollte er gewählt werden, *getrost* nach Berlin zu gehen, betonte jedoch den *dornen- und mühevollen Beruf eines Volksvertreters*[134].

---

130 Fränkischer Grenzbote Nr. 25 vom 26.2.1884. Anschließend weilte er zur Berichterstattung im Oberamt Mergentheim. Ebd., Nr. 28 vom 4.3.1884.

131 Beob. Nr. 211 vom 7.9.1884.

132 Vgl. zu Friedrich (von) Keller (1850–1923), dem späteren Präsidenten der Württembergischen Forstdirektion DVORAK, Helge: Biographisches Lexikon der Deutschen Burschenschaft, Bd. 1 Politiker, Teilband 3, Heidelberg 1999, S. 77 f.

133 Seine hier erkennbare sozusagen defensive Haltung in der Sozialpolitik (vgl. dazu auch seine Rede während der Landesversammlung 1886, Beob. Nr. 6 vom 9.1.1886) sollte schließlich zu – noch zu behandelnden – Differenzen innerhalb der DVP führen.

134 Sein Wahlaufruf im Vaterlandsfreund Nr. 122 vom 14.10.1884. Er konnte sich dort auf ein ihm durch die Volksvereine ausgedrücktes *vollständiges Einverständniß* mit seiner Arbeit im Reichstag berufen.

Im Wahlkampf, der nicht die Dimensionen von 1881 erreichte, beleuchtete Mayer sein parlamentarisches Wirken, beschäftigte sich mit kommenden Entscheidungen und besonders mit der Frage, wie der Landwirtschaft *aufzuhelfen* sei[135]. Während seine Anhänger betonten, er sei wie etwa beim Tabakmonopol und den Militärpensionen *energisch eingetreten, wo es galt zu sparen und unsere Rechte zu wahren*[136], griffen seine Gegner z.T. zu dubiosen Mitteln. Diese, als *Posthalter und Verwalter, Staats- und fürstliche Beamte, Geistliche* identifiziert, scheuten *keine Verdächtigung und Verläumdung*[137] oder beeinflussten Wirte, um Versammlungen Mayers zu behindern[138]. Die Überflutung des Bezirks mit Flugblättern konterten die Unterstützer Mayers mit der Aufforderung, keinen Beamten und Reserveoffizier zu wählen, der mit dem *Einjährigen-Institut ein Privileg der Vornehmen* unterstütze und auch der *Erhöhung der Offizierspensionen* nicht entgegentrete[139]. Die Wahl brachte Mayer trotz katholischer Unterstützung nur einen knappen Sieg. Insgesamt konnten die württembergischen Demokraten nur drei weitere Kandidaten – Härle, Payer und Schott – durchbringen; im ‚Beobachter' wurde eine *schwere Niederlage* konstatiert[140].

Als Mayer im Oktober 1885 vor dem Haller Volksverein über die vergangene Reichstagssession berichtete, zeichnete er ein recht negatives Bild. Die Thronrede war für ihn enttäuschend, seien doch statt erwarteter sozialer Reformvorschläge vor allem Steuererhöhungen angekündigt worden. In seiner Bilanz bezeichnete er *die viel zu hohen* Militärausgaben als *Hauptschaden*. Bemerkenswert war seine Ansicht zur Kolonialpolitik, die seit 1884 die Öffentlichkeit stark beschäftigte[141]. Dass gerade in Schwaben *die Volksstimmung am meisten von allen deutschen Staaten für das* […] *Kolonialwesen* plädiert habe, liege im Volkscharakter: Wenn man dort *vom blauen Meer und von weiter Ferne höre, so gehe gerne der Verstand* […] *durch*, und man erwarte *große Wohlthaten und Vorteile*[142].

Als kämpferischer Volksmann agierte Mayer im Dezember 1885 im Reichstag gegen die Verlängerung der Legislaturperioden – damit solle *die Macht des Volkes* reduziert werden. Er bezeichnete die Antragsteller – mehrheitlich Adelige – als Exponenten der herrschenden *schwere*[n] *Reaktion*, deren Vorgehen allgemein als *Angriff auf das allgemeine Stimmrecht* gesehen werde. Dabei verwies er auf die für

---

135 Fränkischer Grenzbote Nr. 120 vom 7.10.1884.
136 Einsendung aus Kirchberg, Vaterlandsfreund Nr. 125 vom 21.10.1884.
137 Einsendungen ebd., Nr. 126 vom 23.10.1884.
138 Einsendung ebd., Nr. 125 vom 21.10.1884.
139 Einsendung ebd., Nr. 126 vom 23.10.1884.
140 Beob. Nr. 259 vom 4.11.1884.
141 Zur eher abwartenden und kritischen Haltung der Demokraten vgl. MÜLLER, Hans Peter: Das Königreich Württemberg und die Anfänge deutscher Kolonialpolitik (1879/80–1890), in: ZWLG 66 (2007), S. 436ff. und passim.
142 Haller Tagblatt Nr. 250f. vom 25.10.1885f.

ihn undemokratisch *im Feldlager* zustande gekommene Reichsverfassung. Ein Vorgang, der das Volk um seinen *ganzen Lohn* gebracht habe. Während er dieser Verfassung aber *Zeit lassen* wolle, warnte er vor Angriffen auf sie, schließlich sei auch seine Partei insbesondere wegen des Fehlens der Grundrechte keineswegs zufrieden. Gleichzeitig erteilte er einem entgegengesetzten Antrag der Sozialdemokratie auf zweijährige Legislaturperioden ebenfalls eine Absage. Dabei betonte er zwar die Nähe beider Parteien zueinander, gleichzeitig aber auch die zahlreichen Differenzen[143].

Anlässlich der Debatte über die dritte Verlängerung des Sozialistengesetzes im Februar 1886 hielt er ein leidenschaftliches Plädoyer gegen das 1878 geschaffene *Unglück* und bekundete wie schon früher Solidarität mit den Verfolgten. Er betonte die erkennbar konstruktive Haltung der Sozialdemokratie, die etwa keineswegs *die Schwächung der Wehrkraft* der Nation erstrebe. Habe man seinerzeit von einem staatlichen Notwehrrecht gesprochen, so gelte inzwischen, dass *Nothwehr ohne Noth zur Anwendung* kommen solle. Die hinter der Arbeiterpartei stehenden Millionen ihrer *Freiheitsrechte* [zu] *berauben* und sie in dem Zustand der *Vogelfreiheit* zu belassen, schüre den Klassenhass, obwohl doch gerade die Arbeiter *Sachverständige in der sozialen Frage* seien. Als Angehörige *einer Nation* [...], *welche die herrlichsten Thaten* vollbracht habe, ließen sie sich eine so *unwürdige Behandlung* nicht gefallen. Mit großer Anteilnahme schilderte Mayer den Gewaltcharakter aller Ausnahmegesetze und beklagte insbesondere die Praxis der *ungeheuerlichen Ausweisungen,* die den *Ruin von Hunderten von Familien* gebracht haben. Seine mit Bravorufen von links bedachte eindrucksvolle Rede schloss mit dem – vergeblichen – Appell, auf den Boden *des ausnahmslosen Rechts für Alle* zurückzukehren. Dies sei *der einzig sichere Boden für die Zukunft unserer Nation!*[144].

Der von Mayer wie erwähnt bereits 1883 vorhergesagte Konflikt beim Auslaufen des Septennats trat im Dezember offen zu Tage. Vor dem Hintergrund einer behaupteten Kriegsgefahr mit Frankreich forderte der Kanzler eine bedeutende Erhöhung der militärischen Präsenz, die dann auf sieben Jahre festgeschrieben werden sollte. Angesichts dieser Situation rief Mayer während der Landesversammlung im Januar 1887 alle Verfassungsfreunde auf, *sich um den bedrohten und bedrängten Reichstag zu schaaren* und diesen als *Hüter der Volksrechte zu schützen*[145].

Das von Bismarck erwartete Scheitern seiner Pläne führte am 14. Januar 1887 zur Auflösung des Reichstags und zur Ausschreibung von Neuwahlen zum 21. Februar. Friedrich Payer hat die nun folgende *Angstwahl* plastisch geschildert: Den verunsicherten Wählern wurde ein unmittelbar bevorstehender Krieg mit Frankreich

---

[143] Stenographische Berichte über die Verhandlungen des Deutschen Reichstages, 10.12.1885, S. 269 f. Während der Landesversammlung 1886 setzte er sich dagegen für die Unterstützung eines sozialdemokratischen Antrags zur Familienhilfe für eingezogene Soldaten ein. Beob. Nr. 6 vom 9.1.1886.
[144] Stenographische Berichte über die Verhandlungen des Deutschen Reichstages, 18.2.1886, S. 1125 f.
[145] Beob. Nr. 6 vom 9.1.1887.

bei weitgehender deutscher *Wehrlosigkeit* vorgegaukelt. Für Payer war dies der *abscheulichste Wahlkampf* seiner Erinnerung, der durch *schändlichste Hetze* der Gegner bestimmt worden sei[146].

Ein Wahlaufruf des volksparteilichen Landeskomitees präsentierte in eindrücklichen Worten, dass nun die Wähler zwischen *Militärregiment oder Verfassungsstaat* zu entscheiden hätten. Während der Reichstag *den äußersten Anforderungen der Sicherheit des Vaterlandes* Rechnung getragen, jedoch sein Verfassungsrecht auf Prüfung der Staatsausgaben in jeder Legislaturperiode gewahrt habe, sei das Volk vom Kanzler in einen Wahlkampf gestürzt worden. Nun gelte es, den *aufgedrungenen Kampf* um dieses wichtigste Verfassungsrecht zu führen[147].

Mitte Februar wandte sich ein Aufruf im Parteiblatt gegen den *höchst unsinnigen Kriegsalarm* und konterte eine deutschparteiliche Angstkampagne mit der Feststellung, die deutsche Armee sei *schon jetzt stärker als die französische*; der Bismarckanhang spekuliere daher auf *Leichtgläubigkeit und Dummheit*. Zugleich wurde vor einer der Regierung *ergebene[n] Mehrheit* gewarnt. Mit einer solchen drohten dann Monopole für Branntwein und Tabak, eine Gefährdung des demokratischen Wahlrechts und einseitige Vorteile insbesondere für die norddeutschen Großgrundbesitzer[148].

Schon bevor im XII. Wahlkreis die Kandidaten feststanden, zeigte eine deutschparteiliche Versammlung in Schrozberg die Stossrichtung der kommenden Auseinandersetzungen. Ein protestantischer Pfarrer wetterte gegen die *leidigen und beschämenden Vorgänge* im Reichstag und forderte *einen national gesinnten Mann* als künftigen Abgeordneten[149]. Als dann der Forstmann Keller, der Kandidat von 1884, erneut antrat und auch Mayer seine Bewerbung als *Ehrensache* angekündigt hatte[150], entspann sich eine Wahlschlacht, die mit der von 1881 vergleichbar war. Die Auseinandersetzung, die hier vor allem nach dem Gerabronner ‚Vaterlandsfreund‘ geschildert wird, ist dort durch wenige Versammlungsberichte, aber eine Vielzahl von meist anonymen Einsendungen dokumentiert. Für Keller *mit Feuer und Flamme* kämpfende evangelische Geistliche waren wiederum in großer Zahl vertreten[151]. Dies veranlasste die Unterstützer Mayers zu geharnischten Protesten – *das kirchliche Parteigetriebe* [sei] *eine brennende Wunde in unserem kirchlichen Leben*[152]. Schließlich traten auch Landwehrmänner und Kriegervereine für Keller

---

146 Payer, Aufzeichnungen und Dokumente, S. 164f. (auch zur Vorgeschichte).
147 Haller Tagblatt Nr. 15 vom 20.1.1887.
148 Beob. Nr. 37 vom 15.2.1887. Die Volkspartei hatte bereits 1886 landesweit gegen das Branntweinmonopol und die geplante Konsumsteuer für Branntwein agitiert. Vgl. dazu etwa Beob. Nr. 125 vom 30.5.1886.
149 Vaterlandsfreund Nr. 10 vom 22.1.1887.
150 Haller Tagblatt Nr. 27 vom 3.2.1887.
151 Vaterlandsfreund Nr. 22 vom 22.2.1887. Vgl. auch die Nummern 17, 21 und 23.
152 Ebd., Nr. 20 vom 15.2.1887.

ein[153], und sogar Arbeiter und Taglöhner unterstützten ihn[154], ein Zeichen für die Verunsicherung der Wähler.

Ein Aufruf der Deutschen Partei schürte die Kriegsangst, stünden doch *weit überlegene Streitkräfte* [...] *im Westen und Osten* [...] *bereit; es gelte Weib und Kind und Haus und Hof* [...] *zu schützen.* Daher dürfe kein Mann gewählt werden, der u.a. *mit Polen, Welfen, elsäßischen Franzosen* [und] *Sozialdemokraten* verbündet, sich des *Vaterlands Sicherheit* verweigere[155]. Keller, der sich volkstümlich gab und als Gegner von Monopolen oder gar der Beeinträchtigung des Wahlrechts auftrat, wies genüsslich auf französische Zeitungsberichte hin, in denen auch der ‚Beobachter‘ als *der Franzosen Sache* vertretend erwähnt worden war[156]. Dem *sogenannten Volksmann* Mayer wurden schließlich seine zoll- und steuerpolitischen Abstimmungen als bauernfeindlich vorgeworfen; er habe nur *ein Herz für die Leute,* die Börsengeschäfte machten. Scharfe Angriffe galten auch seiner Rede gegen das Sozialistengesetz[157].

Die Tendenz der ‚nationalen’ Angriffe war überaus deutlich: Mayer wurde letztlich zum nur scheinbaren Volksfreund, zum Gegner der Reichsautorität und zum verkappten Franzosenfreund gestempelt. Demgegenüber behauptete ein Einsender: *Der Reichskanzler sagt stets die Wahrheit*[158]. Mayers Anhänger konnten bei diesem demagogischen Trommelfeuer nicht mithalten. Die gegnerischen Einsendungen bzw. Anzeigen waren nicht nur zahlreicher, sondern erschienen vielfach auch ganzseitig. Geld schien keine Rolle zu spielen.

Scheinbar unbeirrt versuchte Mayer das Geschehen im Reichstag zu erläutern: Er und seine Parteifreunde hätten alles bewilligt, was zu Deutschlands *Wohlfahrt* und *Schutz* erforderlich sei. Die Zustimmung zum Septennat sei ihnen aus *Verfassungsrücksichten* nicht möglich gewesen. Während er die drohenden Gefahren durch Monopole und Einschränkung des Wahlrechts betonte, meldete der Berichterstatter des ‚Fränkischen Grenzboten‘ einen bemerkenswerten Befund: *Nebenbei* habe der Redner *eine Bewunderung* des Kaisers, des Kronprinzen, Bismarcks und Moltkes erkennen lassen[159]. In Niederstetten bezeichnete er die Kriegsängste als *ungreifbares Gespenst,* das nach der Wahl verschwinden würde. Frankreich sei nicht in der Lage, *mit uns einen Krieg zu beginnen.* Mit *Entrüstung* wandte er sich gegen die Unterstellung, die freisinnigen Parteien zielten nur darauf, *der Regierung* [...] *Opposition zu machen,* warnte jedoch vor der Wahl eines *allzu gefügigen*

---

153 Ebd., Nr. 16 vom 5.2.1887, Nr. 19 vom 12.2.1887.
154 Ebd., Nr. 22 vom 22.2.1887.
155 Ebd., Nr. 14 vom 1.2.1887.
156 Ebd., Nr. 21 vom 17.2.1887. Dieses Thema wurde auch von Kellers Wahlhelfern aufgegriffen (vgl. ebd. Nr. 20 und 22), die schließlich den französischen *Kriegsplan* entdeckt haben wollten (Nr. 21).
157 Ebd., Nr. 19 und 21.
158 Ebd., Nr. 23 vom 19.2.1887.
159 Fränkischer Grenzbote Nr. 15 vom 3.2.1887. In einer Rede in Künzelsau verwahrte er sich gegen den Vorwurf einer Zusammenarbeit mit Reichsfeinden; dies sei eine *Zufalls-Brudergenossenschaft* gewesen. Haller Tagblatt Nr. 27 vom 3.2.1887.

Reichstags[160]. Hoffnungsvoll dürfte ihn die Nachricht gestimmt haben, dass das Zentrum dazu aufgerufen hatte, *einmüthig und ausnahmslos* für ihn zu stimmen[161]. In den Augen seiner Gegner war dies allerdings eher ein Manko, zudem blieb fraglich, ob die – ja ebenfalls verunsicherten – Katholiken dieser Aufforderung geschlossen folgen würden.

Mayers Anhänger brachten die Argumente der *Herrenpartei* auf eine griffige Formel: *Die Militärfrage ist Wahlparole, die Kriegsfrage [...] künstliches Wahlmittel*[162]. Zugleich versuchten sie klar zu machen, dass die von der Reichstagsmehrheit einschließlich der Volkspartei geforderte kürzere Friedensdienstzeit keinen Einfluss auf die deutsche Wehrfähigkeit habe, dagegen zur *Schonung der Bauern, Handwerker, Arbeiter* und sonstiger Nichtprivilegierter erfolgt sei[163]. Kellers konziliantes Auftreten – das Grobe besorgten wie gezeigt seine Unterstützer – wurde mit Spott quittiert: Es scheine, er wolle *zur Opposition übergehen*, um schließlich als allen Seiten passender Kandidat zu wirken[164].

Allen demokratischen Appellen an Vernunft und Nüchternheit blieb jedoch der Erfolg versagt. Mayer verlor wohl nicht unerwartet sein Mandat mit einem Minus von etwa 3.700 Stimmen[165]. Sein parlamentarisches Wirken, dessen enge Grenzen ihm die Berliner Jahre ständig vor Augen geführt hatten, war damit beendet. Kein einziger Demokrat kam in den Reichstag, während die Deutsche Partei für ihre Vasallenschaft zum Kanzler mit 13 Mandaten belohnt wurde. Triumphierend konnte Wilhelm Lang schreiben, *der Zorn des Volks* sei *in helle Flammen* ausgeschlagen[166].

2.3 Mayer und die Deutsche Volkspartei

Die DVP war weitgehend auf Süddeutschland beschränkt. Neben Württemberg und Frankfurt einschließlich des Rhein-Main-Gebiets war sie nur im nördlichen Baden, der Pfalz und in Franken präsent; vereinzelte Gruppen etwa in Berlin, Leipzig, München, Dresden oder Dortmund blieben letztlich unbedeutend[167]. Zentren der Partei waren Frankfurt und Stuttgart bzw. Württemberg, das über die meisten Mitglieder verfügte; ihr Verhältnis war letztlich das von Antipoden[168], für das vor allem die Parteiführer Sonnemann und Mayer stehen. Sonnemann, der Herausgeber der einflussreichen *Frankfurter Zeitung* und langjährige Reichstagsabge-

---

[160] Vaterlandsfreund Nr. 21 vom 17.2.1887.
[161] Ebd., Nr. 20 vom 15.2.1887.
[162] Ebd.
[163] Ebd., Nr. 21 vom 17.2.1887.
[164] Ebd., Nr. 22 vom 19.2.1887.
[165] Ebd., Nr. 26 vom 26.2.1887.
[166] Lang, Deutsche Partei, S. 79f.
[167] Payer, Aufzeichnungen und Dokumente, S. 157.
[168] Hunt, James Clark: The People's Party in Württemberg and Southern Germany 1890–1914. The Possibilities of Democratic Politics, Stuttgart 1975, S. 36; zu den zwischen Frankfurt und Stuttgart bestehenden Differenzen S. 37ff.

ordnete, stand im Gegensatz zu Mayer für eine fortschrittliche Sozialpolitik. Den Frankfurtern war sowohl der Föderalismus als auch der Traditionalismus der Württemberger fremd. So widersetzten sich Payer und Mayer vehement Bestrebungen, die Volkspartei in Demokratische Partei umzubenennen[169]. Schließlich barg das Verhältnis zur Fortschrittspartei bzw. den Freisinnigen ein gewisses Konfliktpotential. Nicht nur in den Augen der Demokraten war diese preußisch-zentralistisch und monarchisch orientiert und sozialpolitisch ignorant[170]. Während Mayer dennoch mit dem Parteiführer Eugen Richter befreundet war und in ihm – nicht ohne auf Widerspruch zu stoßen – einen *Freiheitsmann und Demokraten* sah[171], bestand zwischen Sonnemann und Richter eine Art Dauerfehde[172].

Während auf der Karlsruher Generalversammlung der DVP 1882 einvernehmliche Beschlüsse vor allem zur Fabrikgesetzgebung und zur Steuerfrage gefasst wurden[173], begannen sich im Folgejahr dunkle Wolken abzuzeichnen. In einer die Bamberger Generalversammlung begleitenden Volksversammlung hatte Mayer die Volkspartei als *socialpolitische Partei* bezeichnet, die *neben der politischen Freiheit auch die möglichste sociale Gleichheit* erstrebe. Ihre Lösungsversuche basierten nicht *auf dem Boden* [...] *eines engherzigen Classeninteresses*, vielmehr sei man bemüht, *unter sorgfältiger Prüfung* wissenschaftliche Grundsätze im Interesse aller anzuwenden[174]. Diese eher vagen Ausführungen führten dann zu einer *ziemlich animirte*[n] *Controverse* zwischen Mayer und Sonnemann. Wie das Parteiblatt schrieb, neige Mayer mehr zum Standpunkt der Fortschrittspartei. Die Meinungsverschiedenheiten seien zu erwarten gewesen und sogar *erfreulich* im Sinne einer Klärung[175].

Der schwelende Konflikt vor dem Hintergrund eines liberalen Umgruppierungsprozesses in Norddeutschland[176] fand zunächst Ausdruck darin, dass Mayer 1884 gegen eine Vertrauenserklärung für den Frankfurter Vorort stimmte[177]. 1885 trat er dann in nicht erwarteter Form zu Tage: Die Frankfurter hatten eigenmächtig beschlossen, eine Vereinigung mit den neuformierten norddeutschen De-

---

[169] Haller Tagblatt Nr. 214 vom 11.9.1884 (Generalversammlung der DVP in Heilbronn). – Sein Traditionsbewusstsein unterstrich Mayer während der Landesversammlung von 1881, indem er sich Plänen widersetzte, diese auf einen späteren Termin zu verlegen: Der 6. Januar sei *so heilig wie* [...] *ein Feiertag*. Beob. Nr. 7 vom 11.1.1881.
[170] Vgl. etwa MÜLLER, Volkspartei, S. 336, Anm. 336.
[171] Beob. Nr. 137 vom 11.6.1885 (Generalversammlung der DVP in Mannheim).
[172] Vgl. PAYER, Aufzeichnungen und Dokumente, S. 141. Payer sah Richter wohl kritischer als Mayer. Vgl. dazu ebd., S. 142, 153, 158 f.
[173] Beob. Nr. 226 vom 27.9.1882. Während einer Volksversammlung hatte Mayer unter großem Beifall über die Grundsätze der Partei gesprochen und dabei die Badener *an die großen Tage von* [18]*48* erinnert. Beob. Nr. 225 vom 26.9.1882.
[174] Beob. Nr. 201 vom 30.8.1883.
[175] Beob. Nr. 200 vom 29.8.1883.
[176] Vgl. dazu etwa MÜLLER, Volkspartei, S. 338, Anm. 247.
[177] Vgl. HUNT, People's Party, S. 38 f.

mokraten anzustreben. Dies wurde von den erzürnten Württembergern als *Ueberrumpelung* scharf kritisiert[178]. Die sich über Monate hinziehenden Auseinandersetzungen[179] sollen hier hinsichtlich der Rolle Mayers skizziert werden. Dieser übte harsche Kritik am *seitherigen schwerfälligen Apparat* der DVP; der weitere Ausschuss sei *nur [...] ein Ornament und werthloses Anhängsel*, während der engere Ausschuss sich zur Parteileitung als *ungeeignet erwiesen habe*. Dessen Anmaßung, ohne Konsultationen eine Parteifusion anzustreben, sei inakzeptabel, das Parteistatut bedürfe einer Änderung[180].

Nach den Kontroversen während der Mannheimer Generalversammlung im Juni 1885 äußerte er sich ausführlich zu den dort vor allem durch Sonnemann gegen ihn erhobenen Vorwürfen. Gemäß einer etablierten Praxis habe er in Berlin Vorträge bei den Freisinnigen gehalten, über deren Inhalt jedoch in der Presse unvollständig und entstellt berichtet worden sei. Daraufhin habe man ihn kritisiert, sich *zu Gunsten der deutschfreisinnigen Partei zu weit und gegenüber der neuen Partei* [den norddeutschen Demokraten, der Verfasser] *zu hart ausgelassen* zu haben. Er bestehe jedoch auf *die Freiheit der eigenen Meinung*. Während Mayer ein gewisses Verständnis für Sonnemanns Aversion gegen Richter äußerte, wollte er nicht akzeptieren, dass das *nützliche Cartell* zwischen Freisinn und Volkspartei gefährdet werde; eine *Verschmelzung* stehe jedoch nicht zur Debatte. Er wiederholte die Kritik an den dem *Trieb der Macht* entspringenden Fusionsplänen der Frankfurter und wies deren Vorwürfe gegen den Stuttgarter *Partikularismus* und angebliche neue Südbundpläne vehement zurück, dabei seinen Gang an die Öffentlichkeit als *Nothwehr* bezeichnend. Die Frankfurter bezichtigte er, die Volkspartei verlassen zu wollen, um mit möglichst großem *Anhang* zur norddeutschen Demokratie zu stoßen und den *Kampf* gegen den Freisinn zu führen. Schließlich warf er Sonnemann vor, seit seinem Ausscheiden aus dem Reichstag *immer mehr als Mentor, statt als Moniteur der Partei* zu wirken. Er sah die Gefahr einer *Trennung*, die den *Kampf des Bürgerthums gegen die Junker* nur schwächen könne[181].

Der reichsweit Aufmerksamkeit erregende Konflikt fand während der Hanauer Generalversammlung der DVP im Oktober 1885, die von den Württembergern nicht besucht wurde, eine überraschende Deutung und zugleich seinen Abschluss. Sonnemann erklärte dort, die Auseinandersetzungen um die norddeutsche Demokratie hätten nur *den äußeren Anlaß* gebildet. Der *wahre Grund* seien unterschiedliche Auffassungen in sozialen Fragen gewesen. Dabei nannte er Mayers *Opposition* gegen die Parteibeschlüsse zum Arbeiterschutz und dessen Reichstagsrede zum Unfallgesetz; er befürchtete die Neigung einzelner Württemberger zum *Manches-*

---

178 Beob. Nr. 105 vom 7.5.1885.
179 Dazu ausführlich MÜLLER, Volkspartei, S. 338ff.
180 Beob. Nr. 131 vom 9.6.1885 (Sitzung des weiteren Landeskomitees).
181 Beob. Nr. 144 vom 24.6.1885, Nr. 146 vom 26.6.1885.

tertum[182]. Der ‚Beobachter' wies diesen Vorwurf natürlich zurück und konstatierte, die bisherige *Differenz* sei *urplötzlich wie durch eine Versenkung verschwunden,* die Frankfurter hätten resigniert. Dennoch berichtete das Blatt, auch in Hanau sei es zu *persönlichen Ausfällen wider Mayer [...] und die Schwaben überhaupt* gekommen[183].

Für Mayer war von da an die DVP kein Betätigungsfeld mehr, nachdem er bereits seit 1883 dem weiteren Ausschuss nicht mehr angehörte. Dieses Amt wurde seither von anderen Württembergern und vor allem durch Payer wahrgenommen. Seine Parteifreunde waren im Interesse der Gesamtpartei weniger nachtragend und pragmatischer als Mayer; ein vergleichbarer Konflikt blieb der Partei in Zukunft erspart.

3. Gegnerische Verleumdungen

Wie schon vor der Reichsgründung sahen sich die Demokraten auch nach ihrer Konsolidierung – und dies gilt vor allem für ihre Führer Mayer, Pfau und Sonnemann – erneut einer *komplottmäßig* betriebenen Verleumdung ausgesetzt. Sie hatten sich dabei „nicht nur gegen Personen, sondern gegen ein System zu vertheidigen"[184] – das System des *alten Hasser*[s] Bismarck[185].

Hier soll nur die gegen Mayer inszenierte Diffamierungskampagne kurz skizziert werden. Die *Norddeutsche Zeitung,* das ‚Hausorgan' des Kanzlers, publizierte 1878 den „aus den Fingern gesogenen Vorwurf"[186], Mayer habe vor 1870 große Geldsendungen aus Frankreich erhalten und als französischer Agent gewirkt – ein von Varnbüler lanciertes Gerücht[187]. Die schwerwiegende Beschuldigung wurde anschließend in der *Württembergischen Korrespondenz* und einem Frankfurter Blatt veröffentlicht. Mayer ging nun gegen die drei Redakteure gerichtlich vor,

---

[182] Haller Tagblatt Nr. 251 vom 27.10.1885 (nach der ‚Frankfurter Zeitung'). Sonnemanns Befürchtungen waren nicht ganz unbegründet. Während Mayers eher halbherzige Aussagen bereits erwähnt wurden, berichten Sohn und Enkelin übereinstimmend, dass für ihn, der ganz auf die ‚Freiheitsarbeit' konzentriert war, sozial- und wirtschaftspolitische Fragen nie jenen hohen Stellenwert hatten. Hartmannsbuch 1898, S. 124; RUSTIGE, Lebensgeschichte, in: Vadiana Kantonsbibliothek St. Gallen, Nachlass Näf.

[183] Beob. Nr. 252 vom 29.10.1885.

[184] PFAU, Ludwig: Der Preßprozeß des „Staatsanzeigers für Württemberg" gegen Ludwig Pfau, Stuttgart 1884, S. 13. Vgl. auch Geschichte der Frankfurter Zeitung, S. 369; GERTEIS, Klaus: Leopold Sonnemann. Ein Beitrag zur Geschichte des demokratischen Nationalstaatsgedankens in Deutschland, Frankfurt/M. 1970, S. 111 f.; PAYER, Bismarcksche Politik, S. 15 f.

[185] PAYER, Aufzeichnungen und Dokumente, S. 163.

[186] PAYER, Bismarcksche Politik, S. 15.

[187] Ebd., S. 15 f. Vgl. auch BRADLER, Unterhaltungen, S. 189.

während selbst politische Gegner in dieser Rufmord-Kampagne eine reine „Verleumdung"[188] sahen, die nur *Schmutz* gegen die Volkspartei produzieren sollte[189]. Von 1878 bis 1881 zogen sich nun Prozesse und Revisionsverhandlungen u.a. in Berlin, Leipzig und Württemberg hin, über die auch die Provinzpresse regelmäßig berichtete. Dabei war bezeichnend, dass der Verleumder Varnbüler eine Aussage verweigerte. Die Bismarcks Geschäft besorgenden Redakteure wurden schließlich nur zu Geldstrafen verurteilt, mit denen Mayer nicht zufrieden sein konnte.

Anfang 1887 wiederholte der in Esslingen erscheinende *Deutsche Bürgerfreund*, ein Organ der Deutschen Partei, die Vorwürfe erneut – sie sollten Munition zur bevorstehenden Reichstagswahl liefern. Die wiederum eingereichte Klage Mayers führte, wenn auch lange nach der Wahl, zur Verurteilung des nationalen Wahlhelfers zu einer Geldstrafe[190].

Während der Landesversammlung 1888 wurde, auch angesichts weiterer Prozesse gegen das Parteiblatt, zu Recht konstatiert, die Gegner der Partei würden auch weiterhin an ihrer *alten Verleumdungstaktik* festhalten[191]. Letztendlich wirkte diese jedoch kontraproduktiv. Für die Parteigenossen sei *die Sache ihres alten Führers* die ihrige, die Öffentlichkeit verliere angesichts der gefällten Urteile den Glauben an den Rechtsstaat[192].

4. Der langsame Rückzug von der Parteiführung

Die *unwürdige, lügenhafte Verfolgung* durch seine Gegner[193] stärkte sowohl Mayers politischen Kampfeswillen als auch seine Stellung in der Partei. Zu Beginn der 1880er Jahre fungierte der nunmehr über 60jährige unangefochten als Galionsfigur der württembergischen Demokraten, während Julius Haußmann weiterhin im Hintergrund blieb. Als Redakteur des ‚Beobachters' bis 1883 verfügte er jedoch über einen nicht zu unterschätzenden Einfluss. Ein „schweres Herzleiden" zwang Haußmann schließlich, sich weitgehend aus der Parteiarbeit zurückzuziehen[194].

Mayer versuchte etwa bei den von ihm eröffneten Landesversammlungen immer wieder neue Akzente zu setzen und das Denken und Wollen der Demokraten auch solchen Volkskreisen näher zu bringen, die der ‚Beobachter' nicht erreichte. So setzte er sich 1883 für die Gründung *eines billigen volksthümlichen Wochenblatts*

---

[188] EGELHAAF, Mayer, S. 277.

[189] LANGEWIESCHE, Tagebuch Hölders, S. 143 und 146, Zitat S. 146.

[190] Haller Tagblatt Nr. 272 vom 20.11.1887, vgl. auch die Nr. 188 vom 14.8.1887 mit einem Rückblick auf die früheren Prozesse.

[191] Den besten Beweis dafür lieferte Bismarck, der völlig unbeeindruckt 1888 in einem Aktenvermerk Mayer als einen *seit 30 Jahren in Württemberg tätigen französischen Spion* verunglimpfte. PHILIPPI, Gesandtschaftsberichte, S. 34, Anm. 27.

[192] Beob. Nr. 7 vom 10.1.1888.

[193] So der Nachruf im Beob. Nr. 241 vom 16.10.1889.

[194] HENNING, Die Haussmanns, S. 71. Kurioserweise behauptet Henning, Haußmann sei nach Mayer verstorben, obwohl es gerade umgekehrt war. Ebd.

ein, das vor allem *bäuerliche Kreise* ansprechen sollte[195]. Am 1. Juli 1883 erschien der *Schwäbische Hausfreund,* der jedoch erfolglos blieb und bald wieder eingestellt wurde[196]. Von Erfolg gekrönt war dagegen das von Mayer initiierte Projekt eines demokratischen Kalenders[197]. Dieser, als *Wegweiser* firmierend, erreichte auf Anhieb einen Absatz von 25.000 Exemplaren[198] und blieb für Jahrzehnte ein wichtiges Instrument demokratischer Präsenz.

Zur Stärkung des Unterbaus der Partei brachte Mayer während der Landesversammlung 1885 eine einstimmig angenommene Resolution zur Gründung von Bezirksvolksvereinen in allen Oberämtern ein. Dort sollten die Ortsvereine zusammengefasst und Einzelmitglieder eingebunden, die Parteigenossen geschult, Wahlen vorbereitet und Kandidaten gesucht werden[199]. Bis zum Ende seines politischen Wirkens setzte sich Mayer für dieses zentrale Ziel ein; 1889 wurden *erfreuliche Nachrichten* aus den Bezirken konstatiert[200].

Trotz solcher Fortschritte konnte er mit der politischen Entwicklung nicht zufrieden sein. Im Reichstag musste er die äußerst begrenzten Wirkungsmöglichkeiten der Demokraten erkennen, für Württemberg beklagte er 1884, dass die so oft verlangte und zugesagte Verfassungsreform unter Innenminister Hölder *gänzlich in Versumpfung gerathen sei.* Hölder stehe für ein System der *Verschleppung,* das auch das reformbedürftige Steuerwesen sowie die Verwaltungsreform einschließe[201]. Als schließlich für Ende 1888 eine Vorlage zur Verfassungsreform angekündigt wurde, äußerte er ahnungsvoll, dass *nichts Gutes und Ganzes* sondern nur minimale Zugeständnisse zu erwarten seien, mit denen die Partei nicht zufrieden sein könne. *Seit Uhlands Zeiten* erhebe sie die Forderung nach dem Einkammersystem, *damit,* wie er sarkastisch bemerkte, *endlich dieses Mecklenburg aus dem Süden Deutschlands verschwinde*[202]. Zuvor hatte er durchaus realistisch beklagt, die *Todfeindschaft* zwischen Volkspartei und Deutscher Partei verhindere Fortschritte bei der Verfassungsreform. So appellierte er ungewohnt versöhnlich an beide Seiten, *sich die Hände* [zu] *reichen*[203].

Im Herbst 1885 wurde in Stuttgart die Gründung eines Zweigvereins der Internationalen Schiedsgerichts- und Friedensgesellschaft vorbereitet. Der Initiator, der englische Pazifist Pratt, schlug u.a. Carl Mayer *als besonders wünschenswert*[es] Komiteemitglied vor[204]. Als sich im November 1885 das Komitee bildete, wurde er

---

195 Beob. Nr. 7 vom 11.1.1883.
196 Beob. Nr. 6 vom 9.1.1886.
197 Beob. Nr. 7 vom 9.1.1884.
198 Beob. Nr. 24 vom 29.1.1889.
199 Beob. Nr. 6 vom 9.1.1885.
200 Beob. Nr. 24 vom 29.1.1889.
201 Beob. Nr. 7 vom 9.1.1884.
202 Beob. Nr. 7 vom 10.1.1888, Artikel *Landesversammlung.*
203 Rede in Heidenheim, Beob. Nr. 264 vom 12.11.1887.
204 Haller Tagblatt Nr. 252 vom 28.10.1885.

in dieses gewählt. In einer Rede konnte er, gestützt auf das Parteiprogramm, betonen, seine Partei sei immer schon eine Friedenspartei gewesen. Sie habe an den vorangegangenen Kongressen in Genf teilgenommen und stehe *sehr sympathisch* zu den Bestrebungen zur Abrüstung[205].

Ungeachtet seines skizzierten Wirkens ist seit etwa Mitte der 1880er Jahre dennoch eine Reduzierung der Parteiaktivitäten Mayers erkennbar. Der Vorsitz im Landeskomitee ging endgültig an jüngere Demokraten; auch während der Landesversammlungen nahm er nicht mehr die frühere dominierende Stellung ein. Dennoch galt er weiterhin als Parteiführer, ein Status, der ohnehin ein informeller war und sich auf Ansehen und Beliebtheit gründete. Es war sein Verdienst, dass er den gleitenden Übergang an die jüngere Generation nicht behinderte, sondern förderte. Der bisherige „Kronprinz" Friedrich Payer, der wohl schon 1879 erstmals als Komiteevorsitzender fungierte[206], übernahm de facto sein Erbe, obwohl er im Vergleich zu Mayer durchaus als pragmatisch gelten darf. Ohnehin war der Komiteevorsitz kein ‚Erbhof', wie die nunmehr wechselnden Inhaber bewiesen. Mitte der 1880er Jahre traten dann die Zwillingssöhne Julius Haußmanns, Conrad und Friedrich, hinter Payer in die Führungsspitze der Volkspartei[207]. Dieser Verjüngungsprozess der Parteiführung wurde von einem solchen in der Mitgliederstruktur der Partei begleitet, ablesbar an den Parteitagsberichten des Parteiorgans[208].

Schon im Vorfeld der Reichstagswahl von 1887 ließ Mayer erkennen, dass er sich eigentlich aus dem parlamentarischen Leben zurückziehen wolle. Während des Wahlkampfes unterrichtete er seine Wähler, ursprünglich geplant zu haben, nach dem Ende der regulären Session nicht nochmals zu kandidieren. Nur die vorzeitige Reichstagsauflösung habe ihn motiviert, sich erneut zu bewerben[209].

In einem Brief an Carl Vogt hatte er zuvor Abscheu über die durch *Angst und Fanatismus* geprägten zurückliegenden Reichstagsverhandlungen und die kommenden Wahlen geäußert, für die die *Abgötterei* mit Bismarck von *allen Kanzeln und Kathedern* gepredigt werde. Zugleich betonte er, gehofft zu haben, von einem neuen Mandat *verschont* zu bleiben. Nun aber habe ihn eine Delegation aus Crailsheim gebeten, doch wieder anzutreten. Er hoffe jedoch *durchzufallen*. Elegisch und resigniert bekannte er, es stimme ihn *doch sehr herab, daß wir so alt geworden sind und wahrscheinlich auch abgehen werden, ohne je gesiegt zu haben*[210].

---

[205] Ebd., Nr. 271 vom 19.11.1885.

[206] Vgl. Beob. Nr. 275 vom 25.11.1879.

[207] Die beiden Haußmann waren 1884/85 an einer innerparteilichen Fronde beteiligt, bei der insbesondere der Kurs des ‚Beobachters' unter Stockmayer kritisiert wurde. Mit dessen Parteiaustritt 1885 war der Konflikt – die einzige erkennbare Diskrepanz im Prozess des Übergangs, die indirekt wohl auch gegen Mayer und Payer zielte – beendet. Vgl. dazu MÜLLER, Volkspartei, S. 329 ff.

[208] Vgl. etwa Beob. Nr. 6 vom 9.1.1881, Nr. 6 vom 8.1.1882, Nr. 5 vom 8.1.1887.

[209] Haller Tagblatt Nr. 27 vom 3.2.1887 (Rede in Künzelsau).

[210] Mayer an Carl Vogt, 17.1.1887. Die ersten Zitate aus einem mir freundlicherweise von Herrn Prof. Jansen, Berlin, zur Verfügung gestellten Exerpt, der letzte Satz wird auch

Auch Mayers Rede vor dem Stuttgarter Volksverein anlässlich des hundertsten Geburtstages von Ludwig Uhland Ende April 1887 ließ zwischen den Zeilen eine resignierte Grundstimmung erkennen. Er feierte den Dichter als *Sachwalter der Freiheit* und *Vorkämpfer des Rechts* und stellte fest, Uhland hätte wohl den Sieg über Frankreich begrüßt, jedoch das heutige Deutschland unter der *Hegemonie Preußens*, ohne Grundrechte und ohne die Deutschen Österreichs wohl kaum gutgeheißen[211]. Wie sehr der letzte Punkt auch Mayer schmerzte, machte er während einer Rede in Heidenheim deutlich: Dass *Salzburg, Prag* [sic] *und Wien keine deutschen Städte mehr* sind, war für ihn *nicht zu verwinden*[212].

Als Friedrich Haußmann im Herbst 1887 Mayer bescheinigte, trotz der Wahlniederlage und seines Alters *schon wieder in vorderster Reihe* zu stehen[213], war dies mehr eine Verbeugung vor dem Parteiveteranen als eine zutreffende Behauptung. Zu jener Zeit war Mayer vor allem mit den Recherchen und der Niederschrift seines volkstümlichen Schauspiels *Die Weiber von Schorndorf* beschäftigt; die Politik stand nun im Hintergrund. Allerdings sprach er im Januar 1888 wieder während der Landesversammlung. Im Februar erkrankte er dann an einer schweren Lungenentzündung, von der er nur „scheinbar genas". Sie raubte ihm, wie der Sohn schrieb, „Kraft und Frische"[214]. So hätte sein Rückzug aus der Politik eigentlich nahe gelegen.

5. 1889: Letzte politische Aktivitäten, Krankheit und Tod

Mayers Aktivitäten in der ersten Jahreshälfte 1889 waren jedoch von einem neu entflammten politischen Elan geprägt; die dichterische Betätigung schien frische Kräfte geweckt zu haben. Während der Landesversammlung im Januar referierte er über die Parteiorganisation und plädierte wiederum für die Gründung von Bezirksvolksvereinen[215], etwas später widmete er sich diesem Thema erneut *in zündender, mit jugendlichem Feuer* vorgetragener Rede[216]. Weiterhin dem engeren Landeskomitee angehörend[217], nahm er auch an der Februar-Versammlung des Stuttgarter Volksvereins teil[218].

von ihm zitiert. JANSEN, Einheit, S. 164, mit Quelle Bibliotheque Publique et Universitaire, Genf, 2190.

[211] Vaterlandsfreund Nr. 51 vom 28.4.1887.
[212] Beob. Nr. 264 vom 12.11.1887.
[213] Vaterlandsfreund Nr. 134 vom 10.11.1887.
[214] Hartmannsbuch 1898, S. 124.
[215] Beob. Nr. 24 vom 29.1.1889.
[216] Beob. Nr. 29 vom 3.2.1889.
[217] Beob. Nr. 42 vom 19.2.1889.
[218] Beob. Nr. 32 vom 7.2.1889.

Ende März absolvierte er bei der demokratischen Landesversammlung für Oberschwaben in Ravensburg einen beifallumrauschten Auftritt, der wiederum der Propagierung von Bezirksvolksvereinen galt; ein solcher wurde dann dort auch gegründet. Mayer sah nach *traurige*[n] *Erfahrungen* und durch Kriegsfurcht und Lügen geprägten Niederlagen optimistisch *eine Wendung in Schwabens politischem Leben* und erklärte die *Zeit der Muthlosigkeit* für beendet. Nunmehr gelte es, *das freie unabhängige Stimmrecht wiederher*[zu]*stellen*, um nicht den Enkeln *nur noch einen Stummel* der erkämpften Verfassungsrechte zu *vererben*. Sein leidenschaftliches Plädoyer – gleichsam sein politisches Vermächtnis – richtete sich vor allem gegen die Wahlbeeinflussung durch Beamte, die er als *Umschleichen der Verfassung* geißelte. Man wolle keine neuen Gesetze verlangen, sondern mit den Bezirksvereinen den Beamten ein Gegengewicht präsentieren und so Württemberg *zu einer rechten Heimath machen*. Er, der schon länger als seit 1848 *in der Volkspartei* [...] *oft viel gelitten* habe, prognostizierte euphorisch, *daß es in Württemberg vorwärts zur Freiheit und zum Licht* gehe[219].

Er nahm wenig später an einer Versammlung in Friedrichshafen teil[220] und warb danach im Stuttgarter Volksverein wiederum für Bezirksvolksvereine[221]. Am Ostermontag[222] sprach er in Brackenheim zu diesem Thema, wo anschließend ebenfalls ein Bezirksverein begründet wurde – die von ihm auf den Weg gebrachte Bewegung verlief erfolgreich. Unter großem Beifall wiederholte er die in Ravensburg artikulierten Argumente als Verpflichtung zum Schutz der *großen Freiheitsgüter* für die nachfolgenden Generationen. Zudem polemisierte er gegen *geistliche Dunkelmänner,* die hier die Partei, ihr Organ und ihn mit *Lügen* verleumdeten. Anschließend betonte er Parteiziele wie den Kampf gegen lebenslängliche Ortsvorsteher, die *Verkehrtheit* der Amtsversammlungen und die *Ungeheuerlichkeit der Vermischung von Privilegierten* mit gewählten Volksvertretern in der Kammer[223].

Die Rede in Brackenheim war Mayers letzter öffentlicher Auftritt. Er wurde wenig später von einem „Fußleiden" befallen, „das brandige Zersetzung der Gewebe des linken Fußes unter schrecklichen Schmerzen" und eine nachfolgende lange Leidenszeit brachte[224]. Nicht nur im Parteiblatt, sondern auch in der Provinzpresse wurde regelmäßig über sein Leiden berichtet. Besonderen Anteil nahm der Gerabronner ‚Vaterlandsfreund'. Er sprach etwa Ende Juni von einem *betrübende*[n] Zustand, der Kranke sei zumeist bewusstlos[225]. Ende Juli musste sein Fuß abge-

---

[219] Beob. Nr. 72 vom 26.3.1889.
[220] Beob. Nr. 74 vom 28.3.1889.
[221] Beob. Nr. 82 vom 6.4.1889.
[222] Im Nachruf des Beobachters (Nr. 241 vom 16.10.1889) war irrtümlich vom Pfingstmontag die Rede. Dieser Irrtum wird dann bei SCHMIDT-BUHL (Volksmänner, S. 5) wiederholt.
[223] Beob. Nr. 96 vom 25.4.1889.
[224] Hartmannbuch 1898, S. 124 f.
[225] Vaterlandsfreund Nr. 76 vom 29.6.1889.

nommen werden, danach wurde von einer *Hebung der Kräfte* berichtet[226], Anfang September hieß es, der Heilungsprozess nehme einen *überraschend guten Verlauf*[227]. Die Hoffnungen blieben jedoch trügerisch. Nur wenige Wochen nach seinem 70. Geburtstag und knapp drei Monate nach dem Tod seines langjährigen Weggefährten Julius Haußmann verstarb Carl Mayer am 14. Oktober 1889 in Stuttgart. Neben der Gattin hinterließ er zwei Söhne und drei Töchter, ihnen ließ der König seine Teilnahme aussprechen[228].

In einem langen Nachruf betonte der ‚Beobachter‘, dem *schmerzliche*[n] Tod sei ein *reiches* und für andere *fruchtbares* Leben vorausgegangen. Sein Name werde noch *in den Herzen der Schwaben und Franken stehen, wenn von seinen Verfolgern weder Klang noch Glanz übriggeblieben* sei[229]. Ein ebenfalls langer Nekrolog der *Kronik* aus der Feder Elbens würdigte zwar den Menschen und Dichter Mayer, *die leuchtenden Eigenschaften* [...] *dieses glänzenden Sternes*, setzte ansonsten jedoch andere Akzente: Mayer habe im politischen Leben *manchesmal ein Beispiel gegeben, wie man es nicht machen müsse*[230]. Als Stimme aus der Provinz betonte das ‚Haller Tagblatt‘ versöhnlich, der Verstorbene habe die *Achtung von Freund und Feind* gewonnen[231].

Mayers Beerdigung war eine imposante Demonstration seiner Wertschätzung. Zu der *unabsehbare*[n] *Schaar*, die den *von der Last der Kränze* fast erdrückten Sarg vom Trauerhaus in der Marienstraße zum Fangelsbachfriedhof begleitete, gesellte sich ein weiteres *Gefolge zu Tausenden* am Grab, das mit der schwarz-rot-goldenen Fahne geschmückt war.

Auch zahlreiche Nichtwürttemberger erwiesen ihm die letzte Ehre. Payer, damit seinen Status als neuer Parteiführer demonstrierend, hielt eine warmherzige und innige Trauerrede und bescheinigte dem Verstorbenen, innerhalb der Partei habe sich wohl jeder *als sein Freund gefühlt*. Er würdigte Mayers *poetische Gabe*, seine Liebe zur Natur, seine Altertumsstudien sowie das Interesse an der *Geschichte der Entwicklung des Menschen*, schließlich die mit seinem Erzählertalent verbundene *Freude an der Geselligkeit*. Den Politiker rühmte er als jahrzehntelanges *Panier* der Partei, der es stets schmerzlich empfunden habe, wenn unter den *alten Genossen* einer die Jugendideale *mit Füßen zu treten begann*. Nach der *Begeisterung* von 1848 und den prägenden Jahren in der Schweiz habe Mayer erneut *das Evangelium der Menschenrechte, des Volksrechts und des Völkerfriedens verkündigt*, ohne dabei *Doktrinär* oder *Theoretiker* zu sein. Stets die *lebendige Beziehung zum Volke* suchend habe er durch seine Überzeugungskraft einen wahren *Zauber ausgeübt* und eine *kaum* [...] *begreifliche Machtstellung* erlangt, die jedoch *unbelohnt* bleiben

---

[226] Ebd., Nr. 94 vom 10.8.1889.
[227] Ebd., Nr. 106 vom 7.9.1889.
[228] Ebd., Nr. 128 vom 24.10.1889.
[229] Beob. Nr. 241 vom 16.10.1889.
[230] Schwäbische Kronik Nr. 246 vom 16.10.1889. (ELBEN als Autor des Nekrologes: vgl. Lebenserinnerungen, S. 291 f.).
[231] Haller Tagblatt Nr. 244 vom 17.10.1889.

Abb. 6: Das Grabmal Carl Mayers auf dem Stuttgarter Fangelsbachfriedhof.

sollte. Nach der *unheilvolle*[n] Entwicklung von 1870/71 sei er nur zögernd wieder ins politische Leben zurückgekehrt. Der Hass seiner Gegner, die Verfolgung durch *gedungene Verleumder* und die Erfahrungen mit der einheimischen *politischen Justizpflege* hätten ihm *manche Stunde verbittert,* aber nicht zum Rückzug veranlasst. Sein Wirken im Reichstag, *oft mehr vom Herzen [...] als* [vom] *Verstand* geleitet, habe ihm wenig Befriedigung verschafft. Dennoch konnte er als *Lobredner* Berlins in der Heimat *aufklärend und versöhnend* wirken.

Payers Rede, wenn auch da und dort verständlicherweise idealisierend, würdigte den Einsatz Mayers während seiner letzten Jahre als zukunftswirksam; seine Leistungen seien die eines *Auserwählten* gewesen. Sein Name werde so für alle Zeiten *untrennbar* mit der Volkspartei verbunden bleiben und in den *Herzen* seiner Parteifreunde fortleben[232].

---

[232] Beob. Nr. 243 vom 18.10.1889.

Exkurs: Der Dichter

Mayers bereits einleitend erwähnte literarisch-dichterische Interessen wurden ihm vom Vater bereits in die Wiege gelegt und durch den engen Kontakt vor allem mit Uhland wohl noch verstärkt. Aus seiner Zeit als junger Mann werden „echte lyrische Perlen" hervorgehoben, die u.a. der Mutter und der Braut gewidmet waren[1]. Im reifen Alter widmete er sich diesen Interessen erneut. Dennoch kann dieser Teil seines Schaffens hier nur skizziert werden – eine ausführliche Behandlung würde den Rahmen einer politischen Biographie sprengen.

Nachdem er 1883 eine kleine Anzahl seiner Gedichte, *meist innige Liebeslieder, Frühlingsbilder, Stimmungen, auch trübe Ahnungen,* im *Schwäbischen Dichterbuch* veröffentlicht hatte[2], erschien Anfang 1888 sein Alterswerk, das historische Schauspiel *Die Weiber von Schorndorf*[3], dem Egelhaaf „volksthümliche Kraft, köstlichen Humor und vortreffliches Localcolorit" bescheinigte[4]. Zur Freude Mayers wurde es vielerorts in Schwaben aufgeführt[5].

Sein nicht nur in Nachrufen gelobtes dichterisches Wirken, zumal seine Lyrik, wurde etwa von Isolde Kurz über das des Vaters gestellt[6]. Egelhaaf nannte ihn einen „ausgezeichneten litterarischen Causeur" und – auf die zahlreichen ‚Beobachter'-Artikel bezogen – „hervorragenden Feuilletonisten" und sah in ihm einen „Dichter, […] der neben den besten Schwabens genannt werden darf"[7].

Mayers eigentliche „Neigungen" zogen ihn sogar, so Egelhaaf, „mehr zu Philologie und Litteratur". Er zitiert ihn mit dem Ausspruch, damit wäre er „glücklich geworden und hätte die Politik vielleicht gar nicht angerührt"[8], äußerte jedoch zu Recht Zweifel an dieser Einschätzung[9]. In der Tat war der leidenschaftlich geführte politische Kampf doch Mayers eigentliches Lebenselixier. So mag diese Aussage wohl als eine Art Koketterie gewertet werden, möglicherweise gespeist aus politischen Misserfolgen. Dennoch gilt der Befund Bernhard Zellers, der den „enge[n] Zusammenhang von literarischem und politischem Wirken" als „schwäbisches Charakteristikum" bezeichnet und dabei neben Uhland u.a. auch auf Mayer und Pfau verweist[10].

---

[1] Hartmannsbuch 1898, S. 120, 124. Vgl. auch EGELHAAF, Mayer, S. 275, 278; ELBEN, Lebenserinnerungen, S. 19.

[2] Vgl. hierzu Schwäbische Kronik Nr. 246 vom 16.10.1889. Im Schwäbischen Dichterbuch sind auch die Schlussverse seines – politischen – Hutten-Gedichts veröffentlicht. Ein „Morgenlied" findet sich bei SCHMIDT-BUHL, Volksmänner, S. 6.

[3] Die Weiber von Schorndorf. Ein Festspiel in fünf Akten. Zur zweihundertjährigen Jubelfeier der Befreiung der durch Melac bedrohten Stadt, Stuttgart 1888.

[4] EGELHAAF, Mayer, S. 279.

[5] Vgl. RUSTIGE, Lebensgeschichte, in: Vadiana Kantonsbibliothek St. Gallen, Nachlass Näf, S. 9f.

[6] Vgl. SIMON, Demokraten, S. 13, ähnlich auch ZELLER, Karl Mayer, S. 28.

[7] EGELHAAF, Mayer, S. 278.

[8] Ähnlich auch der Nachruf in der Schwäbischen Kronik Nr. 246 vom 16.10.1889.

[9] EGELHAAF, Mayer, S. 276.

[10] ZELLER, Rapp und das kulturelle Leben, hier S. 301. Auch der ‚Beobachter'-Nachruf (Beob. Nr. 241 vom 16.10.1889) weist indirekt auf diese Tatsache hin.

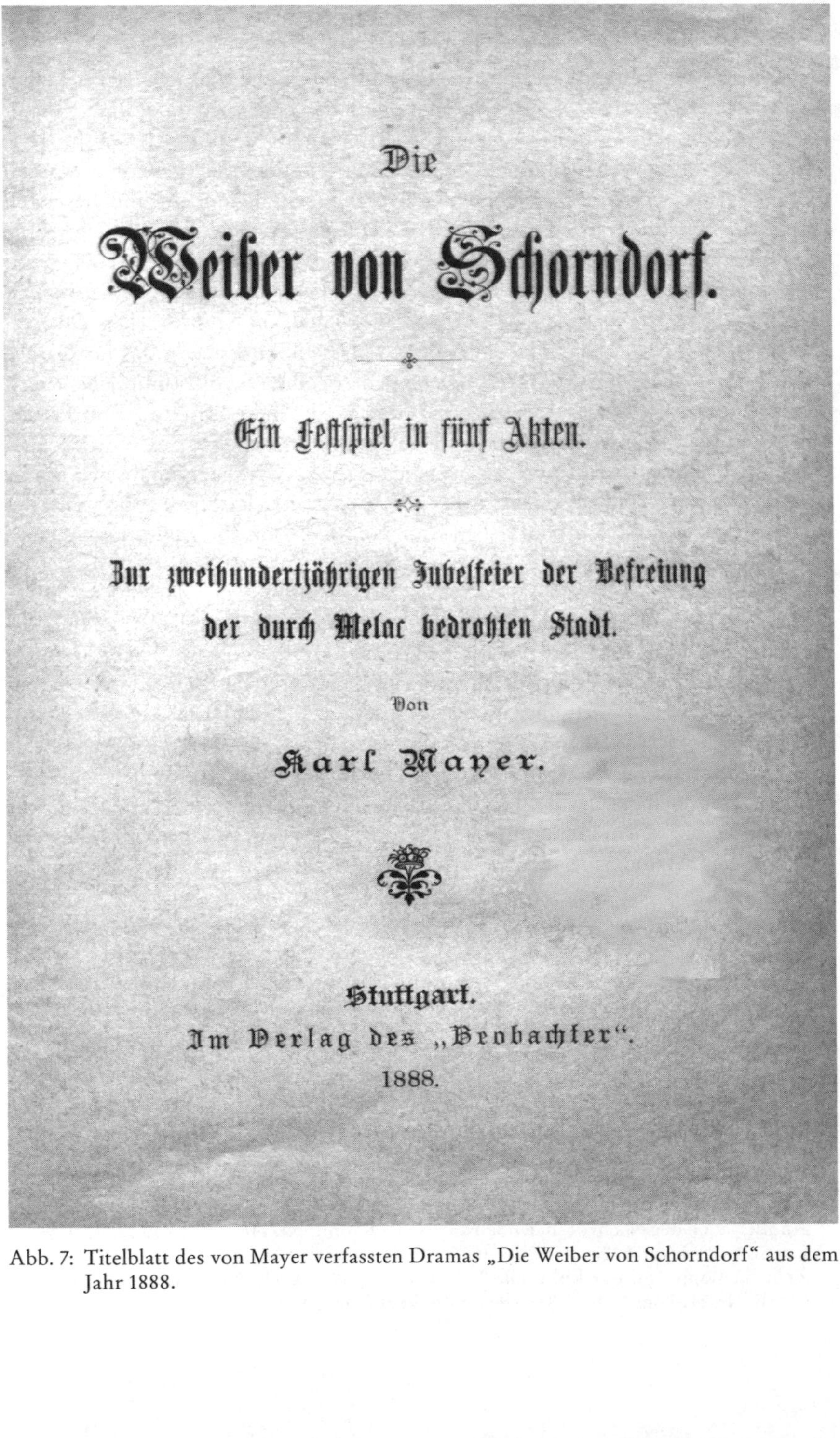

Die

Weiber von Schorndorf.

Ein Festspiel in fünf Akten.

Zur zweihundertjährigen Jubelfeier der Befreiung
der durch Melac bedrohten Stadt.

Von

Karl Mayer.

Stuttgart.
Im Verlag des „Beobachter".
1888.

Abb. 7: Titelblatt des von Mayer verfassten Dramas „Die Weiber von Schorndorf" aus dem
Jahr 1888.

Ein Fazit

Als Mayer 1848 hoffnungsvoll und euphorisch mit vollem Elan in den „Dienst der Freiheit" trat, erkannte er schnell die Lauheit und das klassenspezifische Interesse eines Teils der vormaligen Bewegungspartei. Er wurde zum Demokraten und damit zum Volksmann, zum Anwalt bürgerlicher Gleichheit und Gleichberechtigung, der auch seine republikanischen Neigungen nicht verhehlte. Seither galten ihm die naturgesetzlich legitimierten Volkswünsche und -forderungen lebenslang als oberste Richtschnur und Maßstab seines politischen Wirkens. Schon als Jungpolitiker trat sein Talent als Agitator in Wort und Schrift zu Tage, hinzu kam die ihn beflügelnde politische Leidenschaft.

Trotz einer schon in der zweiten Jahreshälfte 1848 eintretenden Ernüchterung, sowohl was die Entwicklung in Württemberg als auch die Haltung der Nationalversammlung betraf, vertrat Mayer weiterhin eine legalistische Position und wollte sich den Frankfurter Beschlüssen unterwerfen. Erst im Vorfeld der Reutlinger Pfingstversammlung von 1849 änderte er seine Haltung. Die traumatischen Erfahrungen mit dem von seinem vormaligen Idol Friedrich Römer gesprengten Rumpfparlament veranlassten ihn dann – im Gegensatz zum Gros seiner politischen Freunde –, für das mit Füßen getretene Recht in den revolutionären Kampf einzutreten. Die Folgen dieses Schrittes musste er ahnen.

Im Exil waren die anfänglichen utopischen Hoffnungen auf eine zweite Revolution, die er keineswegs alleine hegte, schnell verflogen. Auch seine Erwartung, die traurigen Verhältnisse in der Heimat beeinflussen zu können, erwies sich als Illusion. Realistisch sah er spätestens nach seiner Verurteilung, dass lange Exiljahre vor ihm lägen und zur Sicherung der wachsenden Familie ein Brotberuf zu ergreifen sei. Dass dieser ihn dann ebenso wenig befriedigen konnte wie zuvor die juristische Laufbahn, liegt auf der Hand. Sein Engagement für die zahlreichen, im Gegensatz zu ihm nicht privilegierten deutschen Flüchtlinge, sein für die politischen Freunde stets offenes Heim belegen seine Solidarität und Menschlichkeit.

In der Schweiz zur politischen Abstinenz verpflichtet[1], studierte er die dortigen Verhältnisse. Die Alpenrepublik erschien ihm als demokratisches und föderalistisches Musterland, das er lebenslang bewunderte. Die dortigen Einrichtungen schwebten ihm vor, als er später für die Reform der heimischen Verhältnisse kämpfte.

Als Mayer 1863 ungebrochen und hoffnungsvoll nach Stuttgart zurückkehrte, setzte er – allerdings nur für kurze Zeit – Hoffnungen in den Nationalverein. Sein bei seinen politischen Freunden fortbestehender Nimbus ermöglichte ihm mit der Übernahme der Redaktion des Parteiblattes sofort die Einnahme einer Schlüssel-

---

[1] Im ‚Beobachter'-Nachruf (Beob. Nr. 241 vom 16.10.1889) wird dagegen behauptet, er habe sich in Neuenburg *Schulter an Schulter* mit den dortigen Demokraten im Kampf gegen die Aristokratie *gestählt*. Dies war die Quelle für die oben schon erwähnte Aussage (siehe S. 34) von SCHMIDT-BUHL, Volksmänner, S. 3.

position. Die Erfahrungen mit den Liberalen von 1848/49 veranlassten ihn, sogleich die „Reinigung" der Fortschrittspartei zu betreiben. Für ihn wie für Haußmann und Pfau stand fest, dass nur mit wirklichen und überzeugten Demokraten Reformen und Freiheitsideen zu verwirklichen seien. Die Trennung von ‚Lauen und Halben' – den späteren, auf Preußen setzenden Nationalliberalen – war so in der Tat konsequent.

Die Schleswig-Holstein-Frage, zum Kulminationspunkt der ‚deutschen Frage' werdend, wurde für die sich formierenden Demokraten zum politischen Hebel. Als überzeugte Föderalisten erstrebten sie ein eigenständiges Schleswig-Holstein. Diesem Ziel stand die Politik Bismarcks diametral entgegen. Als dann 1864 dessen „Blut-und-Eisen"-Kurs zur völligen Niederlage der Nationalbewegung führte, erfuhr das antipreußische Trauma der Demokraten von 1848/49 eine Neuauflage, verstärkt durch den 1866 besiegelten Ausschluss Österreichs aus Deutschland. Für die 1864 entstandene Volkspartei wurde so der kompromisslose Kampf gegen das preußische Hegemonialstreben, die drohende „Verpreußung" Deutschlands und Württembergs zum zentralen Kampffeld, auf dem Mayer in vorderster Linie stand. Obwohl die Demokraten mit ihrer deutschlandpolitischen Gegenstrategie – Triaspolitik bzw. Südbundpläne – nur kaum realistische „Notbehelfe" propagierten, vermochten sie in Württemberg die politische Meinungsführerschaft zu erringen und sogar die lavierende Regierung im Kampf gegen das Kriegsdienstgesetz in eine bedrängte Lage zu manövrieren.

Jene turbulenten Jahre stellten sicherlich den Höhepunkt des politischen Wirkens Mayers dar. Den Dialog mit dem Volk in Wort und Schrift beherrschte der geborene Agitator meisterhaft; seine suggestive Macht wurde von den Gegnern gefürchtet. Elbens Nachruf bezeichnete ihn als *eine Macht im Lande*; natürlich sah er in ihm mehr den *Volksverführer* als den *Volksführer*[2]. Auch der nationalliberal orientierte Adolf Rapp sprach vom „natürliche[n] Führer des Volks", der dessen „ehrlicher, aber gefährlicher Freund" gewesen sei[3]. Mayers politischer Höhenflug offenbarte jedoch zugleich auch gravierende Schattenseiten seiner politischen Leidenschaft, die von einem kompromisslosen Dogmatismus gegenüber seinen Parteifreunden geprägt war. Sein Versuch, die demokratischen Abgeordneten auf die von ihm und Haußmann definierte Parteiräson zu verpflichten, vor allem aber die Ausbootung des pragmatischen Oesterlen mündete in eine Parteispaltung und damit in einen Aderlass für die Linke. Oesterlen, durchaus auf demokratischem Boden stehend, war ein versierter und erfahrener Parlamentarier – ein Status, den Mayer nie erreichte.

Während die Demokraten mit den verbündeten Großdeutschen für den Herbst 1870 die Kraftprobe mit der Regierung erwarteten, veränderte der letztlich von Bismarck provozierte Krieg mit Frankreich im Sommer die politische Großwetterlage über Nacht total. Die von einem geschürten nationalen Rausch infizierten

---

[2] Schwäbische Kronik Nr. 246 vom 16.10.1889.
[3] Rapp, Württemberger, S. 81.

Massen folgten dem Kanzler und der Deutschen Partei. Triumphierend schrieb Wilhelm Lang, die preußenfeindlichen *Verführungskünste* der Volkspartei hätten versagt[4], obwohl deren Neutralitätshoffnungen unbestreitbar edlen Motiven entsprangen; sie waren zudem Ausdruck des volksparteilichen Selbstverständnisses als Friedenspartei[5]. Mayers Kehrtwende im Landtag erschien opportunistisch und vermochte nicht zu verhindern, dass ihm die Mehrheit seiner Wähler im Dezember das Vertrauen entzog, während Oesterlen sein Mandat behaupten konnte. Wenig später musste der Geschlagene eingestehen, dass die bisherige Politik – die aufopferungsvolle Arbeit von sechs Jahren – gescheitert war.

Diesem bitteren Fazit, das den zweiten tiefen Sturz seiner Laufbahn markierte, folgte ein weitgehender Rückzug aus dem politischen Tagesgeschehen, der bis zur Mitte der 1870er Jahre währen sollte. In dieser Zeit politischer Abstinenz gab Mayer die Devise aus, zunächst auf die Fehler der Gegner – d.h. vor allem der nun dominierenden Deutschen Partei – zu warten. Vor allem aber formulierte er die realistische Erkenntnis, dass zukünftige Politik nur auf dem Boden der bestehenden Verhältnisse möglich sei, auch wenn er anfänglich noch die vage Hoffnung hegte, die ungeliebte kleindeutsche Reichsgründung werde nicht von langer Dauer sein.

Für die sich nur langsam konsolidierende Volkspartei, als reichsfeindlich diffamiert und von Verleumdern im Solde oder doch im Dienste des Kanzlers dauerhaft verfolgt, wirkte Mayers Wiedereinzug in den Landtag 1876 als Zeichen der Hoffnung. Sein triumphaler Wahlsieg bei den Reichstagswahlen von 1881 schien dann sogar ein glänzendes politisches Come-back darzustellen. Bereits im Folgejahr verlor er jedoch endgültig seinen Sitz in der württembergischen Kammer; die Demokraten blieben weiterhin im Lande fast ohne Einfluss.

Dies galt letztlich auch für die Reichspolitik. Im Reichstag war die kleine Gruppe der DVP bemüht, sich gegen die schlimmsten Auswüchse der faktischen Kanzlerdiktatur zu stemmen, naturgemäß mussten dabei jedoch nennenswerte Erfolge ausbleiben.

Der glänzende Publizist und Agitator Mayer blieb in den Parlamenten wie angedeutet stets ein Fremder; das dortige *Treiben [...], der Zwang der geschäftlichen Formen, der steife Ton behagten ihm nicht.* Seine Reden seien zumeist nicht vom Verstand sondern mehr *vom Herzen und vom Gefühl [...] diktirt* gewesen[6]; die Parlamentsauftritte wiesen ihn so vielfach als Freiheits- und Volksanwalt aus. Ein Beispiel lieferte etwa sein Reichstagsplädoyer von 1886 gegen die Verlängerung des zuvor bereits im Landtag gebrandmarkten Sozialistengesetzes, in dem er die staatliche Willkür und das Elend der Verfolgten thematisierte. Ungeachtet der Tatsache,

---

[4] LANG, Deutsche Partei, S. 55.

[5] Zu den Bemühungen der Demokraten um eine deutsch-französische Verständigung nach dem Krieg vgl. ALEXANDRE, Philippe: Les Democrates d'Allemagne du Sud et la France (1871–1890), in: ABRET, Helga/GRUNEWALD, Michel (Hgg.): Visiones allemandes de la France (1871–1914), Bern u.a. 1995, passim.

[6] Rede Payers während der Beerdigung, Beob. Nr. 243 vom 18.10.1889.

dass seine Partei und die Arbeiterpartei längst getrennte Wege gingen, verlieh seine Kritik einem von Herzen kommenden Gerechtigkeitsgefühl Ausdruck. Gleichzeitig ist jedoch zu betonen, dass Mayer als bürgerlicher Politiker auf individuelle Freiheitsrechte – auf die Ideale von 1848 – fixiert blieb. Die sozialen Forderungen der Arbeiterbewegung waren ihm kein zentrales Anliegen. Dies führte dann zum Konflikt mit dem sozialpolitisch stark engagierten Sonnemann und war wohl letztlich der Hauptgrund für seinen Rückzug aus den Führungsgremien der DVP Mitte der 1880er Jahre.

Mayers Status als Parteiführer blieb bis zu seinem Lebensende unbestritten. Er gründete sich auf seine Märtyrerrolle nach 1849, vor allem aber auf sein unbestreitbares Charisma als Volksmann und die daraus resultierende Wertschätzung seiner Parteigenossen. So war es für ihn leicht, die jungen Talente der Partei in die Führung einzubinden und die eigenen Aktivitäten zu reduzieren. Ließ er 1887 Zeichen von Resignation erkennen, so mag sein vehementer Einsatz für die Verbesserung der Parteiorganisation in seinem Todesjahr erstaunen. Die erfolgreiche, von ihm initiierte und massiv betriebene Kampagne zur Gründung von Bezirksvolksvereinen vermittelte ihm die Gewissheit kommender besserer Zeiten. Während er so getröstet aufs Krankenlager sank, hatte er in der Tat einen Grundstein für den volksparteilichen Triumph bei den Landtagswahlen von 1895 gelegt.

Mayers Parteigenossen erwiesen ihm weit über seinen Tod hinaus Verehrung und bescherten ihm so einen Nachruhm, der seinen leidenschaftlichen Einsatz – ein Leben für die Politik – honorierte. Ein besonderes Beispiel persönlicher Wertschätzung gab Ludwig Heuss, der Vater von Theodor Heuss. Er hatte Mayer bei dessen letztem öffentlichen Auftritt in Brackenheim begrüßt[7] und bei der Beerdigung einen Kranz überbracht[8]. Für ihn war Mayer ein *Abgott*; sein *bärtiges Demokratengesicht eröffnete das Familienalbum*[9].

Während der Landesversammlung der Volkspartei im Januar 1890 prangten auf der Galerie neben der schwarz-rot-goldenen Fahne *die lebensgroßen Bildnisse* von Mayer und Julius Haußmann. Beide würdigte man dort als *Väter* der Partei; ihre Namen seien mit der *Geschichte der deutschen Freiheitsbewegung unlöslich verknüpft*, ihr hinterlassenes *geistige[s] Kapital* werde fortwirken[10].

Jubiläen und Festtage der Partei boten fortan Gelegenheit, sich der Veteranen zu erinnern. 1898, zum 50. Jahrestag der Revolution, gab die Partei eine Postkarte mit den Bildnissen Mayers, Pfaus und Haußmanns heraus[11]. Auch 1914, zum 50. Parteijubiläum, erschien eine solche mit den Konterfeis des Trios[12]. Damals wurde

---

[7] Beob. Nr. 96 vom 25.4.1889

[8] Beob. Nr. 243 vom 18.10.1889.

[9] HEUSS, Theodor: Vorspiele des Lebens, Jugenderinnerungen, Tübingen 1953, S. 304.

[10] Beob. Nr. 5 f. vom 8.1.1890 f.

[11] GAWATZ, Andreas: Wahlkämpfe in Württemberg. Landtags- und Reichstagswahlen beim Übergang zum politischen Massenmarkt (1889–1912), Düsseldorf 2001, S. 285.

[12] Wiedergabe in der erneut an die Parteiveteranen erinnernden Festschrift: 100 Jahre Volkspartei 1864–1964", nach S. 16.

Abb. 8: Jubiläumskarte der Schwäbischen Volkspartei 1914.

auch Payers Rückblick „Vor 50 Jahren" veröffentlicht, der ebenso wie sein Aufsatz von 1908 (Die Deutsche Volkspartei und die Bismarcksche Politik) das Wirken der „Alten" würdigte. Im Sommer 1914 erinnerte Theodor Heuss beim Fest der Unterländer Volkspartei in Hall an die Leiden und Verdienste der drei Veteranen, die der Partei *1864 die politische Organisationsform gaben* und ihrem *Glauben an das Volk* nie untreu wurden[13].

Mayers Zeitgenossen zeichneten nach seinem Ableben nicht nur das Bild eines oft schroffen und leidenschaftlichen Politikers. Neben dem Lob des Dichters zollten Gegner und Freunde unisono dem Privatmann Respekt. Elben bescheinigte ihm, außerhalb der Politik *in der Regel die Liebenswürdigkeit selbst* und zudem *ein ganz ausgezeichneter Gesellschafter [...] voll sprudelnder Gedanken* gewesen zu sein[14]. Der Nachruf im ‚Beobachter' formulierte ganz ähnlich und betonte zusätz-

[13] Haller Tagblatt Nr. 131 vom 9.6.1914.
[14] Schwäbische Kronik Nr. 246 vom 16.10.1889.

lich Mayers Erzählertalent sowie seinen Humor[15]. Zu diesen Eigenschaften fügte Payer in seiner Grabrede noch die ausgeprägte Liebe für die *Schönheiten der Natur* sowie die namentlich in späteren Jahren betriebenen *Alterthumsstudien* hinzu[16]. Elben erwähnte schließlich im Alter publizierte Aufsätze im ‚Beobachter' *über allgemein menschliche Dinge wie Kunst und Literatur*[17]. Abzurunden ist dieses Bild mit den Worten Payers, der Mayer als den *liebevollsten aller Gatten und Väter* bezeichnete[18]. Der Sohn Carl hat später der Mutter ein „feine[s] Verständnis" für die „Eigenart" des Vaters bescheinigt und betont, dass sie stets „treu und unerschütterlich" an seiner Seite stand[19]. Unerwähnt blieb dabei, dass die Treue der Gattin zweifellos auch mit Leid und Schmerzen gepaart war.

Hartwig Brandt hat Mayer als einen „Unzeitgemäßen des Kaiserreichs" charakterisiert[20]. Letztlich suggeriert diese Sicht, dass nur die Anhänger Bismarcks den Status der Zeitgemäßheit beanspruchen konnten, während seine linken Gegner in die Kategorie der Unzeitgemäßen – gar der Reichsfeinde – rücken würden. Realiter waren die Letzteren jedoch, wenn auch als Minderheit, Verfechter eines besseren, eines wirklich demokratischen und freiheitlichen Deutschlands – einer politischen Alternative, die die „Deviation von den westeuropäisch-liberalen Ideen"[21] als verhängnisvoll ansehen musste.

Nach dem Kanzlersturz fällte der volksparteiliche *Wegweiser* geradezu ein Verdammungsurteil über das System Bismarck: *Elf Jahre nutzlosen ‚Kulturkampfs', zwölf Jahre verhetzender Arbeiterverfolgung; die Ächtung jeder freiheitlichen, jeder selbständigen Mannesüberzeugung als ‚Reichsfeindschaft', der amtliche Wahlterrorismus und die Herabdrückung der Beamten zu Parteigängern, das waren im Inneren Deutschlands die Früchte der ‚eisernen Politik'*[22].

Diese Fundamentalkritik des vielfach glorifizierten deutschen Sonderwegs war alles andere als unzeitgemäß, sie war vielmehr Ausdruck von Unbeugsamkeit und Unangepasstheit. Carl Mayer und seine Partei hatten die Ideale von 1848 nicht aufgegeben, inszenierter Pomp und ‚Hurra-Patriotismus' oder gar der Kanzlerkult vermochte die Demokraten nicht zu blenden – und im Gegensatz zu den domestizierten Liberalen auch nicht zu korrumpieren.

Dabei soll nicht übersehen werden, dass das demokratische Wollen – jedenfalls so lange es von den „Alten" formuliert wurde –, nicht selten mehr zur Ideal- als zur

---

[15] Beob. Nr. 241 vom 16.10.1889. Vgl. dazu auch die Erinnerungen Ludwig Bambergers, der Mayer bescheinigte, *ein herziger Mensch, grundbrav, warmblütig, geistreich, begabt* gewesen zu sein und über einen *kaustischen Humor* verfügt zu haben. Zitiert nach Hartmannsbuch 1913, S. 72.

[16] Beob. Nr. 243 vom 18.10.1889.

[17] Schwäbische Kronik Nr. 246 vom 16.10.1889.

[18] Beob. Nr. 243 vom 18.10.1889.

[19] Hartmannsbuch 1898, S. 120.

[20] Hartwig BRANDT, Karl Mayer, in: NDB 16 (1990), S. 532.

[21] MEINECKE, Friedrich: Die deutsche Katastrophe. Betrachtungen und Erinnerungen, Wiesbaden 1946, S. 85.

[22] Der Wegweiser: ein Volkskalender für das Jahr 1891, S. 18.

Realpolitik neigte; Mayer war dafür ein Beispiel. Dies galt etwa hinsichtlich der vermeintlichen großdeutschen Option, der er im Gegensatz zu den „Jungen" noch lange nachtrauerte. Die übergeordneten Interessen des österreichischen Gesamt-staates zogen er und seine Freunde kaum ins Kalkül.

Wenn Theodor Heuss noch 1914 den nachvollziehbaren *Haß* der alten Demokra-tengeneration auf Bismarck betonte und sie in diesem Kontext als *konservativ be-zeichnete*[23], wird die Maxime ihres Handelns überdeutlich: Der Kanzler war der Antipode ihrer freiheitlichen Ideale; ihn und damit die fortschreitende Verpreu-ßung zu bekämpfen war und blieb stets aktuelle Demokratenpflicht und zudem ein Akt der Prinzipientreue.

Zum Schluss dieser Betrachtungen sei noch einmal an die Verleihung der Bürger-krone an Friedrich Römer 1847 erinnert: Mayer zitierte damals – im 1. Kapitel nur angedeutet – die nachfolgenden Uhland-Worte:

> *Der Dienst der Freiheit ist ein strenger Dienst,*
> *Er trägt nicht Gold, er trägt nicht Fürstengunst,*
> *Er bringt Verbannung, Hunger, Schmach und Tod*[24].

In der Retrospektive gewinnt dieses Zitat einen ganz besonderen Stellenwert: Der ambitionierte Jungpolitiker Mayer schien die Tiefpunkte seiner Laufbahn – Exil, schmerzhafte Wahlniederlagen, Verfolgung – geahnt zu haben. Aus dem Kontext seiner Rede lässt sich sogar erkennen, dass er bereit war, für sein Handeln Opfer zu bringen bzw. dafür einen hohen Preis zu zahlen.

Der von Mayer während seiner gesamten politischen Laufbahn unbeirrt ausge-übte „Dienst der Freiheit" bescherte ihm zwar auch glanzvolle, jedoch zumeist abrupt beendete Höhenflüge. Letztlich blieb es ihm versagt, den Erfolg seines Wir-kens noch zu erleben. Während das Volk, als dessen Anwalt er sich zeitlebens ver-stand, ihn launisch behandelte, bewahrte ihm seine Partei die verdiente Erinne-rung. Die Bürgerkrone, derer sich Römer nicht würdig erwies, hätte ihm gebührt.

---

[23] Rede zum Sommerfest der Volkspartei in Hall, Haller Tagblatt Nr. 131 vom 9.6.1914.
[24] Aus dem Trauerspiel Ernst, Herzog von Schwaben, in : UHLAND, Ludwig, Werke, Bd. 2, München 1980, S. 61 ff.

Register

Auf die Aufnahme der Lemmata „Carl Mayer", „Stuttgart" und „Württemberg" wurde aufgrund der großen Häufigkeit dieser Begriffe im Text verzichtet.